民國文化與文學^{研究}文叢

六　編

李　怡　主編

第 20 冊

詩人革命家：
抗戰時期的郭沫若（下）

劉　奎　著

國家圖書館出版品預行編目資料

詩人革命家：抗戰時期的郭沫若（下）／劉奎 著 -- 初版 --
新北市：花木蘭文化出版社，2016〔民105〕
目 2+212 面；19×26 公分
（民國文化與文學研究文叢 六編；第 20 冊）
ISBN 978-986-404-694-2（精裝）
1. 郭沫若 2. 學術思想 3. 文學評論
541.26208   105012795

民國文化與文學研究文叢
六　編　第二十冊　　　　　　ISBN：978-986-404-694-2

詩人革命家：
抗戰時期的郭沫若（下）

作　　　者　劉　奎
主　　　編　李　怡
企　　　劃　四川大學現代中國文化與文學研究中心
　　　　　　北京師範大學民國歷史文化與文學研究中心
總 編 輯　杜潔祥
副總編輯　楊嘉樂
編　　　輯　許郁翎、王　筑　美術編輯　陳逸婷
出　　　版　花木蘭文化出版社
社　　　長　高小娟
聯絡地址　235 新北市中和區中安街七二號十三樓
　　　　　　電話：02-2923-1455 ／傳真：02-2923-1452
網　　　址　http://www.huamulan.tw 信箱 hml810518@gmail.com
印　　　刷　普羅文化出版廣告事業
初　　　版　2016 年 9 月
全書字數　354689 字
定　　　價　六編 24 冊（精裝）新台幣 44,000 元

ISBN-978-986-404-694-2
9 789864 046942

詩人革命家：
抗戰時期的郭沫若（下）

劉奎　著

目次

下　冊

第三章　屈原：一個文化符號的生成

　　如果說詩人革命家的生成，倚賴於郭沫若的文學創作的話，那麼，抗戰時期郭沫若的詩人形象是與屈原分不開的。屈學是中國二十世紀的顯學，這不僅在於學界關於屈原的研究成果蔚爲壯觀，屈原本人的歷史地位在現代也得到了空前的提高，從世紀初今文經學大師廖平及其後的「古史辨」派對屈原存在的質疑，到 1953 年他被列爲世界「四大文化名人」之一，與哥白尼、拉伯雷與莎士比亞一起，受到世界和平大會的紀念；而新成立的中華人民共和國也形成了以郭沫若、鄭振鐸等人爲中心的研究團體，屈原研究因此成了一項國家的文化工程。對照前後，可見其地位變化之大。

　　屈原地位在二十世紀的變遷，與中國現代社會文化語境密切相關，但郭沫若在其間起著不可忽視的作用。早在 1935 年，尚蟄居日本的郭沫若就寫出了《屈原研究》的長文，批駁廖平、胡適等人對屈原存在的懷疑，不僅如此，他還將屈原的《離騷》譯成了現代白話文，以利其傳播；而到了四十年代，郭沫若對屈原傾注了更多的心思，他不僅寫了大量的學術文章，探討屈原的文學、思想和政治意義，而且還創作了話劇《屈原》。經由話劇舞臺，讓屈原直接「現身」重慶，一時成爲戰時的文化熱點。而從社會效果來說，戲劇的方式比學術研究的影響要大得多，正如侯外廬所說，「結果是文學和藝術戰勝了史學和哲學。今天，已經抹不去中國人心目中郭沫若所加工的屈原形象」〔註1〕。幾乎可以說，正因爲有了郭沫若，才有了二十世紀的屈原形象，借用霍布斯鮑姆的話說，屈原這一文化傳統幾乎是郭沫若發明出來的。

〔註 1〕 侯外廬：《韌的追求》，北京：三聯書店，1985 年，第 134 頁。

然而，屈原之所以能成爲抗戰時期的一個文化符號，也決非僅靠郭沫若的個人之力，而是與時代問題、歷史語境，以及各方政治和文化力量的推動密切相關。引入歷史語境和集體意識，並不會削弱郭沫若在塑造屈原形象過程中的作用，相反，它讓我們將郭沫若與屈原之間納喀索斯式的詩性鏡象關係，轉化爲一個在地的歷史過程，帶出的是郭沫若、屈原與時代問題之間的多重關係，而我們的問題也就從郭沫若的《屈原》創作這一作家論視角，轉化爲認識論問題，即屈原對於我們理解郭沫若及其時代有何啓示。因此，在我們進入郭沫若與屈原這一話題之前，需要先回到四十年代的歷史語境，從與屈原和郭沫若均密切相關的詩人節出發，探討傳統資源、詩人身份與政黨政治之間的互動關聯。

第一節　政治修辭術（下）：詩人節與新詩人的誕生

> 發明詩人節
> 節日的非節慶化
> 象徵資源的爭奪與消費
> 詢喚「人民詩人」
> 詩人節，政治的修辭

抗戰時期，屈原受到大眾的關注並不始於郭沫若的話劇《屈原》，而是與中國的民間節日——端午節有關。國民政府在 1939 年便選定端午節前一天，在重慶舉行了大型水上運動會。據當時報載，「節目有龍舟競渡、橫渡嘉陵江游泳比賽、跳水比賽、救生表演等項、與賽者達千餘人」，可見其規模之大，連黨國大員如孔祥熙與孫科也都親往主持，「到大會會長孔副院長、孫院長、王寵惠、劉峙、吳國禎、及中外記者觀眾五萬餘人」。孔祥熙在開幕詞中稱：「吾人今日紀念投江而死的屈原、同時紀念爲國犧牲之同胞、國民必須有健強身手、方可擔當復興國家民族之重任」﹝註2﹞。自覺地利用節日的悼亡色彩，並將其轉化爲對國殤的紀念，再加上龍舟競渡的健身意義，將國家意識形態順利地植入到了傳統的民俗節日之中，可謂一舉多得。如果說運動會的舉行尚具偶然性，與屈原這一文化形象也缺乏本質的關聯，那麼，隨著端午節被確立爲詩人節，屈原這一文化形象本身的意義也就得到了凸顯；同時，詩人

﹝註2﹞《渝市水運會盛況　橫渡嘉陵江競賽》，《申報》，1939 年 6 月 26 日，第八版。

節的確立與紀念過程，也為我們還原屈原這一形象生成的歷史語境，提供了最佳的媒介。

一、發明詩人節

　　1941 年 5 月 30 日為農曆端午節，這天《新華日報》刊載了以「中華全國文藝界抗敵協會」為名義發表的《詩人節緣起》，號召將端午節確立為詩人節。該文先描述屈原的文學成就與政治情懷，並結合屈原的時代、身世與遭遇，強調了他身處亂世的愛國精神，而戰時的中國也正遭受強敵入侵，「是體驗屈原精神的迫切的時代」，因而，文藝界同人決定將端午節定為詩人節：

　　　　偉大的詩人屈原，在兩千數百年前來到世界上，為後世留下了豪放的熱情，愛國的深思，他的氣節在史可法文天祥的愛國行動上發揚，他的藝術引導杜少陵白香山擴大藝術的園地，屈原雖是殉了國，但他是永遠活著的。他的殉國的日子端午，兩千數百年來一直是民族的紀念日。我們愛好詩歌的人們現在決定把這個民族的紀念日，作為中國的詩人節，而今年的農曆五月五日適當「五卅」，在我們是雙重的紀念日子，這把詩人節的意義顯示得更明確了。〔註3〕

一個新的節日就這麼被發明出來了。宣言的完整版是由《大公報》翌日刊載的，主要是增加了發起人名單，這個長長的名單囊括了當時大多數著名詩人，包括林庚白、汪辟疆、郭沫若、聞一多、戴望舒、梁宗岱、易君左、卞之琳、艾青以及王平陵等新舊派詩人，也有于右任、梁寒操這樣身在政界的人物〔註4〕。作為「文協」主任，老舍不僅應時地寫了《論詩歌》《詩人》等文章，還寫有一篇帶社論性的文字《詩人節獻詞》。在他看來，詩人節有兩重意義，一是「紀念大詩人屈原」，二是「鼓舞當今文人」。對於後者，他又作了說明，即雖曰詩人節，但「凡氣度崇高，富有創造力與想像者統可被譽為詩人」〔註5〕，並試圖將詩人節的意義擴展為具普遍意味的文藝節；其次，他對何為詩人以及抗戰時期詩人何為的問題，也作了較為清晰的說明：「所謂詩人者，非謂在技巧上略知門徑之詩匠也」，「詩所以彰正義、明真理、抒至情，故為詩者首當有正義之感，有為真理犧牲之勇氣，有至感深情以支持其文字」。如此，

〔註3〕 中華全國文藝界抗敵協會：《詩人節緣起》，《新華日報》，1941 年 5 月 30 日，第二版。
〔註4〕 中華全國文藝界抗敵協會：《詩人節緣起》，《大公報》，1941 年 5 月 31 日。
〔註5〕 老舍：《詩人節獻詞》，《新蜀報》，1941 年 6 月 30 日。

是否爲詩人，不在於能否作詩，而在於是否有詩人氣度，而所謂的詩人氣度也就是富有正義感和責任感。因此，「詩人節之倡設，實與整個社會有關」，尤其是抗戰年月，「舉國在統一崇高的理想下共赴國難，頭可殺而節不可辱；此理想是詩的本質，此艱苦爲詩的本事」〔註6〕。從抗戰的時代需要出發，老舍從詩歌的美學、倫理及詩人的氣度等角度，重點強調了崇高、正義等層面，這與柏拉圖對詩人的期許一致，都是立足於國家（城邦）的需要。詩人節的確立，屈原的出場，也未脫離時代的這層限定。

　　然而，現代節日的誕生，除了知名人士的提倡以外，更爲重要的是媒體，尤其是報刊的推動。首屆詩人節的特出之處在於，它可能是抗戰期間報刊宣傳最廣、力度最大的一次。重慶地區的各大報紙，如《中央日報》《大公報》《掃蕩報》《新華日報》等，基本上都出了專刊。詳細情形，當時《中央日報》上有一篇題爲《詩人節的重慶各報特刊》的文章，專門對此作了說明：「一，篇幅最多連出三日的，有《大公報》；二，篇幅相等一日刊完的，有《中央日報》，《國民公報》，《新華日報》，《西南日報》；三，《新蜀報》本來準備了和《大公報》差不多的稿子，可惜因爲和它的報館印刷所同遭火災，那天只刊了一篇專文。此外刊載專文的，還有《益世報》；四，僅刊了一篇《詩人節緣起》的通用文字的有《掃蕩報》；五，於專刊以外，另加專文或詩的，有《中央日報》，《西南日報》，《大公報》。」〔註7〕該文有未詳處，《大公報》其實是連出五日特刊，由此可見詩人節成立時的輿論氣象。

　　詩人節之所以能確立，並獲得廣泛響應，與報紙的參與密不可分，這是現代節日生成的獨特方式。按麥克盧漢的說法，較之傳統的書本，報紙天然地具有群體屬性，「是一種群體的自白形式（group confessional form），它提供群體參與的機會」〔註8〕。對於節日來說，報紙的這種群體性意義就顯得異乎尋常，它是節日氛圍的營造者，如雙十節各大報紙的特刊或增刊便是如此，它本身就是節日的構成要素。詩人節也是如此，雖然是新生的節日，但媒介賦予了這一天以獨特的意義，它不僅打開了群體參與節日的特殊時空，而且也召喚群眾的參與。

〔註6〕老舍：《詩人節獻詞》。

〔註7〕堵述初：《詩人節的重慶各報專刊》，《中央日報》，1941 年 5 月 6 日，第四版。書名號爲引者加。

〔註8〕麥克盧漢（McLuhan）：《理解媒介：論人的延伸》，何道寬譯，南京：譯林出版社，2011 年，第 234 頁。

　　除報紙的專刊以外，必不可少的是節慶儀式，這是節日最激動人心的部分。老舍曾有專文描述首屆詩人節晚會的盛況。慶祝晚會由「文協」發起、籌備，地點在中國留法比瑞同學會的禮堂，禮堂正中是孫中山像，「國父遺像下，懸起李可染畫的屈子像，像前列案，案上有花及糖果。左壁榜曰『慶祝第一屆詩人節』；右壁題：『詛咒侵略，謳歌創造，讚揚眞理』」〔註 9〕。將屈原像置於國父遺像之下，從政治儀式的角度來看，屈原既屈居黨國意識形態光環之下，同時也是這一意識形態建構的環節與資源。值得一提的是，該畫有郭沫若題詞，但因畫亡佚，題詞也不存。

　　在舉行具體儀式時，于右任被推爲主席。「行禮如儀後，主席以極簡練的言語，道出今年詩人節與五卅恰好在同日的含義——詩的內容是要反抗侵略，闡明眞理，詩人也就該是戰士呵！」〔註 10〕接著是主辦方老舍報告詩人節籌備經過，然後是郭沫若講演，他考定了屈原的生卒年，繼而認定「屈原之投江，實由於不甘忍受楚國之沉淪現象」，因而是「一個有民族氣節的詩人」〔註 11〕。于右任與郭沫若的講話，與壁上的畫一樣，都將屈原納入到了抗戰建國的時代主題之中，而這也正是詩人節能得到廣泛響應的原因所在。

　　節慶儀式，除名人講話闡明主題、奠定基調以外，更爲重要的是餘興節目，老舍在「詩人節後二日」所寫的追憶文章中，提供了一個「節目單」：

> 常任俠朗誦《離騷》。
>
> 李嘉獨唱《雲中君》。
>
> 「文協」歌隊合唱《汨羅江上》。
>
> 可惜室中無臺，吳曉邦的《披髮行吟》舞不能表演。
>
> 自由表演：
>
> 安娥讀于右任先生的詩人節五律二首。
>
> 高蘭朗誦自己的長詩。
>
> 易君左讀即席賦詩二韻。
>
> 時電燈果滅，馬上燃起紅燭。燭光花影中，分散糖果及粽子。〔註 12〕

其中，《雲中君》由著名提琴家馬思聰製譜，《汨羅江上》是方殷所寫的詩

〔註 9〕　老舍：《第一屆詩人節》，《宇宙風》，第 119～120 期合刊，1942 年 8 月。

〔註 10〕　老舍：《第一屆詩人節》。

〔註 11〕　《首屆詩人節　文化界昨開慶祝會》，《新華日報》，1941 年 5 月 31 日。

〔註 12〕　老舍：《第一屆詩人節》，《宇宙風》，第 119～120 期合刊，1942 年 8 月。

歌，由王雲堦製譜。而老舍未記的是馮玉祥也即席賦詩一首，由老舍代爲朗誦〔註13〕。從節目來看，「文協」確實做了精心準備，尤其是第一部分的表演，也較爲正式，而且主題集中，可以說是屈原紀念晚會。但「自由表演」環節則基本上是爲詩人提供的表演場地，從參與者來看，這次活動主要局限於詩人圈。而在「燭光花影中，分散糖果及粽子」〔註14〕，吟詩談唱，確有節日的氛圍。

詩人節的活動雖然精彩紛呈，但其確立過程卻帶有一定的偶然性，主要是倚賴時在重慶的一群年輕詩人。據《詩人節緣起》的執筆者臧雲遠回憶，詩人節的設立是由「文協」詩歌組的幾個人發起並付諸實施的。首倡者是詩人方殷，時間是在 1941 年春季的某次「文協」詩歌座談會上〔註15〕；曾參與此次座談會的高蘭，具體描述了詩歌晚會內容，是「艾青、徐遲幾位同志有聲有色的詩朗誦和胡風的抗戰以來的詩歌報告」，參與籌劃詩人節的是光未然、臧雲遠、方殷、李嘉、陳紀瀅、臧克家，以及高蘭七人，因爲他們「是中華全國文藝界抗敵協會詩歌晚會的負責人」〔註16〕；而據臧克家回憶，所謂的詩歌晚會是文協的定期活動：「1941 年前，『文協』總會幾乎每月召開詩歌座談會或晚會，討論詩歌創作、如何提高朗誦詩質量等問題」，而詩人節的設立，在他看來是「詩人們爲爭取有個合法的、公開的節日，1941 年 5 月底在『文協』支持下，定端陽節（屈原投江日）爲『詩人節』。」〔註17〕雖然難以排除有人更早擬議詩人節的可能，但就 1941 年首屆詩歌節的成立來說，主要還是臧雲遠、高蘭這群青年詩人的推動，而後來以「文協」名義發表的《詩人節緣起》，也正是出自臧雲遠的手筆。其時，大後方的青年詩人群較爲活躍，此時他們正在進行朗誦詩實驗，還自發成立了「春草詩社」，逐漸形成了一個小群體，如參與詩人節的厂民、王亞平、柳倩等都是他們的圈內人。因而，雖然這些詩人大多是左翼青年，但也確實可按臧克家的說法，詩人節是他們爲詩人爭取的節日。

〔註13〕 南伊：《中國詩人節的誕生》，《物調旬刊》，第 49 期，1948 年 6 月 15 日。
〔註14〕 老舍：《第一屆詩人節》。
〔註15〕 臧雲遠：《霧城詩話》，《南京藝術學院學報（美術與設計版）》，1983 年第 4 期。
〔註16〕 高蘭：《回憶第一屆詩人節》，《新文學史料》，1983 年第 3 期。
〔註17〕 臧克家：《中國抗日戰爭時期大後方文學書系·第六編·詩歌·序》，重慶：重慶出版社，1989 年，第 8 頁。

二、節日的非節慶化

對於節日的研究，學界往往借境於巴赫金對拉伯雷《巨人傳》的研究，從狂歡節的角度，強調節日的烏托邦視景，及其反抗政治大敘事的一面。從上述討論來看，詩人節也具有這個面向，在國統區知識分子的日後回憶中，也往往將這種反抗性，具體嵌入到國共政爭的權力格局中。因此，即便是當時的親歷者臧雲遠也說，對於詩人節的盛況，「反動派甘〔乾〕著急，卻沒法子禁止」〔註 18〕。但這種說法一定程度上還是忽略了國民政府是詩人節的積極推手這一事實，同時，這種定勢眼光——無論是節慶對政治的顛覆，還是國共政爭——也難免遮蔽詩人節與當時政治權力間的多重關聯。

巴赫金所探討的節日，是一種自然生成的、本身便帶著政治生產性的節慶。正如他所說「一定的和具體的自然（宇宙）時間、生物時間和歷史時間觀念永遠是它的基礎」〔註 19〕，節慶活動是位於歷史發展的變革階段，與自然、社會與人生危機、轉折相聯繫的，因此，官方節日並不在他的討論範圍之內，在他看來「官方節日違反了人類節慶性的真正本性，歪曲了這種本性」〔註 20〕。巴赫金雖然在官方與民俗之間強分軒輊，但他還是揭示了節日的某些共同屬性，即「節慶活動永遠具有重要的和深刻的思想內涵、世界觀內涵。任何組織和完善社會勞動過程的『練習』、任何『勞動遊戲』、任何休息或勞動間歇本身都永遠不能成為節日。要使它們成為節日，必須把另一種存在領域裏即精神的意識形態領域裏的某種東西加入進去」〔註 21〕。只是他將這種思想內涵理解為左翼的世界觀，而排斥了其它可能性，從而將節日與政治圖景作了本質化的關聯。但這對我們分析詩人節還是具有一定的方法論意義，即節日這一公共形式，往往被不同的政治勢力注入不同的意識形態內涵。

詩人節雖然是由民間團體提倡並確立，但它從一開始就與主流意識形態密切交織在一起。但從傳統節慶的角度來看，詩人節卻具有先天不足的一面，這就是節日的群體性與「詩人」這重身份限定之間的差距，使得這個節日只

〔註18〕臧雲遠：《霧城詩話》，《南京藝術學院學報（美術與設計版）》，1983 年第 4 期。

〔註19〕巴赫金：《弗朗索瓦·拉伯雷的創作與中世紀和文藝復興時期的民間文化》，《巴赫金全集》，第 6 卷第 10 頁，夏忠憲譯，石家莊：河北教育出版社，2009 年。

〔註20〕巴赫金：《弗朗索瓦·拉伯雷的創作與中世紀和文藝復興時期的民間文化》，《巴赫金全集》，第 6 卷第 11 頁。

〔註21〕巴赫金：《弗朗索瓦·拉伯雷的創作與中世紀和文藝復興時期的民間文化》，《巴赫金全集》，第 6 卷第 10 頁。

能成爲「紙」上談兵，普通百姓可能並不關注詩人如何過節，而更樂意過傳統的端午節。這表明，詩人節只是知識分子對端午節的重新命名，是一個知識分子的節日：詩人節的這些要素要求我們跳出傳統的節日研究模式。但反過來看，紙上談兵固然是詩人節的不足，但同時也是它的獨特性，也就是說，詩人節注定是一個基於傳播媒介的節日，報紙賦予了詩人節以新的形式；而報紙雖然爲群體參與提供了機會，但它也「可以給事件抹上一層偏見的色彩」〔註22〕，因此，首屆詩人節期間，重慶各大報刊爭相出專刊，但在紙上嘉年華的背後，其實是理性化的運作，這與傳統節日的非理性行爲完全不同。

詩人節的這種非節慶化特徵，首先表現在國民黨黨報《中央日報》上。該報所載文章，易君左的《大民族詩之再建——爲紀念屈原而作》較具代表性，易君左因後來寫《沁園春·雪》批判毛澤東有帝王思想，大陸學界鮮有關注，實際上他是現代較爲重要的詩人，不僅在重慶時期較爲活躍，與田漢、郁達夫等人也淵源甚深，多有詩詞往來。在此文中，他認爲詩歌建設要從歷史性和時代性兩重視野著手，這意味著要打破歷史偏見，立足現實需要，「在這一個萬事以『國防』爲中心的抗戰建國的偉大時代，凡是能歌頌民族精神，擁護國策，而帶有戰鬥性革命性的詩，就是我們當前所急切需要的詩！」因此，「屈原之所以偉大，正因其整個人格全部詩篇都貢獻給了國家民族」，其詩歌「充滿了忠君愛國悲天憫人崇高純潔的思想」〔註23〕。由此，他提出了一個「大民族詩歌」的概念，這包括兩個方面，首先需具備民族國家意識，即「今日大民族詩之建設，應以『國家至上！民族至上！』爲最高的目標。詩不是替個人來抒情，替一部分人來享樂，而是要替國家民族注射一種新的生命劑」〔註24〕；其次是「情感」，在他看來，詩的情感成分總是超出理智，但他否認個人的私情，認爲「天下的公情，人類的至情」，「乃是對國家民族的眞情！」對於如何表達公情至情，易君左重新引入了「溫柔敦厚」的概念。在他看來，「根本上，『溫柔敦厚』，不是義理而是情」〔註25〕，從而將儒家詩教轉變爲了儒家情教，也將南國的屈原，納入到了儒家的正統之中。

〔註22〕 麥克盧漢（McLuhan）：《理解媒介：論人的延伸》，何道寬譯，南京：譯林出版社，2011年，第234頁。

〔註23〕 易君左：《大民族詩之再建——爲紀念屈原而作》，《中央日報》，1941年5月30日，第三版。

〔註24〕 易君左：《大民族詩之再建——爲紀念屈原而作》。

〔註25〕 易君左：《大民族詩之再建——爲紀念屈原而作》，《中央日報》，1941年5月30日，第三版。

　　這雖然不必官方授意，但一定程度上代表了國民政府的觀點。而屈原憂思憂國的形象、以及南方楚國的歷史境遇，確實與戰時官方意識形態建構有契合處。因此，屈原這一傳統也就較爲容易地被官方收編，而在此之前也有機構在著手將屈原改編爲戲劇，據《中央日報》1941 年 5 月 24 日報導，長沙就有人編著新劇《屈原》，並讓各縣市於端午節排演，具體爲：「端午節爲楚大夫屈靈均先生殉國紀念、□戰區政治部特編著《屈原》一劇、印發常德益陽湘潭衡陽洪江等四十五縣市劇團戲院排演、以資紀念先賢、發揚愛國思想云。」〔註 26〕偏居西南的國民政府，也早就注意到了南方民俗及屈原傳統是可利用的資源。

　　既然屈原精神於戰時有可取處，詩人節也可從官方語境得到充分的解釋，故而在詩人節發起人中，除于右任、馮玉祥這樣的黨國元老外，也不乏梁寒操這樣實際主管宣傳的人物；而日後官方刊物《文化先鋒》上連載的《建國曆》也將詩人節列入其間，描述爲：「抗戰以來，國內詩人咸感屈原詩風人格，兩俱不朽。於愛國詩人中最早最著，丁〔於〕茲大敵當前，國勢砧危之際，允宜矜式前賢，用勵來者。」〔註 27〕正如論者所指出的，這延續了現代鼓吹摩羅詩人的傳統，是深處民族危機之時，「才產生了召喚『前賢』的精神力量來激勵『來者』的要求」〔註 28〕。可見，紀念屈原首先是官方意識形態建構的需求。從本文開頭所引的端午節水上運動會來看，國民政府也確實在自覺地利用民間傳統，後來雖然少見運動會的消息，但端午節勞軍卻成爲一個固定的項目。如 1941 年《中央日報》第四版在刊行詩人節專刊時，第六版則是「端節勞軍運動特刊」〔註 29〕，而隨後三年的端午節，《中央日報》雖不見紀念詩人節的專文，「端節勞軍」卻從未中斷，成了端午節的新傳統，但無論是藉端午節召開運動會，還是勞軍，既是對民俗的徵用，也是主流意識形態對民間文化的滲透與改造。

　　詩人節的成立，與左翼知識分子的積極介入不無關聯，但這並非指中共

〔註 26〕《湘編著〈屈原〉新劇　各縣端節排演》，《中央日報》，1941 年 5 月 24 日，第五版。

〔註 27〕徐貢眞：《建國曆詳解・陰曆五月初五日　詩人節》，《文化先鋒》第 2 卷第 8 期，1943 年 6 月 1 日。

〔註 28〕王家康：《抗戰時期思想文化背景中的歷史劇寫作》，北京大學博士論文，2003 年，第 48 頁。

〔註 29〕「端節勞軍運動特刊」，見《中央日報》，1941 年 5 月 30 日，第六版。

的政治勢力，而是國統區的左翼知識分子，尤其是郭沫若以及他所主持的文化工作委員會。在上文所提及的七位發起人中，臧雲遠、光未然都是「文工委」職員，隸屬田漢（由石淩鶴代）主持的「文藝研究」組，詩人節的積極參與者如李可染、安娥、柳倩，也都是該文藝研究組成員〔註30〕；更為重要的是，由臧雲遠執筆的《詩人節緣起》這一代宣言性的文件，也曾經過郭沫若的修改〔註31〕，實際上詩人節之所以能順利成立並引起各界關注，與「文協」主任老舍及「文工委」主任郭沫若的大力支持不無關係。

第一屆詩人節，郭沫若也有文章，與《詩人節緣起》一起發表於《新華日報》；雖然郭沫若在詩人節晚會上重點強調的是屈原殉國的意義，但他的紀念文章卻沒有這麼宏大的主題，而是主要講民俗，包括端午節「邪辟」、劃龍舟及日本端午習俗等，這在同時期的文章中顯得較為特殊；對於龍舟競賽，他認為這有利於國民保健，值得保留，這與當局舉辦水上運動會的初衷一致，但他顯然不止於此，而是認為賽龍舟也有「培養民族精神的作用」，「龍船競渡相傳是為拯救沉溺了的屈原，但精神上便是拯救被沉溺了的正義！正義為邪辟所陷沒了，我們要同一切的邪辟鬥爭」〔註32〕，從正邪之爭的角度來看待端午節，是郭沫若此時主要的觀點。在他看來，古人之所以認為端午邪辟，主要是因為屈原是被邪辟小人迫害而死的，「群鬼百邪害死了屈原，損毀了民族的正義感，故而每一個人為自衛和衛人計，都須得齊心一意的來除去邪鬼」〔註33〕，因此，對於屈原所面對的民族問題，從一開始郭沫若與其它人之間就有側重外患還是內憂的分歧。

這種分歧不僅見於他與于右任、易君左等人之間，也見於他與左翼知識分子之間，如供職「文工委」的柳倩，同日發表於《新華日報》的文章《紀

〔註30〕陽翰笙：《國民政府軍委會政治部文化工作委員會組織及名單（1940年10月1日～1945年4月1日）》，載中共重慶市委黨史工作委員會編：《南方局領導下的重慶抗戰文藝運動》，重慶：重慶出版社：1989年，第82頁。

〔註31〕見臧雲遠：《霧城詩話》，《南京藝術學院學報（美術與設計版）》，1983年第4期；老舍：《第一屆詩人節》，《宇宙風》，第119～120期合刊，1942年8月。按，據臧雲遠回憶，在詩人節晚會之前，詩人節籌備會還曾邀請眾詩人到「文工會」所在地天官府聚餐，邀請函上還注明：「節目有即席賦詩，遊龍船，詩座談等項」（臧雲遠：《霧城詩話》，《南京藝術學院學報（美術與設計版）》，1983年第4期），但這個環節未見其它人的佐證，或只是「文協」詩歌晚會同人的圈內聚談。

〔註32〕郭沫若：《蒲劍·龍船·鯉幟》，《新華日報》，1941年5月30日，第二版。

〔註33〕郭沫若：《蒲劍·龍船·鯉幟》。

念與任務——祝賀第一個詩人節》，雖然也提及屈原爲姦臣所害的史實，但他認爲，「目前我們之不同點：正在危害中國的，是我們民族的敵人——日本強盜，而不是當時同室操戈各割據一方的氏族」〔註34〕，從而將屈原的文化功用限定於家國層面。柳倩原名劉智明，也是四川樂山人，早年曾參加「左聯」，與郭沫若既是同鄉，私交也不錯，當時在郭沫若主持的「文工委」工作〔註35〕。二人的分歧表明此時左翼文人對屈原及詩人節的理解還是較爲個人化的，而郭沫若的獨特理解，與他被國民黨高層疏遠的現實境遇有關；而郭沫若萌生把屈原搬上舞臺的想法，也正是在第一屆詩人節期間，因此，他筆下的屈原也難免呈現出愛國與牢騷的雙重形象。

此外，《新華日報》詩人節專刊上的另一篇署名「和山」的文章《關於離騷》，也主要是強調屈原「不逃避現實」，及其「保衛祖國，抵抗強敵侵略的意志」〔註36〕，這種論調與《中央日報》並無實質分歧；而《新華日報》則乾脆還登了一則「附告」，表明詩人節專刊不是出於他們的策劃：「今日爲舊習相傳屈原忌辰，又爲第一個詩人節，本報今日所登有關詩人節的各作家稿件，全係『詩人節籌備會』所供給，盛意可感，特此附告。」〔註37〕這與老舍、臧雲遠等人的說法一致。因此，就第一屆詩人節來看，屈原作爲愛國者形象，被召喚出來作爲應對外敵的精神資源，而這個較爲完整的形象，既是時代的需要，也與中共政黨文化暫時的缺席有關。

顯得異樣的除了郭沫若的牢騷外，便是《大公報》。相對來說，對於詩人節的確立，《大公報》的規格是最高的，它不僅連續出了五次「第一屆詩人節紀念特刊」，而且還發表了社論。社論除表彰屈原的「堅貞人格」與「愛國精神」外，重點強調的是「國家至上」的原則：「當這『超國家』的思想走到絕路大家必須服膺『國家至上』的原則之時代，由文藝界人給我們這位偉大的愛國詩人帶上一頂桂冠，實是一件佳事。三閭大夫雖不待此而榮，藉此以示範當世，垂訓來茲，其意義實極深長而遠大。」〔註38〕《大公報》此舉所針對的自然是共產黨，自皖南事變以來，《大公報》與中共便不無齟齬，尤其是

〔註34〕柳倩：《紀念與任務——祝賀第一個詩人節》，《新華日報》，1941 年 5 月 30 日，第二版。

〔註35〕參見屠建業：《郭沫若的摯友柳倩》，《縱橫》，2007 年第 11 期。

〔註36〕和山：《關於離騷》，《新華日報》，1941 年 5 月 30 日，第二版。

〔註37〕《編者的話》，《新華日報》，1941 年 5 月 30 日，第二版。

〔註38〕《端午雜寫》，《大公報》社論，1941 年 5 月 30 日，第二版。

對第十八集團軍的報導，多有令中共不滿處，就在該年端午節前一周，周恩來爲此還曾專門致書《大公報》主筆張季鸞和王芸生，對《大公報》的議論有所抗議〔註39〕。但除了社論外，《大公報》的詩人節紀念特刊也並無新奇處，其詩文主要出自陳紀瀅、方殷、臧雲遠、任鈞等人，都是「文協」詩歌座談會的成員，偶而也可見老舍、于右任、李根源的詩文。

可見，第一屆詩人節主要是在「文協」的籌辦下確立的，主要推動者和策劃者是當時身在重慶的年輕詩人，這既是他們自我命名、出場的方式，同時也是對抗戰主題的回應，利用戰時的民族主義情緒，激活了屈原的愛國精神，並得到重慶地區詩人的廣泛響應。因此，儘管參與者或各有心曲，但大體上卻取得了一致，將屈原共同塑造爲一個愛國詩人，從某種意義上說，這是在主流意識形態的驅動下，生產出來的戰時新詩人形象。而從過節的方式來看，第一屆詩人晚會也主要是詩朗誦、詩歌座談等文化活動。但到第二屆詩人節，「文協」的年輕詩人們便逐漸難以控制局勢，詩人節的組織形式逐漸超出了文化視野；詩人節也成爲塑造另一種新詩人的儀式。

三、象徵資源的爭奪與消費

較之首屆詩人節的盛況，各大報刊對第二屆詩人節的報導要冷清得多，然而，詩人節的規格並未降低，它逐漸成爲一種半官方的紀念儀式，《中央日報》對當日詩人節活動有所報導：

> 〔中央社本市訊〕十八日爲第二屆詩人節，即屈原忌辰，又值蘇聯文豪高爾基逝世六週年紀念日，中蘇文化協會，特聯合政治部文化工作委員會、國際反侵略中國分會等十一團體，於午後七時半在該會舉行紀念晚會，首由主席孫會長哲生報告紀念意義，□派於院長右在〔任〕、蘇聯對外文化工作委員會駐華代表米克托□夫斯基、郭主任委員沫若及曹靖華諸氏分別報告屈原及高爾基之生平。與會者約兩百餘人，蘇大使潘友新亦曾出席。〔註40〕

「中蘇文協」除了舉行紀念晚會以外，其會刊《中蘇文化》也推出了紀念屈原和高爾基的專號。不過專號上的文章，主要轉載的是侯外廬與郭沫若就屈

〔註39〕周恩來：《致大公報張季鸞王芸生兩先生書》，《新華日報》，1941 年 5 月 25 日。

〔註40〕《昨日詩人節　陪都團體開會紀念》，《中央日報》，1942 年 6 月 19 日。

原思想的論爭，並無新意。《大公報》也推出「紀念詩人節及世界文豪高爾基先生」專刊，不過這次主要刊載的是詩歌作品，這包括冀汸的《雨‧煙‧霧》，李長之的《女嬰之歌（其二）》，臧雲遠的《時間》等；此外，《中央日報》出的是「端午徵募書報勞軍特刊」，雖有一篇《詩與詩人》的應景文章，反而並不主張用功利的角度論詩〔註41〕；不過在詩人節之前，該報也曾刊載紀念屈原的文章，作者嚴恩復從藝術上將屈原歸於「崇尚無為的道家」，但思想方面「卻已深受北國現實主義儒家思想的感應」〔註42〕，這呼應了易君左的觀點——屈原繼承了儒家詩教的傳統。

　　《新華日報》這次則不同，它一改首屆詩人節用外稿的方式，連續出了兩個專刊，第一個紀念屈原，第二個紀念高爾基。紀念屈原專刊有郭沫若的《「深幸有一 不望有二」》，他先對每逢節日必做應景文章的現象提出批評，並且坦誠沒有新見解，只是堅持以前的信念，不希望中國有第二個屈原，因為有屈原的代價是國破家亡，而他「絕不相信中國會亡」〔註43〕。同時，對坊間有人說他以屈原自比的傳聞，他也給予了澄清。此外還有李篁的《學習屈原的創作精神》，范永的《迎詩人節》等紀念屈原的文章。范永在文章中已開始強調詩人的人民性，他不僅引用普式庚（現譯普希金）《紀念碑》中的詩句——「我將要永遠地愛那般人民」等，作為題記，文中他又進一步強調，要表達民族的心靈，就需要「呼吸著，認識著，理解著，生活著他們的生活」，詩人的詩要無愧於「人民的手」所編織的桂冠〔註44〕，雖然這裡的人民話語還只是一種道德訴求，與馬克思主義視域中的人民尚有差別，但這已經顯示了詩人節及詩人的新面目，與其它報刊所建構的詩人形象不同。

　　第二屆詩人節看起來乏善可陳，原因並非是知識分子遺忘了這個節日，而是因為話劇《屈原》在兩個月前的演出，讓他們做足了文章。在演出期間，評論者也往往將話劇與詩人節聯繫起來，如《新民報》上就有文章指出，「今年的詩人節還沒有到，而郭沫若先生的《屈原》這個歷史劇就上演了，《屈原》的上演就作為紀念第二屆詩人節的偉大貢獻吧。我們以無上的熱誠來祝賀——

〔註41〕懷沙：《詩與詩人》，《中央日報》，1942 年 6 月 18 日，第六版。
〔註42〕嚴恩復：《從民族主義的立場讀楚辭》，《中央日報》，1942 年 5 月 12 日，第四版。
〔註43〕郭沫若：《「深幸有一 不望有二」》，《新華日報》，1942 年 6 月 18 日，第四版。
〔註44〕范永：《迎詩人節》，《新華日報》，1942 年 6 月 18 日，第四版。

一詩人節，並祝賀《屈原》上演的成功」〔註45〕；甚至有回憶者稱，「《屈原》在重慶是由中華劇藝社以紀念第二屆『詩人節』的名義來公開上演的」〔註46〕。《屈原》的上演雖不必一定與詩人節相關，但二者在同樣的歷史語境中，且是對同一歷史資源的再造，因而可以對照理解。

首屆詩人節期間，中共的話語處於缺席狀態，他們此時正在籌劃的是年底給郭沫若做五十大壽，可以說是打造現實版的屈原。為此，他們特意籌備了兩齣話劇，一是陽翰笙的《天國春秋》，其次是郭沫若的《棠棣之花》，在不計成本與全明星制的推動下，取得了巨大的成功，因而也刺激了郭沫若的創作欲，他於 1942 年 1 月僅費十日之力便創作了話劇《屈原》。左翼知識分子本有「劇運」的傳統，皖南事變之後，這一方式再度受到左翼劇人青睞，其實早在籌備「文化工作委員會」期間，周恩來便關照郭沫若，「蓋既名文委，其範圍必須確定，文藝（劇場劇團仍宜在內）與對敵工作倒是兩件可做之事，然必須有一定之權（雖小無妨）一定之款（雖少無妨）方不致答應後又生枝節也」〔註47〕。而 1941 年「文工委」也成立了戲劇指導委員會，指導劇運的開展。

《屈原》從寫作到上演，都受到政黨政治的干預，這主要是通過陽翰笙來運作。陽翰笙是中共老黨員，抗戰時期周恩來安排他輔佐郭沫若，因為他與郭是北伐舊識，大革命失敗後他又與李一氓一同加入創造社，此時擔任「文工委」的主任秘書，是國統區「劇運」的主要參加者和組織者。陽翰笙的主要工作是組織演出班子和演出場地，對於演出人員，他「經過數日奔走」〔註48〕所組織的班子，被當時的論者稱為「『鐵』的陣容」〔註49〕，因為該劇演出用的是「留渝劇人聯合公演」的名義，因而，「使演員陣容，不受所在劇團的限制，得盡一時之選」〔註50〕，主角金山、張瑞芳、白楊且不說，都是當時最紅的演員，連配角也是周峰、孫堅白這樣的明星。為了給《屈原》留出檔期，國泰大劇院原本安排的是鄭用之所導的《江南之春》，也只能將演出時

〔註45〕沈：《屈原和利爾王》，《新民報》，1942 年 4 月 18 日。
〔註46〕俞仲文：《關於〈屈原〉及其在重慶的演出》，《重慶文史資料選輯》，第 6 輯。
〔註47〕周恩來：《文藝和對敵工作仍能有所貢獻──致郭沫若（1940 年 9 月 8 日）》，《周恩來書信選集》，北京：中央文獻出版社，1988 年，第 185 頁。
〔註48〕陽翰笙：《陽翰笙日記選》，成都：四川文藝出版社，1985 年，第 25 頁。
〔註49〕何為：《詩的〈屈原〉》，《掃蕩報》，1942 年 4 月 27 日。
〔註50〕潘子農：《〈屈原〉的演出及其它》，《四川大學學報叢刊》，第 13 輯。

間壓縮一半，只演十天〔註51〕。不僅如此，在戲劇籌備和演出期間，周恩來也親自給予指導。他不僅多次到排演現場，而且還將主要演員請到紅岩村，進行思想上的教育指導〔註52〕；演出期間，他也讓工作人員「到劇場去多買幾張票，讓紅岩村和曾家岩五十號的同志都輪流去看」，「還召集大家開座談會，談論這個戲的政治意義」〔註53〕。

　　實際上，開展國統區的文化運動是中共早就籌備的工作。早在1940年中共中央就曾下發文件，要求在國統區積極開展文化運動。「指示」認爲「這項工作的意義在當前有頭等重要性」，「因爲它不但是當前抗戰的武器，而且是在思想上幹部上準備未來變化」，因而要求南方局將「推動、發展及其策略與方式等問題經常放在自己的日程上」〔註54〕。皖南事變後，中共曾主動組織左翼文化人撤離重慶，以表示抗議，並不完全像日後描述的那樣遭受迫害。事實上，形勢在1941年3月即好轉，可以爲證的是，在1941年3月22日中共中央的政治情報中，便已作出如下判斷：「從去年十月十九日何應欽、白崇禧皓電開始的新的反共高潮現似已告一段落，而走向低降」〔註55〕。因而，中共也逐步啓動了國統區的文化運動，而帶有起始意味的，便是「郭沫若五十壽辰暨創作生活二十五週年」紀念活動，該活動由周恩來親自主持，除重慶地區知識分子以外，桂林、香港、延安及新加坡等地的知識分子都曾積極響應。據研究者分析，這次紀念活動，「就是爲了把郭沫若從政治家塑造成文化人而舉行的大規模社會書寫儀式」〔註56〕，而從郭沫若1942年的話劇創作實績來看，這個書寫儀式無疑是成功的。

　　就《屈原》的演出來說，更爲重要的則是如何藉重屈原這個文化資源。從中共的積極介入來看，可以說他們是在消費首屆詩人節所積累的屈原形象，爭奪並改造這一象徵資本。左翼知識分子對《屈原》的批評，既延續

〔註51〕陽翰笙：《陽翰笙日記選》，成都：四川文藝出版社，1985年，第27頁。
〔註52〕張穎：《霧重慶的文藝鬥爭》，《懷念敬愛的周總理》，北京：人民文學出版社，1977年，第154頁。
〔註53〕張穎：《霧重慶的文藝鬥爭》，《懷念敬愛的周總理》，第155頁。
〔註54〕《中央關於發展文化運動的指示》，見南方局黨史資料編輯小組：《南方局黨史資料》，第6卷，重慶：重慶出版社，1990年，第4頁。
〔註55〕《一九四一年三月政治情報》，中央檔案館編：《中共中央文件選集》，第13冊，北京：中共中央黨校出版社，1991年，第67頁。
〔註56〕段從學：《「文協」與抗戰時期文藝運動》，北京：北京大學出版社，2012年，第234頁。

了首屆詩人節所塑造的愛國者形象，也突顯了郭沫若所闡釋的「內憂」一面，但卻將內憂從郭沫若式的個人牢騷，轉化為政黨隱憂，正如周恩來對這一運動的評價：「屈原這個題材好，因為屈原受迫害，感到讒諂之蔽明也，邪曲之害公也，才憂憤而作《離騷》。『皖南事變』後，我們也受迫害。寫這個戲很有意義。」〔註57〕這就將士大夫式的怨刺方式，轉而作為政治鬥爭的手段，《新華日報》唯恐讀者／觀眾不能體察其背後的寓意，借助廣告將該劇的寓意作了極為清晰的解釋：「這雖然是一幕歷史悲劇，但是在這裡面有現實的人底聲音，有崇高的人格，正氣凜然的氣節，使你愛憎是非之感，分外分明。這是一首美的詩篇，她唱出你要唱的詩，她說出你要說的話！美與醜惡在這詩篇中的鬥爭，強烈的使你的靈魂作了最忠實的裁判。」〔註58〕或許也正因如此，國民黨宣傳部才極力支持陳銓的《野玫瑰》，以之作為對抗。

四、詢喚「人民詩人」

　　既然左翼知識分子已取得詩人節的話語權，只要政治時機成熟，他們便可藉此打造自己的新詩人。隨著抗戰的推進，建國問題逐漸超越抗戰，中共也適時地提出人民民主的政治主張，詩人節也再度受到左翼知識分子的關注，成為詢喚「人民詩人」的文化儀式。

　　「人民詩人」話語的大規模出現，始於 1945 年詩人節。《新華日報》設置了詩人節專刊，但詩人們所呼喚的已不再是愛國情懷，而是政治鬥爭。臧克家要求，「在今天，不但要求詩要帶政治諷刺性，還要進一步要求政治諷刺詩」〔註59〕；力揚則進一步要求詩人為人民而寫作，「在這人民的世紀裏，一切的文藝都應該為著人民，所以評判一首詩的好或者不好，首先就必須從人民的觀點出發，一個詩人之能否作為偉大的詩人，也是要從這觀點來評定的，為人民歌唱得愈多，他的成就也愈大」〔註60〕；在政黨文化的滲透下，詩人節一變而為鍛造人民詩人的文化車間。

　　政黨話語的強勢介入，與抗戰後期延安文藝政策在國統區的傳播密切相

〔註57〕黃忠樸：《雷電的光輝》，雷電的光輝，《紅岩》，1979 年第 1 期。
〔註58〕《屈原》廣告，《新華日報》，1942 年 4 月 3 日，第一版。
〔註59〕臧克家：《向黑暗的『黑心』刺去》，《新華日報》，1945 年 6 月 14 日，第四版。
〔註60〕力揚：《詩人‧人民》，《新華日報》，1945 年 6 月 14 日，第四版。

關。1944 年延安派何其芳與劉白羽到重慶，向後方文人傳達《在延安文藝座談會上的講話》，1945 年初，周恩來回延安，時在重慶主持南方局工作的王若飛有在國統區開展整風運動之議，但該提議遭到周恩來一定程度的抵制。在周看來，「如文化人整風只限於文委及《新華日報》社兩部門的同志，則可行；如欲擴大到黨外文化人，似非其時」；並且認為「即便對文委及《新華日報》社同志的整風，歷史的反省固需要，但檢討的中心仍應多從目前實際出發，顧及大後方環境」〔註 61〕；雖然如此，延安的整風運動無疑已開始波及後方文人，如力揚所寫的紀念文章《詩人‧人民》便已涉及知識分子改造的問題，「所謂知識分子的改造，即是要在生命上消滅那些不適合於為大眾的利益而鬥爭的弱點，同時卻要吸收或學習人民大眾所富有的一切完美的東西」〔註 62〕；延安話語在國統區的傳播，也可見後方的知識分子在抗戰後期，關注的問題已由抗戰問題，轉向了建國問題，或者說是如何爭取政權的問題，因而政黨立場變得不可忽略。

　　較之在現實中尋找或塑造人民詩人，對傳統的改造無疑要容易得多，屈原因此也從愛國詩人，轉變成了人民詩人。如王亞平就認為，屈原和杜甫是「天才」，是「人民的藝術家」，但在專制時代，「才華一代，為人民所喜愛，為中國文學留下了光輝成果」的詩人卻成了「瘋子」和「難民」，這正是「詩人不能阿諛權貴，反對專制，反抗強權，熱愛人民熱愛祖國的結果」，但他們「懂得了人民的痛苦，仇恨，希望，蒐集了民間的歌謠，故事，神話」，無論是做人還是創作都是現代詩人的榜樣，因此，「紀念詩人節，我們要發揚屈原、杜甫的做人精神，要學習屈原杜甫的創作態度」，以「鍛鍊我們的武器（筆）」，「為新民主主義而鬥爭」〔註 63〕。值得留意的是，詩人節紀念的詩人中，以及人民詩人的行列裏，增加了杜甫。

　　對人民詩人的呼籲，甚至擴展到了相對中立的知識群中間，如葉聖陶便認為，雖然屈原是心繫懷王，但要本著「瞭解的同情」去認識他，並且認為，如果屈原、杜甫置身現在「人民的世紀」，「按照他們那麼偉大的精神推想，

〔註 61〕周恩來：《關於大後方文化人整風問題的意見》，中共重慶市委黨史工作委員會編：《南方局領導下的重慶抗戰文藝運動》，重慶：重慶出版社：1989 年，第 58 頁。

〔註 62〕力揚：《詩人‧人民》，《新華日報》，1945 年 6 月 14 日。

〔註 63〕王亞平：《詩人，為新民主而鬥爭！》，《新華日報》，1945 年 6 月 14 日，第四版。

他們作詩的宗旨也必然是表達出人民的心聲」〔註64〕。但無論是王亞平還是葉聖陶，他們在將屈原轉化爲人民詩人時，還是有所顧忌，尤其是葉聖陶，其實是認定屈原是貴族詩人，只是存在轉化爲人民詩人的可能性。

將屈原直接命名爲人民詩人的，是聞一多。1945年他曾借用郭沫若將奴隸分爲「生產奴隸」與「家內奴隸」的概念，將屈原歸之於家內奴隸，以回應孫次舟關於「屈原是弄臣」的說法。在聞一多看來，正因屈原是文化奴隸，所以他才是文學弄臣，但他卻「掙脫了時代的束縛」，「反抗的奴隸居然掙脫了枷鎖，變成了人」〔註65〕，投身到了人類的解放事業之中；而在第二篇文章中，聞一多便將屈原正式命名爲「人民詩人」了，在他看來，「古今沒有第二個詩人像屈原那樣曾經被人民熱愛的」，而從身份來說，屈原雖出身王室，但在混亂的戰國時期，「屈原從封建貴族階級，早被打落下來，變成一個作爲宮廷弄臣的卑賤的伶官」，「和人民一樣，是在王公們腳下被踐踏著的一個」，他的作品是民間的，「用人民的形式，喊出了人民的憤怒」，因此是藝術的也是政治的；更爲重要的，屈原之所以爲人民所愛，是因爲他的「行義」，不是他的「文采」，屈原的反抗與自沉，爲暴風雨的時代「執行了『催生』的任務」〔註66〕，聞一多正是從屈原詩歌的社會「價值」，而非美學層面來肯定其歷史功績的。

郭沫若也是人民詩人的鼓吹者，但他因缺席第五屆詩人節，所以遲至第六屆詩人節才將屈原命名爲人民詩人。他的方式更爲直接，他根據《離騷》中「長太息以掩涕兮，哀民生之多艱」等詩句，認爲屈原是「爲多災多難的人民而痛哭流涕」，是「眞正尊重人民、愛護人民」的詩人；同時，他還從詩歌形式的角度，判定屈原「完全採取的是民歌民謠的體裁」，因此，「從這兩方面來考察，我們便可以看出屈原的偉大，他的詩意識是人民意識，他的詩形式是民間形式，他是徹內徹外的一個人民詩人」〔註67〕。不過，郭沫若的這種追認，其實只是話語的轉換，較之他之前的屈原研究，並無多大新意，

〔註64〕葉聖陶：《詩人節致辭》，《華西晚報》，1945年6月13日。

〔註65〕聞一多：《屈原問題——敬質孫次舟先生》，《中原》，第2卷第2期，1945年10月。

〔註66〕聞一多：《人民詩人屈原》，《詩與散文》詩人節特刊，1945年6月。

〔註67〕郭沫若：《從詩人節說到屈原是否是弄臣》，《新華日報》，1946年6月7日。按，郭沫若與田漢的文章後出，有論者據該年6月4日爲端午，從而誤認爲該文也發表於當日。

他在詢喚人民詩人的歷史潮流中，眞正起到作用的，是將聞一多塑造爲現實版的屈原。

聞一多被特務殺害，激起了公憤，無論左派還是右派對此都予以批評；而聞一多紀念則爲左翼之分子逐漸發展爲例行儀式。在這項紀念儀式中，郭沫若的紀念文章是重中之重。郭沫若的方式既簡單又有效，他效法聞一多對屈原的命名，將聞命名爲人民詩人：「聞一多先生由莊子禮贊變而爲屈原頌揚，而他自己也就由絕端個人主義的玄學思想蛻變出來，確切地獲得了人民意識。這人民意識的獲得也就保證了《新月》詩人的聞一多成爲了人民詩人的聞一多。假使屈原果眞是『中國歷史上唯一有充分條件稱爲人民詩人的人』，那麼有了聞一多，有了聞一多的死，那『唯一』兩個字可以取消了」〔註68〕；之前一再強調對於屈原的態度，是「深幸有一，不望有二」的郭沫若，此時則因聞一多而取消了「唯一」二字，而屈原的人民詩人形象，經由聞一多而最終顯形，現實中的人民詩人也就隨之塑造完成，因此，詩人節最終承擔了節日的歷史使命，即生產政治新詩人。

五、詩人節，政治的修辭

還需補充的是，對詩人節意義的爭奪，不僅在於左派對詩人或屈原的重新命名，還在於人們對節日時間的爭議上。節慶本來就生成於特定的歷史時間，因此，何時紀念詩人節也是一個極爲重要的問題。1944 年詩人節，柳亞子曾賦詩一首：「聶耳先生今樂聖，鵠原猶喜識昆賢。開筵爲祝新詩節，盛酒寧須老瓦盆。湘水行吟曾弔屈，渝都讜論合扶孫。中原並轡吾能健，一笑掀髯待細論。」〔註 69〕爲慶祝詩人節，聶敘倫招飲興文大樓，柳亞子「謹賦一律誌喜」，但他的「喜」非爲詩人，而是爲「孫」，詩中的「孫」指孫科，詩中有小注：「『五五』本屬國父 就職非常大總統紀念，而先生又能爲舊體詩，故余主張定是日爲詩人節，其意非徒在弔屈也。頃見哲生院長發表《民主政府與計劃經濟》一文，已傳誦遍海內外，士別三日，刮目相看，中山先生於是乎有肖子矣，喜而誌之。」〔註70〕此「五五」非彼「五五」，柳亞子指的是

〔註68〕郭沫若：《聞一多全集·郭序》，開明書店，1948 年。
〔註69〕柳亞子：《五月五日聶敘倫招飲興文大樓，爲慶祝新詩人節日也，謹賦一律誌喜》，《磨劍室詩詞集》，上海：上海人民出版社，1985 年，第 1193 頁。
〔註70〕柳亞子：《五月五日聶敘倫招飲興文大樓，爲慶祝新詩人節日也，謹賦一律誌喜》。

西曆，而非夏曆，當日柳亞子又專門寫了一篇文章，呼籲「改定國曆五月五日爲詩人節」，因爲國曆五月五日是孫中山就任非常大總統的紀念日，而孫中山本身也是一個詩人，因此，定是日爲詩人節「是有一種特別的意義存在著」〔註 71〕。柳亞子欲扶植「少主」孫科，因而想將詩人節從夏曆端午改到國曆「五五」，不無苦心，只可惜應者寥寥。

　　與之有關聯的，是汪精衛的說法。南京政府定「五五」爲青年節，汪精衛從歷史上追溯節日的來源，首先是「十年五月五日國父就任大總統」，其次也追溯到端午節的傳統，他從顧炎武《日知錄》對屈原的相關評價出發，認爲屈原是「信道篤而自知名，不可爲環境所屈服」，因此，像「屈原這樣寧死不爲流俗污世所屈，是值得佩服的」，從而號召青年，像孫中山和屈原一樣，「與惡俗奮鬥，戰勝惡俗，改造一個光明純潔的社會」〔註 72〕，從而跨越式地將陰曆、國曆「五五」連綴到了一起。

　　對「五五」的爭奪，再次顯示了節日對於歷史、政治的重要性，節日遠不止是一次民間的慶典，也是一項獨特的儀式，更是一種隱晦的政治修辭。對於詩人節來說，偏居重慶的國民政府，要積極利用南方的民俗，因爲習俗可以「爲所期望的變化（或是對變革的抵制）提供一種來自歷史上已表現出來的慣例、社會連續性和自然法的認可」〔註 73〕，傳統可爲政治提供歷史的合法性，因此，詩人節的誕生只是國家意識形態建構的一個部分，因而，在抗戰建國的需求下，詩人節成爲愛國詩人的誕生地；而在中共政治文化的推動下，它又成爲詢喚人民詩人的契機。

　　這也是郭沫若當時所處的文化政治語境。就他與詩人節的關係來看，他不僅沒有外在於詩人節，而且自始至終都是一個參與者，甚至是詩人節象徵意義的賦予者。詩人節成爲新詩人的文化誕生地，是詩人們主動參與推動的結果，但「新詩人」也對他們提出了身份改變的要求，這對詩人來說難免有作繭自縛的意味。那麼，郭沫若是如何具體參與這一過程，同時，「新詩人」的誕生於他有何意義？他所創造的《屈原》，在抗戰語境中又是如何參與這場政治與文化的對話，它本身又有何獨特性呢？這是我們接下來要討論的問題。

〔註 71〕 柳亞子：《紀念詩人節——改定國曆五月五日爲詩人節的宣言》，載《懷舊集》，上海：耕耘出版社，1946 年，第 251 頁。

〔註 72〕 汪兆銘：《五五青年節之意義》，《申報》（上海），1943 年 5 月 5 日。

〔註 73〕 霍布斯鮑姆等著，顧杭 龐冠群譯：《傳統的發明》，南京：譯林出版社，2008 年，第 2 頁。

第二節　情感教育劇：《屈原》的詩學政治

舞臺與教育

戲劇的教化傳統

情感與形式

　　抗戰時期，與郭沫若就屈原的歷史眞實性問題展開反覆辯論的侯外廬，最終不得不承認，「結果是文學和藝術戰勝了史學和哲學。今天，已經抹不去中國人心目中郭沫若所加工的屈原形象」〔註74〕。郭沫若的話劇《屈原》，不僅就他個人而言是《女神》之後的又一文學高峰，就 1940 年代的左翼文化政治實踐而言也是極爲重要的存在。對話劇而言，除了劇本的生產與閱讀外，舞臺演出也不可忽視。正如此前《棠棣之花》的演出是共產黨策劃的文化活動一樣，《屈原》的演出也受到共產黨的大力支持。無論是演員的選擇、場地的接洽，還是最終的宣傳與評論，中共及其它左翼文人都有干預。因此，歷史現場的《屈原》是一個與政黨政治直接關聯的產品。這帶來的文學史敘述是，以周恩來爲代表的中共南方局如何領導《屈原》的演出，從而將《屈原》視爲國共黨爭的武器。

　　但《屈原》的生成又似乎與政治無關。在《寫完〈屈原〉之後》一文中，郭沫若對他的寫作過程有詳細的介紹：在《棠棣之花》上演時，他便有寫作屈原的擬議，其最初計劃是仿照《浮士德》的寫法，分上下兩部寫屈原的一生，但在具體寫作時，這計劃卻「完全被打破了」；「目前的《屈原》眞可說是意想外的收穫」，「各幕及各項情節，差不多完全是在寫作中逐漸湧出來的。不僅寫第一幕時還沒有第二幕，就是第一幕如何結束都沒有完整的預念。實在也奇怪自己的腦識就像水池開了閘一樣，只是不斷的湧出，湧到了平靜爲止。」〔註75〕這是一種類似寫作《女神》時，天才爆發的經驗，因此，該劇本的形式獨創性不容忽視。

　　無論是政治文化的視野，還是創作論的視野，對《屈原》來說都有效，但又都顯得不足。前者忽略了這部作品的美學形式，後者則無視其與時代語境之間的深層互動，因而難以回答這個問題：在抗戰時期數百部話劇中，爲何是《屈原》能在戰時文化與政治運動中取得如此成就。或許這才是郭沫若

〔註74〕侯外廬：《韌的追求》，北京：三聯書店，1985 年，第 134 頁。
〔註75〕郭沫若：《寫完〈屈原〉之後》，《中央日報》，1942 年 2 月 8 日。

參與抗戰時期政治與文化對話的獨特方式，即他在與其它人一道通過「詩人節」塑造「新詩人」的同時，還以美學的方式回應了時代的問題。因此，首先需要探討的是《屈原》美學形式的創新之處，以及這種形式所具有的文化政治內涵。在我們看來，《屈原》開創了現代情感教育劇的形式，而這種形式又與郭沫若的歷史意識和革命道路有著內在的關聯。

一、舞臺與教育

　　相對來說，《屈原》的第一幕是爲學界較爲忽略的部分，這是一個教育場景。布景是在「清晨的橘園」〔註76〕，情節是屈原將剛寫就的《橘頌》傳授給他的學生宋玉。從師生的對話來看，教育的內容主要包括情操、歷史與倫理等方面。屈原先是因物起興，由於橘樹的生長習性較爲獨特，屈原進而賦予其「獨立不遷」的道德意義，並以之作爲教育宋玉的材料，正如他所說：「你看那些橘子樹吧，那真是多好的教訓呀！它們一點也不矜持，一點也不怯懦，一點也不懈怠，而且一點也不遷就。……它們開了花，結了實，任隨你什麼人都可以吃，香味又是怎樣地適口而甜密呀。有人吃，它們並不叫苦，沒有人吃，它們也不怨恨，完全是一片的大公無私。但你要說它們是，萬事隨人意，絲毫也沒有骨鯁之氣的嗎？那你是錯了。它們不是那樣的。你先看它們的周身，那周身不都是有刺的嗎？它們是不容許你任意侵犯的。它們生長在這南方，也就愛這南方，你要遷移它們，是不很容易的事。」〔註77〕宋玉的回答是：「經先生這一說，使我感受了極深刻的教訓」〔註78〕。

　　這個場景平常而近乎乏味，但從戲劇的思想和美學資源來看，至少以下幾個方面是值得留意的：一是教育對象宋玉是「年可十八九」〔註79〕的青年，屈原也從代際的角度賦予了他們不同的意義，他自己是「年青時代受過典謨訓誥，雅頌之音的薰陶的」，因此「文章一時不容易擺脫那種格調」，但宋玉一代則不同，他們的詩「徹內徹外，都是自己在作主人」〔註80〕。這幾乎是五四一代知識分子的夫子自道，而宋玉則是「導師」所召喚的文學青年；其次，教育的內容是浪漫主義的人格想像，一種純潔而獨立的精神狀態，正如

〔註76〕郭沫若：《屈原》，《中央日報》，1942 年 1 月 24 日。
〔註77〕郭沫若：《屈原》，《中央日報》，1942 年 1 月 24 日。
〔註78〕郭沫若：《屈原》，《中央日報》，1942 年 1 月 24 日。
〔註79〕郭沫若：《屈原》，《中央日報》，1942 年 1 月 24 日。
〔註80〕郭沫若：《屈原》，《中央日報》，1942 年 1 月 24 日。

伯林對這種精神的歸納：「人們所欽佩的是全心全意的投入、眞誠、靈魂的純淨，以及獻身於理想的能力和堅定性，不管他信仰的是何種理想」〔註81〕，由此來看，《屈原》延續了作者「五四」時期所寫詩劇《湘累》的風格；第三，從教育的方式來說，它繼承了中國的詩教傳統。這不僅在於屈原以「作詩」和「教詩」作爲「言志」方式〔註82〕，還在於他對詩歌的解讀方式也貼合六藝之教。而從劇作者的角度著眼，則又多了一重「著述引詩」的傳統〔註83〕，不過，這裡的「詩」不能按儒家詩教具體化爲《詩經》，而應從「變風、變雅」的視角指向楚辭，至於爲何會變，則不僅與戰國時期的屈原相關，也與抗戰時期的郭沫若有關。

倫理教育之外，還有歷史教育，這主要是對楚文化進行溯源的工作。屈原對宋玉講到，殷代是華夏文明的源頭，紂王並不昏庸，只是在經營東南時爲周人「乘虛而入」，殷人敗而南下，作爲其同盟的楚國，則繼承了正宗的華夏文明。因而，楚文化不僅不是南蠻，相反，它才是華夏文明的正統。歷史教育的重要性在於，它不僅是知識性的，而且是爲當下的身份尋求文化認同的根據，因此，《橘頌》中的南方也不僅僅是詩意的，而是具體的「地方」，是抗戰時期行都所在地區。

不過，屈原之所以引入這段故實，不單是爲南方爭正統，也是爲拯救伯夷叔齊的精神。當屈原以橘樹爲例，教導宋玉不要同乎流俗時，他也認爲不必過分矜持，重要的是「遇到大節臨頭的時候」，「絲毫也不可苟且，不可遷就」，要學「那位古時候的賢人，餓死在首陽山的伯夷那樣，就餓死也不要失節」〔註84〕。宋玉的疑惑是，紂王既爲暴君，伯夷的餓死便毫無意義，因此屈原需要從歷史的角度賦予伯夷之死以正當性，而這也成爲他整個教育的中心，正如他對宋玉所說的：

> 在這戰亂的年代，一個人的氣節很要緊。太平時代的人容易做，
> 在和平裏生了來，在和平裏死了去，沒有什麼波瀾，沒有什麼曲折。
> 但在大波大瀾的時代，要做成一個「人」實在是不容易的事。重要
> 的原因也就是每一個人都是貪生怕死。在應該生的時候，只是糊裏

〔註81〕以賽亞‧伯林：《浪漫主義的根源》，呂梁等譯，南京：譯林出版社，2011 年，第 16 頁。
〔註82〕朱自清：《詩言志辨》，開明書店：1947 年，第 20、29 頁。
〔註83〕朱自清：《詩言志辨》，第 114 頁。
〔註84〕郭沫若：《屈原》，《中央日報》，1942 年 1 月 24 日。

糊塗的生。到了應該死的時候，又不能慷慷慨慨的死。一個人就這
樣糟蹋了。（稍停。）我們目前所處的時代，也正是大波大瀾的時代，
所以我特別把伯夷提了出來，希望你，也希望我自己，拿來做榜樣。
我們生要生得光明，死要死得磊落。〔註85〕

屈原對伯夷「守節」的重新肯定，再次提醒我們《屈原》與郭沫若早期創作
的關係，除了《湘累》之外，「五四」時期他曾創作《孤竹君之二子》，歌頌
「原人的」純潔、眞誠與自由，詛咒制度的危害與人類的墮落〔註86〕，是浪
漫主義與無政府主義思想的雜糅。而《屈原》中的伯夷，雖然也高懸著一個
抽象的「人」，但所指已不是與制度相對立的「原人」，而是易代之際的守節
者：伯夷從一個無政府主義者轉變成了一個具有民族歸屬的政治人和倫理
人。但也有不變的成分，這就是人的抽象性及其蘊含的純潔、高尚的特質，
這是浪漫主義精神的延續。從《屈原》與《湘累》《孤竹君之二子》之間的這
重關係，可以看出，浪漫主義對完滿人性的嚮往與戰時所需的儒家節義，二
者之間有著內在的通約性，郭沫若五四時期的浪漫主義借助儒家思想得以復
歸，甚至連美學視域中的純潔也因此濡染了傳統氣節的倫理內涵。因此，從
劇作來看，倫理教育與美育從一開始就糾纏在一起。

　　無論是倫理教育還是審美教育，都表明《屈原》具備教育劇的特徵。這
除第一幕戲本身就是教學場景以外，還在於戲劇本身與教學之間的同構性。
正如論者所指出的，「教學就是演示」，而「教學的戲劇性再現就是演示的演
示，演示你如何演示和展示」〔註87〕，也就是說，舞臺上的戲劇演出，本身
也是一種廣義的教學形式。因此，問題的關鍵便在於《屈原》爲何具有教育
劇的品格，以及它如何演示，演示要傳達何種理念，這便涉及到戲劇的形式
與主題問題。

　　第一幕的教學場景，其形式的特殊性在於，首先它是一個美學空間，是由
戲劇人物屈原和宋玉組成的戲劇空間，但他們開闢的「訓喻空間」又具有普遍
性，在舞臺這個教學元語言的作用下，從而被具體化爲戲劇與觀眾之間的教育
形式。也就是說，「訓喻空間」既是屈原與宋玉所身處的橘園，同時它又是敞
開的，教學空間在特殊與普遍、審美與倫理、古與今之間任意遊走，從而突破

〔註85〕 郭沫若：《屈原》，《中央日報》，1942 年 1 月 24 日。

〔註86〕 郭沫若：《孤竹君之二子》，《創造》季刊，第 1 卷第 4 期，1923 年 2 月。

〔註87〕 傑姆遜：《布萊希特與方法》，陳永國譯，北京：中國社會科學出版社，1998
　　　　年，第 101 頁。

了戲劇美學空間的封閉性，使訓喻的內容具有普遍性，可以經由舞臺、觀眾等傳播媒介擴展到社會空間。因此，屈原這個人物形象也具有了雙重性，他既是楚國的三閭大夫，將《橘頌》傳授給他的學生宋玉；同時，他又是一位傳統政治文化的代言者，直接顯身戰時重慶舞臺，對讀者或觀眾傳達那尚未變更的真理。而從接受美學的角度來看，讀者和觀眾不僅是擬想的教育對象，事實上也只有他們的現實參與，這個教學活動才能最終完成。讀者或觀眾就像隱形的學生一樣，參與到了第一幕的教學場景，及其後的戲劇進程之中。

這種時空的自由度及其教育特質，與該劇作為歷史劇的文體特徵密切相關。對於歷史劇創作，郭沫若有一個常被徵引的說法：「歷史研究是『實事求是』，史劇創作是『失事求似』」〔註 88〕，他將歷史劇作家歸於詩人一類，因此，他也引證了亞里士多德《詩學》對史家與詩家的區別：「詩人的任務不在敘述實在的事件，而在敘述可能的——依據真實性，必然性可能發生的事件。史家和詩家不同！」〔註 89〕對於史劇家來說，重要的不是發掘歷史精神，而是「發展歷史的精神」〔註 90〕，這就賦予了歷史劇以某種抽象的品格，使它既依託於具體歷史事件，同時與事件背後的歷史觀有著更為本質的關聯。歷史劇這種往返於具體歷史事件與抽象史觀之間的辯證，使它天然地具有額外的寓意，正如傑姆遜所指出的：

> 歷史劇是特別具有寓意同時又是反寓意的，因為它的確設定一個現實，和它所要求的外在於它的一個歷史指涉物，不管這種要求強烈與否，它都將這個外物作為一個啟示的因而也是闡釋的表象；與此同時，歷史存在的純粹事實似乎又拉直了這個循環，關閉了這個過程，它意味著如果表象的確最小限度地意味著別的什麼，即實際存在的歷史事件，那麼，那就是它所意味的一切，在進行補充闡釋的過程中就不必再附加什麼了。〔註91〕

〔註 88〕郭沫若：《歷史・史劇・現實》，《戲劇月報》，第 1 卷第 4 期，1943 年 4 月。

〔註 89〕亞里士多德：《詩學》，轉引自郭沫若《歷史・史劇・現實》，《戲劇月報》，第 1 卷第 4 期，1943 年 4 月。按，羅念生的譯文為：「詩人的職責不在於描述已發生的事，而在於描述可能發生的事，即按照或然律或必然律可能發生的事」（亞里士多德著　羅念生譯：《詩學》，上海：上海人民出版社，2005 年，第 39 頁）。

〔註 90〕郭沫若：《歷史・史劇・現實》，《戲劇月報》，第 1 卷第 4 期，1943 年 4 月。

〔註 91〕傑姆遜：《布萊希特與方法》，陳永國譯，北京：中國社會科學出版社，1998 年，第 139 頁。

歷史劇之所以是寓意的，在於它的表達往往不僅指向歷史事件本身，而是存在一種意義的剩餘，這意味著它必然意指它物。中國抗戰時期的史劇大多屬於此類，這種意義的剩餘要在歷史事件之外去尋找，這便是郭沫若所說的發展歷史精神，或是對現實的影射等方面；即便是封閉的史劇，劇作家對題材和演出時機的選擇，也可能賦予其歷史或時代以寓意：因此，歷史劇所具有的具體性與抽象性，使它天然具有寓意性，而寓意正是教育所要傳達的內容。

二、話劇與教化傳統

教育劇的視角，打開了《屈原》美學與倫理的雙重空間；然而，它之所以具有教育劇的特徵，不僅在於第一幕的教育場景，或歷史劇的寓意性，也在於《屈原》與傳統戲曲間的聯繫。該劇雖為話劇形式，但從戲劇情節模式和主題學的視角，我們可以發現它與舊戲之間的深層關聯。

就情節模式來看，該劇的矛盾主要集中於屈原與鄭秀、靳尚等人之間：在戰國七雄爭霸的歷史背景下，楚國的左徒屈原從本國利益出發，主張齊、楚合縱以拒秦；南后鄭秀、上官大夫靳尚則立足自身利益，在秦國使者張儀的挑撥下轉而要求楚王絕齊以聯秦。為了達到目的，鄭秀設計陷害屈原，屈原因此遭到罷黜。從情節看，其主要著眼點在忠奸之辨，而屈原遭到南后陷害的一場，也被李長之從情節發展的角度視為全劇的高潮〔註92〕。除情節的善惡模式以外，人物也存在臉譜化的嫌疑，如屈原的大公無私、靳尚之姦佞、張儀的狡詐、鄭秀的陰險等，性格輪廓極為清晰，雖無舊戲的臉譜而勝於臉譜。這種黑白分明的特徵，在人物的服飾上得到了進一步強調，如屈原是「著白色便衣」，其對手則服色多夾雜不清，而宋玉的「沒骨氣」也主要從他早晚不同的服飾上體現出來。無論是忠奸之辨，還是人物的臉譜化，都是傳統戲劇的典型敘述手法，對此，當時就有論者指出：

> 把《屈原》搬上舞臺我想不獨中國一般老百姓愛看，士大夫們
> 也一定愛看。不但對於讀過史書的人對於這有考據、來歷的故事、
> 人物、用具服飾感到興趣，而本劇取材也正是百分之百的中國的作
> 風，佞臣寵姬蒙蔽國主，陷害忠良，「國丈」助虐，忠臣有口難辯，
> 弱女罵奸，俠士救忠，都是愛看舊戲的人所熟習，瞧慣了的，作者

〔註92〕長之：《〈屈原〉》，《大公報》，1942 年 5 月 25 日。

復通過人物性格的描寫，這正是「深入淺出」的典型作品。〔註93〕
論者的現場觀感，印證了該劇與舊劇之間的關聯。而這重關聯，也有著更為複雜的文學史意義。該論者進一步指出，《屈原》「殆全在可作民族形式的示範」。就它與舊戲之間的這重關聯，確實符合毛澤東所提倡的「中國作風」，也可從文學史的視野歸入創造「民族形式」的範例。因為 1940 年郭沫若那篇帶總結性質的文章──《「民族形式」商兌》，就已不具名地引用了毛澤東《論中國共產黨在民族戰爭中的地位》對「中國作風」的相關論述，因而，他雖然堅持了新文學的傳統，駁斥了向林冰等人的以「民間形式」為民族形式源泉的說法，但也不得不在士大夫傳統、民間形式與外來形式之間作調和，正如他所指出的：

> 中國新文藝，事實上也可以說是中國舊有的兩種形式──民間形式與士大夫形式──的綜合統一，從民間形式取其通俗性，從士大夫形式取其藝術性，而益之以外來的因素，又成為舊有形式與外來形式的綜合統一。而且凡中國近百年來的新的事物，比較上「中國化」了的，還當推數文藝這一部門。〔註94〕

除與民族形式等問題的關聯外，或許還要考慮到戰時民眾教育與動員的實際需求。因此，無論是從文學創作的角度，還是從現實環境，郭沫若都不憚於從舊戲汲取資源的。更何況傳統戲劇，本來就承擔了倫理教化的社會功能，並積累了一些極為有效的教育程式；而對傳統戲劇的這種優勢，二十世紀初期以來的文人學者也早就自覺意識到，並曾積極提倡。如世紀初南社詩人柳亞子和陳去病等人，便從倫理教育和社會動員的角度肯定了舊戲。陳去病對傳統戲曲的看法是：

> 其詞俚，其情真，其曉譬而諷喻焉，亦滑稽流走，而無有所凝滯，舉凡士庶工商，下逮婦孺不識字之眾，苟一窺睹乎其情狀，接觸乎其笑啼哀樂，悲歡離合，則鮮不情為之動。心為之移，悠然油然，以發其感慨悲憤之思，而不自知。以故口不讀信史，而是非了然於心；目未睹傳記，而賢奸判然自別。〔註95〕

〔註93〕北厂：《詩劇〈屈原〉──話劇底民族形式的新基石》，《新民報》，1942 年 4 月 18 日。

〔註94〕郭沫若：《「民族形式」商兌》，《大公報》「星期論文」，1940 年 6 月 9 日，第二版。

〔註95〕陳去病：《論戲劇之有益》，《二十世紀大舞臺》，第 1 期，1904 年。

南社諸人所強調的是傳統戲劇中的種族識別因素，這一點，在抗戰的民族主義氛圍中，恰恰也爲《屈原》所繼承。這需要從主題學的角度加以辨析，如第一幕中，屈原所強調的主要是氣節問題，這涉及的是存亡之秋士人的出處問題，而在抗日戰爭的語境中，這激活的正是氣節、忠義和華夷之辨等思想傳統，如孫伏園就很自然地將其譽爲「新正氣歌」：

> 郭先生的《屈原》劇本，滿紙充盈著正氣。有人說郭先生的「屈原研究」的態度和方法是「新樸學」，那麼他的「屈原劇本」實在是一篇「新正氣歌」〔註96〕。

《屈原》初刊於《中央日報》的《中央副刊》，是應編者孫伏園之請，因該劇存在爭議，故甫一載完，孫伏園便率先爲《屈原》定調，這當然不免有爲《中央日報》刊載此劇「正名」的意味，但這也確是《屈原》所明確發揮的主題，故孫伏園此說爲當時論者徵引較多，其認可度也不小，可見這種思潮在當時具有一定的普遍性，而無論是氣節還是華夷思想，都是傳統戲曲的主題。不過，新文人強調氣節者也非郭沫若一人，如吳祖光便有話劇《新正氣歌》，南明戲也一度成爲時尚〔註97〕，可見，所謂的「正氣」問題並非關乎題材或戲劇主題，它也是郭沫若等人面臨的現實問題。

主題不僅關乎戲劇的思想層面，它也涉及到傳統戲劇的教育程式問題。傳統戲劇的模式雖然老套，但它也培養了一種程式化的「觀看——反應」模式，正如陳獨秀所指出的，「觀《長阪坡》《惡虎村》，即生英雄之氣概；觀《燒骨汁》《紅梅閣》，即動哀怨之心腸；觀《文昭關》《武十回》，即起報仇之觀念；觀《賣胭脂》《蕩湖船》，即長淫欲之邪思；其它神仙鬼怪，富貴榮華之劇，皆足以移人之性情」〔註98〕。對於普通市民來說，這種程式化的回應模式無疑使接受效果更爲理想，這其實也是郭沫若以文藝動員民眾的主導方式。如果將《屈原》置於1940年代重慶新舊文化雜糅的氛圍中，那麼，舊劇的套路爲普通市民接受該劇的寓意，無疑提供了某種前理解。

較之陳去病對種族觀念的興趣，陳獨秀關注更多的是戲曲「觸人之情感」的獨特方式與效果：

> 戲曲者，普天下人類所最樂睹、最樂聞者也，易入人之腦蒂，

〔註96〕孫伏園：《讀〈屈原〉劇本》，《中央日報》，1942年2月7日。
〔註97〕參見第二章第二節。
〔註98〕陳獨秀：《論戲劇》，《新小說》，第2卷第2期，1905年。

易觸人之感情。故不入戲院則已耳，苟其入之，則人之思想權未有
不握於演戲曲者之手矣。使人觀之，不能自主，忽而樂，忽而哀，
忽而喜，忽而悲，忽而手舞足蹈，忽而涕泗滂沱，雖些少之時間，
而其思想之千變萬化，有不可思議者也。……由是觀之，戲院者，
實普天下人之大學堂也；優伶者，實普天下人之大教師也。〔註99〕

然而，在新文化運動期間，新青年大多極力宣揚廢棄舊戲，其善惡分明的一面反而成了它的不足。如傅斯年便認爲：「中國人恭維戲劇，總是說，善惡分明；其實善惡分明，是最沒趣味的事。善惡分明了，不容看戲的人加以批評判斷了。新劇的製作，總要引起看的人批評判斷的興味，也可以少許救治中國人無所用心的毛病」〔註100〕。從啓蒙視野觀之，舊戲的臉譜化使觀劇者不必思考便能輕易分辨善惡，因而不具備發人深思、啓人覺悟的思想教育功能。傅斯年與陳獨秀之間的分歧，是思想啓蒙與情感動員之間的差別。

　　然而，新文人也並不排斥戲劇的教化功能，如早期文明戲的倡導者李叔同就認爲，戲劇的教化功能兼有演說和報紙二者之長：「第演說之事蹟，有聲無形；圖畫之事蹟，有形無聲；兼茲二者，聲應形成，社會靡然而響風，其惟演戲歟？」〔註101〕可見，爲梁啓超所忽略的戲劇，也是傳播文明之利器，在宣傳新思想方面大有可爲，新舊衝突只在戲劇形式及其宣傳的思想不同而已。因此，對於《屈原》來說，重要的便不僅是教育劇與舊戲的本質關聯，這在上文已從情節模式和人物形象作了勾連，更爲重要的是劇作者的教育理念，是側重思想啓蒙還是情感動員。

　　對於郭沫若來說，較之思想，他可能更關注情感。《屈原》中的人物，不僅善惡分明，而且往往慷慨陳詞，不留餘地，這在第四幕所模擬的審判場景中，已體現得較爲明顯：

　　　　張儀 （故示鎮靜）你發洩夠了吧！我是在國王和南后面前，不願意和你這病人多作糾纏，你是愈說愈不成話了！

　　　　屈原 不成話？你簡直不是人！你戴著一個人的假面具，到處

〔註99〕陳獨秀：《論戲劇》，《新小說》，第2卷第2期，1905年。

〔註100〕傅斯年：《論編製劇本》，《新文學大系·建設理論集》，胡適編，上海：良友圖書印刷公司，1935年，第291頁。

〔註101〕李叔同：《春柳社演藝部專章》，原載《北新雜誌》第30卷（1907年），此處轉引自阿英編《晚清文學叢鈔 小說戲曲研究卷》，北京：中華書局，1960年，第635頁。

替秦國破壞中原的聯合，你怕我沒有看透你！你想謀害我們楚國，你離間我們齊楚兩國的國交，好讓秦國來坐收漁人之利，我相信我們的國王絕對不會被你愚弄的。

　　張儀　哼，你口口聲聲要說齊國好，當然有你的理由，據我所知道的，你死了的太太是齊國人，似乎還丟下了一位陪嫁的姑娘跟著你，而且齊國近來也送了很多賄賂啦。

　　屈原　哼，你這信口雌黃的無賴，要你才是到處受賄，專門賣國的奸猾小人！你怕我不知道，你昨天晚上都還領受了我們南后一千五百個刀幣嗎？

　　南后　（決然）簡直是瘋子，滿嘴的胡說八道！〔註102〕

正如張儀所用「發泄」一詞所顯示的，屈原並不是在講理，而是在抒情——憤懣之情，因而言辭激烈，情感充沛。而從信息層面來看，這個場景並未帶來多少新信息，屈原所指責的張儀之離間、南后之行賄，這些內容在前面早就交待過，因此，這場辯論並不是在講理，而是為屈原尋找一個抒情和發泄的機會。正如郭沫若後來在寫《南冠草》時，一定要讓夏完淳當面痛罵洪承疇一樣，這都是直接訴諸情感力量的表達方式。而這在當時的語境中，也似乎比說理更受觀眾歡迎，陽翰笙在日記中就曾提到他對沈浮戲劇《重慶二十四小時》的觀感：「此劇演出時，竟意外的得到很多觀眾的愛好。主要的原因，據我看，多半是劇本的內容充滿了『出氣主義』，在這悶人欲死的後方，只要能夠當場『出氣』，小市民們自然就會哈哈大笑的了」〔註103〕。可見，訴諸情感的方式具有更好的社會效果。

　　審判這齣戲雖然缺乏新的信息量，但它本身所帶來的話語錯位，卻有效激起了觀者的反應。這表現為，極富正義感的屈原，卻被楚王、張儀等視為「瘋子」和「病人」；更關鍵的是，「瘋子」揭示了陰謀和真相，楚王不惟不能體察，反將屈原囚禁到東皇太一廟。作為局外人的讀者和觀眾則不同，他們接受的信息是全面的，故而這場辯論在他們眼中，忠臣的形象顯得更為高大，奸佞就愈加可惡，而楚王的決斷也成為他昏庸的證明，這種錯位就可能導致群情激奮；同時它也使人物的臉譜更為明晰，使觀眾更容易接受其教化

〔註102〕郭沫若：《屈原》，《中央日報》，1942 年 2 月 5 日。
〔註103〕陽翰笙：《陽翰笙日記選》，成都：四川文藝出版社，1985 年，第 24 頁。

意義。可見審判場景的演示效果要優於教學場景，因此，教育劇多採用此類
方式，如布萊希特的《四川好人》《伽利略傳》等，劇中均有審案或法庭場景。

然而，《屈原》雖吸納了部分舊戲的元素，但畢竟是現代話劇，無論是主
題還是情節模式，都超出了舊戲的範圍。就主題來看，南后、張儀與屈原之
間的矛盾，雖可從忠奸的角度理解，但按郭沫若自己的看法，則還涉及歷史
正義的問題，這是需要將《屈原》置於一個更大的時空語境，尤其是郭沫若
的戰國研究中才能理解的；而從情節模式來看，《屈原》是一個悲劇，而劇作
者對悲劇結局的處理，也是極為獨特的，最後一幕「雷電頌」尤其如此。

三、情感與形式

在第三幕的模擬審判場景中，屈原當面申斥張儀，並揭露其與南后之間
的陰謀，因而被楚王囚禁在東皇太一廟。第五幕第二景，屈原再次出場，戴
著鐐銬，獨自徘徊在「光甚昏暗」的正殿裏，「時而佇立睥睨，目光中含有怒
火。」〔註104〕此外並無其它情節，屈原似乎只是在醞釀情緒，緊接著便開始
了他的激情獨白：

> 屈原 （向風及雷電獨白。）風！你咆哮吧！咆哮吧！盡力的咆
> 哮吧！在這暗無天日的時候，一切都睡著了，都沉在夢裏，都死了
> 的時候，正是應該你咆哮的時候，應該盡力咆哮的時候！
>
> …… ……
>
> 但是我！！我沒有眼淚。宇宙！！宇宙也沒有眼淚呀！眼淚有
> 什麼用呵？我們只有雷霆，只有閃電，只有風暴，我們沒有拖泥帶
> 水的雨！這是我的意志，宇宙的意志。鼓動吧，風！咆哮吧，雷！
> 閃耀吧，電！把一切沉睡在黑暗懷裏的東西，毀滅，毀滅，毀滅呀！
>
> 〔註105〕

無論是從浪漫抒情的詩學，還是戲劇學的情節來看，這段物理時間長達半個
小時的獨白，都逸出了戲劇的情節進程，它佔據的敘事時間極少，以極大的
情感密度突破了以行動為旨歸的戲劇時間，事實上形成了情節的中斷。對此，
注重情節性的傳統戲劇學顯然無法處理。如署名「何為」的評論者就認為「劇

〔註104〕郭沫若：《屈原》，《中央日報》，1942 年 2 月 6 日。
〔註105〕郭沫若：《屈原》，《中央日報》，1942 年 2 月 6 日。

中唯一的缺點，就是敘述多而動作少」，進而懷疑「《屈原》是否是『舞臺藝術』」，「它的成功是否是戲劇的成功」〔註106〕；而徐遲讀完該劇後，便致信郭沫若，認為這「雖是光輝的詩句」，但「不主張這一段獨白存在於《屈原》劇中」〔註107〕。因為郭沫若的回信，徐遲的要點往往被理解為這一幕與《李爾王》（King Lear）的差異問題，實際上徐遲強調的是屈原瘋狂之後，「他不會審判，但一定會問」，因而建議改用《天問》的哲學方式，可見徐遲是從屈原性格發展的角度來看待這一幕的，因而才對屈原的審判式語調感到不適。

然而，當我們重返教育劇的視野，情節中斷反而必不可少。情節劇往往讓讀者或觀眾沉溺於情節，使之成為被動的體驗者，相對缺乏探究悲劇根源的意識。但「雷電頌」對情節的突破，恰恰提供了這樣一個契機，使觀眾停留在屈原被囚禁時的心理瞬間，感受其情感的強度、憤怒的力量，對浪漫的崇高主體形成某種心理認同，而這種認同也要經歷一個複雜的心理過程。正如朱光潛所指出的，一般在面對崇高事物時先是「霎時的抗拒」，這種抗拒「喚起內心的自覺」，「使我們隱約想到外物的力量和體積儘管巨大無比，卻不能壓服我們的內心的自由；因此，外物的『雄偉』適足激起自己煥發振作」〔註108〕。這裡，我們不僅看到了《屈原》的教育意義，更看到了教育劇的另一重面向。

提及教育劇，一個不可或缺的對話者是布萊希特。無論中外，教育劇本是歷來戲劇的重要形式，但布萊希特的貢獻在於發明了史詩劇（Epic），不僅創造性地將教育融入到了娛樂之中，而且開拓了審美教育的新空間，將教育劇的重點從內容轉向了形式〔註109〕。所謂的史詩劇是指以間離手法為主的表演體系，即演員要保留自己的個性，阻礙共鳴的發生，「演員自己的感情，不應該與劇中人物的感情完全一致，以免使觀眾的感情完全跟劇中人物的感情一致。在這裡觀眾必須具有充分的自由」〔註110〕；觀眾的自由表現在不必沉

〔註106〕何為：《詩的〈屈原〉》，《掃蕩報》，1942 年 4 月 27 日。

〔註107〕徐遲：《徐遲先生來信》，《新華日報》，1942 年 4 月 3 日。按，本文原載於《新華日報》「屈原公演特刊」，是作為郭沫若覆信《屈原與釐雅王》的「附錄」發表的。

〔註108〕朱光潛：《剛性美與柔性美》，《文學季刊》，第 3 期，1934 年 7 月 1 日。後收入《文藝心理學》。

〔註109〕布萊希特：《娛樂戲劇還是教育戲劇》，丁揚忠譯，見《布萊希特論戲劇》，北京：中國戲劇出版社，1990 年，第 72 頁。

〔註110〕布萊希特：《戲劇小工具篇》，張黎譯，見《布萊希特論戲劇》第 25 頁。

溺劇情，從而可以保持判斷與批判的清醒，「劇院不再企圖使觀眾如醉如癡，讓他陷入幻覺中，忘掉現實世界，屈服於命運。劇院現在把世界展現在觀眾眼前，目的是爲了讓觀眾干預它」〔註111〕。本雅明對這種間離效果評價極高，認爲這足以「同以亞里士多德的理論爲代表的狹義的戲劇性戲劇分庭抗禮」，而「至於表演方式，史詩劇演員的任務是在他的表演中向觀眾表明，他保持著清醒的頭腦」〔註112〕。因而可以說，布萊希特的教育劇是一種思想教育劇，是通過打破移情與認同，讓觀眾思考並獲得自覺意識的教育，正如羅蘭・巴特所指出的，這「是一種與觀眾一起思考的戲劇」〔註113〕。

作爲同時代的左翼知識分子，郭沫若與布萊希特都試圖以美學爲中介，探討人的解放的可能性，這個共同的時代問題讓他們的戲劇都自覺帶有教育色彩；然而，《屈原》對情節性戲劇的突破方式，卻與布萊希特不同：在劇情的中斷處，出現的不是布萊希特式的間離效果，而是情感的爆發，是抒情主體的頑強顯形。「雷電頌」這段天才式獨白，延續了《女神》中《晨安》等詩章的抒情風格，呼喚、命名並命令雷電的姿態，呈現的是浪漫主義式的抒情主體及其自然政治學，詩人內在的憤怒、激情等強烈情感，不僅經由獨白而得到宣泄，也轉化爲了驅使萬物的動力，情感因而有可能成爲一種有效的政治或社會能量。而這種高強度的情感抒發，劇作者並不是爲了讓觀眾保持清醒，而是讓他們認識、感受情感的驅力，進而認同這種情感的操作模式。

這一點似乎也爲觀者的回應所證實。羅蓀的感受是「被一種激越的情緒刺激著，這種激越的情緒，恰正是充沛在整個劇本中的凜然的氣節，和光明磊落的正義感」〔註114〕；而屈原的扮演者金山，則指出當時觀眾的印象：「特別是在青年、中年以及老年的知識界中，人們在教室內外，在馬路上，在輪渡上，常常會發出『爆炸了吧……』的怒吼聲」〔註115〕；當時甚至有將這段獨白坐實爲壓迫者反抗情緒的，如署名「沈」的論者就認爲，屈原「對雷電憤怒的呼喊」，「代表了被壓迫者的呼喊」〔註116〕。基於《屈原》的形式特徵

〔註111〕布萊希特：《論實驗戲劇》，丁揚忠譯，見《布萊希特論戲劇》第 63 頁。
〔註112〕本雅明：《什麼是史詩劇？》，君餘譯，見《啓迪：本雅明文選》，北京：三聯書店，2008 年，第 160、164 頁。
〔註113〕羅蘭・巴特：《布萊希特批評的任務》，《羅蘭・巴特文集・文藝批評文集》，懷宇譯，北京：中國人民大學出版社，2010 年，第 92 頁。
〔註114〕羅蓀：《讀〈屈原〉》，《新蜀報》，1942 年 4 月 5 日。
〔註115〕金山：《痛失郭老》，《悼念郭老》，北京：三聯書店，1979 年，第 238 頁。
〔註116〕沈：《屈原和利爾王》，《新民報》，1942 年 4 月 18 日。

和觀者的反應模式，進而可以說，《屈原》是一齣情感教育劇，它通過情感引導觀眾學會如何蓄積、抒發情感。其意義或許正如論者所指出的，「爲觀眾提供一種孕育感情的方法」，「比對感情做出判斷是更爲基本的」〔註117〕。從這個角度來看，上世紀三四十年代產生了兩類教育劇，即布萊希特的思想教育劇與郭沫若的情感教育劇。值得一提的，二人的教育劇與中國傳統戲曲都有關聯，前文曾論及陳獨秀肯定了舊戲的移情功能，而傅斯年則從啓蒙的視野否定舊戲，從思想解放的視野提倡新劇。而郭沫若所創作的新劇，不僅保留了舊戲的教育方式，而且也具有強烈的抒情性，而布萊希特則通過對中國舊戲的創造性誤讀，創立了史詩劇，而且與傅斯年一樣是訴諸思想層面的。

　　這種分歧並非不重要，它與劇作者的歷史意識和對革命道路的選擇有關。教育劇是一種美學形式，它爲《屈原》提供了某種整體性視野。但正如「教育」所顯示的，這種美學形式同時也是實踐形式。對於思想教育劇，布萊希特從來不掩飾他的政治目的，他認爲「眞正的、深刻的、干預性的間離方法的應用，它的先決條件是，社會要把它的境況作爲歷史的可以改進的去看待。眞正的間離方法具有戰鬥的性質」〔註118〕；羅蘭・巴特也認爲它「具有一種助產術的能力」〔註119〕，即有助於培養觀眾的某種歷史意識，因而是通向自我解放的藝術〔註120〕；而對於《屈原》來說，情感教育也並非是爲了再度宣揚浪漫主義，強調非歷史性的純潔，或構築一個無政府主義的烏托邦，情感教育也有著極爲明確的歷史含義和社會功能。然而，同爲教育劇，二者在教育理念和方式上的差別，也顯示了二者革命理念和道路的不同。

　　布萊希特自然是從馬克思對統治階級意識形態虛假性的批判出發，進而通過美學的間離方式，讓演員和觀眾保持清醒，並培養其獨立思考、判斷和批判能力。然而這種批判是建立在自我意識的自覺基礎之上的，因而教育劇也指向自我，美國劇作家托尼（Tony Kushner）就認爲教育劇的主題是「要革

〔註117〕蘇珊・朗格：《情感與形式》，劉大基等譯，北京：中國社會科學出版社，1988年，第457頁。

〔註118〕布萊希特：《戲劇小工具篇補遺》，丁揚忠譯，見《布萊希特論戲劇》，北京：中國戲劇出版社，1990年，第46頁。

〔註119〕羅蘭・巴特：《失明的大膽媽媽》，《羅蘭・巴特文集・文藝批評文集》，懷宇譯，北京：中國人民大學出版社，2010年，第40頁。

〔註120〕羅蘭・巴特：《布萊希特的革命》，《羅蘭・巴特文集・文藝批評文集》，第45頁。

命，就必須痛苦地拋開自我」〔註121〕。因此，布萊希特更爲注重激發人的自我潛能，確立解放的自我意識。而郭沫若對社會史的興趣，使他更多地從社會關係層面來考慮人的解放問題。對此，我們可先回到他對屈原時代的研究，從某種意義上說，他對戰國史的研究，爲他的教育劇提供了歷史視野，也潛在地規定了他的教育理念和教育方式。

郭沫若經過研究，發現戰國是一個變革的時代：「中國的古代社會在春秋戰國時代確實是進行著一個很大的變革，即便是由奴隸制逐漸移行於封建制，而這個變革的完成是在嬴秦兼併天下以後」〔註122〕。而這種變革的歷史意義，就是人的社會關係的改變，尤其是生產奴隸的地位得到了極大的提升，因此，知識分子才提出了「仁」的思想。自然，戰國的變革從一開始就是當時問題的隱喻，在郭沫若看來，其不同處只在於，戰國是從奴隸社會走向了封建社會，而當時則是從封建社會轉向資本主義社會。屈原這個悲劇形象，爲他的歷史哲學提供的是感性外觀。這種社會學的解放視角，對他戰時文學觀的影響是，在普及與提高兩者間，他更傾向於前者，也就是文學的社會動員作用，這不僅見於他的文學批評，也見於他對悲劇教育價值的定位。正如他日後所說：

> 悲劇的教育意義比喜劇的更強。促進社會發展的方生力量尚未足夠壯大，而拖延社會發展的將死力量也尚未十分衰弱，在這時候便有悲劇的誕生。悲劇的戲劇價值不是在單純的使人悲，而是在具體地激發起人們把悲憤情緒化而爲力量，以擁護方生的成分而抗鬥將死的成分。〔註123〕

可見，被激發出來的情緒，是要被引向社會鬥爭層面的，這既來自他研究戰國史的社會進化史觀，更直接地來自於國民革命時期的鬥爭經驗。雖然較之布萊希特、傅斯年或後期創造社的意識形態批判，郭沫若對個人意識的忽略是他的不足，但我們也不得不承認，他有著對歷史發展脈絡和現實問題的深刻把握，其對社會關係的分析和情感教育的重視，從某種程度上也通向階級意識和集體意識的生產。回到話劇，從情節中逸出的激情也並

〔註121〕 Tony Kushner：《美國天使》，臺北：時報文化，1996 年，第 442 頁。轉引自藍劍虹《回到史坦尼斯拉夫斯基》，臺北：唐山出版社，2002 年，第 266 頁。

〔註122〕 郭沫若：《屈原思想》，《新華日報》，1942 年 3 月 9 日。

〔註123〕 郭沫若：《由〈虎符〉說到悲劇精神》，《福建日報》，1951 年 8 月 4 日，第四版。

未消失於 1940 年代的上空，而是深嵌於當時的歷史、社會和政治結構之中。從歷史的角度來看，「五四」時期的抒情模式，從來就未退出歷史舞臺，脫序的力比多能量時刻都在尋找重新安放的空間，無論是「革命加戀愛」，還是郭沫若的戰時浪漫主義均是如此，在社會和政治運動的影響下，青少年的衝動逐漸轉化爲了具體的社會動員的能量，這在抗戰初期的社會動員中，如郭沫若所策劃的「七七」紀念周大遊行等活動中，更是得到了明顯體現。而具體到政黨政治，尤其是對共產黨來說，情感也始終是他們進行社會動員的方式，正如論者所指出的，解放區政治動員的「情感的模式」：「人們先是流淚和發泄心中的憤怒，接下來就是訴諸革命行動」〔註 124〕。情感教育不僅是動員的有效途徑，也爲大眾的集體意識提供了情感的維度。這不僅意味著政治和社會動員利用了文學的情感調節機制，或者說，浪漫主義的情感機制本身就具有社會動員的潛在力量，還在於，政治從本體上就具有詩性的情感維度：因此，只有通過情感教育的鏡框，我們才能明瞭，對缺乏戲劇性的《屈原》，爲何在左翼的文化政治實踐中佔據如此重要的地位，這不僅在於它的美學形式，也在於這種形式——情感教育劇本身所內涵的實踐價值。

第三節　劇可以興：《屈原》作爲詩化戲劇

劇可以興

從「劇曲」到詩化戲劇

寓言的文化詩學

　　從某種意義上說，《屈原》代表了郭沫若抗戰時期文學創作的最高成就，因而，從美學的角度探討《屈原》的獨特性或創造性，就爲我們理解與想像作爲詩人或文人的郭沫若，其在文學領域所已經或可能達到的高度，提供了某種基準。研究《屈原》繞不開「雷電頌」，但問題大多也由此而來：從詩學的角度，論者多據此肯定其浪漫主義風格的復歸〔註 125〕，或將其與《女神》作詩學或文化政治的對讀；但《屈原》畢竟爲話劇，從戲劇學的角度來看，

〔註 124〕裴宜理：《重訪中國革命：以情感的模式》，《中國學術》（劉東編），第 8 輯，2001 年 4 月。

〔註 125〕王瑤：《郭沫若的浪漫主義歷史劇創作理論》，《文學評論》，1983 年第 3 期。

它又反因缺乏戲劇性而受到質疑〔註 126〕，這既是《屈原》所帶來的複雜性，同時也是問題性：這重悖論該如何理解，從戲劇學的角度看其獨創性何在等，都是值得進一步討論的話題。

一、劇可以興

較之研究者的審慎，郭沫若倒顯得有點不拘章法。對於《屈原》，他有一個說法似尚未得到充分注意，在他看來：「寫歷史劇可用詩經的賦、比、興來代表。準確的歷史劇是賦的體裁，用古代的歷史來反映今天的事實是比的體裁，並不完全根據事實，而是我們在對某一段歷史的事蹟或某一個歷史的人物，感到可惜可愛而加以同情，便隨興之所至而寫成的戲劇，就是興」〔註 127〕。在文學史的敘述中，郭沫若的話劇都背負「影射」之名，尤其是《屈原》，無疑當歸入「比」的行列。然而，郭沫若接著卻說，「我的《孔雀膽》與《屈原》二劇，就是在這個興的條件下寫成的」〔註 128〕。從詩教的傳統來說，郭沫若的話劇本就不乏政教色彩，前文從教育劇的角度對此已作探討，但郭沫若此說卻是從創作論和發生學的角度來說的。而從創作的角度，賦比興是詩法，似乎與以「行動」為旨歸的戲劇不是一路，因此，從一開始郭沫若就挑戰了傳統的戲劇學觀念，這需要我們突破對戲劇性的本質化理解，從更為開放的戲劇詩學的視野，來看待《屈原》和郭沫若的其它劇作。

古人有「以文為詩」之說，郭沫若既然以詩學方法創作戲劇，則不妨稱之為「以詩為劇」。詩可以興，劇也可以興。《屈原》也確實是郭沫若因「某一個歷史的人物」而興的產物，這種個人化的相遇，從郭沫若「五四」時期的詩劇《湘累》開始，到抗戰前後的屈原研究均是如此；同時，這也見於他寫作該劇的狀態。據作者所披露的創作經過，他雖然早就備有一個詳細的計劃，寫屈原的一生，然而最終還是回到了類似創作《鳳凰涅槃》時的即興狀態，以一種天才式靈感爆發的方式完成了整部戲，得到的因此也是「一個意想外的收穫」〔註 129〕。這種興的戲劇創作方式，也見於他同時期的其它劇作：

〔註 126〕Rose Jui Chang Chen: *Human Hero and Exiled God: Chinese Thought in Kuo Mo-jo's Chu Yuan*, A dissertation of University of Detroit, 1977, P228.

〔註 127〕郭沫若講，周惜吾記：《郭沫若講歷史劇──在上海市立戲劇學校演講》，《文匯報》，1946 年 6 月 28 日。

〔註 128〕郭沫若講，周惜吾記：《郭沫若講歷史劇──在上海市立戲劇學校演講》，《文匯報》，1946 年 6 月 28。

〔註 129〕郭沫若：《寫完〈屈原〉之後》，《中央日報》，1942 年 2 月 8 日。

《孔雀膽》的寫作，是出於對阿蓋這個人物及其絕命詩的興趣，可以說是因「詩」起興，不僅如此，因阿蓋絕命詩刊於作者「年輕時所讀過的書籍」《國粹學報》中，他 1939 年回鄉時，找到了這些「多被蟲蛀焚毀，僅留極小一部分」的書籍，並將其攜至重慶，「時時喜歡翻出來吟哦」〔註130〕，因而《孔雀膽》的「興」也是因物（舊籍）起興；《虎符》的寫作雖受抗戰時期戲劇運動的推動，但正如作者所說：「事實上也是我書案上擺著一個虎符，不聲不響的在催促我」〔註131〕，郭沫若的虎符是從一位轎夫手中買到的，「長約三寸，背上有十個錯金書分寫兩邊，一邊五個，……字體是漢隸，假如是真的，大約是漢初的東西」，因為「古氣盎然」，郭沫若將它用作鎮紙，「但是就是這個銅老虎事實上做了」「《虎符》的催生符」〔註132〕；而在將擊筑的樂師高漸離搬上舞臺之前，郭沫若也先是對「筑」這種樂器作了一番詳細的考證，並將該劇命名為《筑》；《棠棣之花》與《南冠草》的創作也無不是基於對人物的同情。可見，對於郭沫若來說，話劇實承擔著興寄的功能。

從《屈原》來看，「興」不僅是一種創作論，它也內化為作品的某種結構性特徵。如「雷電頌」整體上便是一個興的結構。雷電頌是屈原被囚禁於東皇太一廟時的獨白，該廟的物象頗值得一觀，正殿「三間靠壁均有神像」：東皇太一、雲中君、山鬼、國殤等，或騎黃馬，或立雲彩之上，攝人心魄，而「室外雷電交加，時有大風咆哮」〔註133〕。屈原正是置身此間，目寓此物才有呵天叱神之問。也就是說，屈原的獨白並非憑空產生，而是因物而起，與他被囚禁的地方——東皇太一廟直接相關。而從內在結構上看，雷電頌也有內在的邏輯：一是每部分大致對應一種物象，分別由風、雷、電、東皇太一神、雲中君等引發；一是整體上遵循著從自然（雷電）到神靈的順序，而神靈內部也遵循地位從高到低的順序，因此，屈原的獨白看似隨意出之，實由東皇太一廟的物象所順次引起。屈原作為一個詩人，他的創作方式也構成了《屈原》的自我隱喻。可見，興作為創作方式，也必然滲透到作品的結構之中，這為我們進一步探討興如何內化為劇作的美學特徵提供了可能。

〔註130〕郭沫若：《〈孔雀膽〉的故事》，載《孔雀膽》，群益出版社，1946 年，第 191 頁。

〔註131〕郭沫若：《〈虎符〉緣起（上）》，《時事新報》，1942 年 2 月 22 日。

〔註132〕郭沫若：《〈虎符〉緣起（上）》。

〔註133〕郭沫若：《屈原》，《中央日報》，1942 年 2 月 6 日。

從《屈原》來看，「劇可以興」的創作論，所生成的是種濃郁的詩化效果。正如當時的論者劉蓬然所指出的，「《屈原》這篇劇作整個地說來就是一首詩，是不錯的。所描寫的是詩人，同時從頭至尾也充滿了詩的氣息和韻味」〔註134〕。這種詩化的美學效果，首先是由語言的詩化或散文化生成的，如戲劇一開始便以散文的筆致，勾勒了一處田園景觀：「清晨的橘園。暮春天氣，尚有若干殘橘，剩在枝頭。園後為籬柵。左前別有園門一道通內室。園中右側有涼亭一，離園地可數高段。亭之階段正向左，階上各陳蘭草一盆」〔註135〕。尤其重視意象的營造，這可從劇中的顏色運用看出，如第一幕開場就有「金黃的橘子」、屈原「白色便衣」、用「朱砂寫成」的《橘頌》，等等，顏色對比極為鮮明。劇作家對顏色的敏感基本上貫穿全劇，如第二幕描述宮內布置時，顏色就更為豐富，如牆上的壁畫為彩色，正南面的圓柱為「深紅色」、簾幕為「綠青色」，西面的簾幕則為白色，東面又為青色，接下來舞者登場時更是顏色的狂歡，除奇裝異服外，眾人所戴面具的顏色分別為青、銀灰、白、綠、黑、赤、紫等十種顏色，極具視覺效果。而就語言的詩化來說，「雷電頌」完全是詩的語言，李長之看後便寫道：「這使我們恍然憶起《女神》中的調子，詩人郭沫若的青春原來依然在著！單就這點，讓我們欣慰，也讓我們欣羨！」〔註136〕這類詩化語言也不僅見於雷電頌，而是散於全篇。甚至可以說，《屈原》的對白語言整體上帶有一種抒情腔，且不說屈原，「邪惡」的南后有時也難免如此，如她在描述屈原的詩風時，便不無誇張地說：

> 就是你的詩，也不比一般詩人的那樣簡單，你是有深度，有廣
> 度。你是洞庭湖，你是長江，你是東海，你不是一條小小的山溪水，
> 你不是一個人造的池水啦。〔註137〕

這也難免略染「頌」調。而這所關聯的其實是詩化的第二個特徵，即強烈的抒情性。對此需對「雷電頌」再作細讀，這幕獨白充分展現了全劇的抒情特徵：崇高的抒情主體，強烈的情感強度，這表現為屈原對自然或神靈的任意呼喚、命名、斥責和驅使。如他對於電的獨白：

> 啊！電！你這宇宙中最犀利的劍呀！我的長劍是被人拔去了，
> 但是你，你能拔去我有形的長劍，你不能拔去我無形的長劍呀，電！

〔註134〕劉蓬然：《論〈屈原〉的創作與演出》，《中央日報》，1942年5月17日。
〔註135〕郭沫若：《屈原》，《中央日報》，1942年1月24日。
〔註136〕長之：《〈屈原〉》，《大公報》，1942年5月25日。
〔註137〕郭沫若：《屈原》，《中央日報》，1942年1月28日。

你這宇宙中的劍，也正是我心中的劍，你劈吧，劈吧！劈吧！把這
比鐵還堅固的黑暗劈開，劈開，劈開！雖然你劈它如同劈水一樣，
你抽掉了，它又合攏了來，但至少你使那光明得到暫時間的一線的
顯現，那多麼燦爛，多麼炫目的光明呀！〔註138〕

屈原似乎是一個巨人，置身宇宙，以閃電爲長劍，獨自奮戰黑暗，這是典型
的浪漫主義式的英雄想像；此外，如果將「雷電頌」置於全劇來看，它又形
成了情感的韻律和具有整體性的氛圍，這也是劇作者的有意爲之，正如他在
回覆徐遲的信中所說：

全劇雖然是自發地寫出的東西，但下筆時，──尤其在寫完一
幕以後，我的意識或下意識，即灌注在這最末一景。《屈原》是抒情
的，然而是壯美而非優美，但並不是怎麼哲學的。〔註139〕

不僅如此，從他日記來看，他寫作陷於「停滯」的原因是「情調難以爲繼」〔註
140〕，而他捨棄《天問》而創雷電頌，也是「爲求全劇的氣氛的統一」〔註141〕：
可見，對於郭沫若來說，他心目中的戲劇是以情感爲主線，故他設計的戲劇
高潮，也不是情節性，而是情緒性的。從這個角度來看，《屈原》雖然符合「三
一律」的規則，但它本質上與古典戲劇不同。而情緒和氛圍的視野，也解決
這個戲劇的一個難題，即它從某種程度上生成了戲劇的整體性，從而克服了
因詩化所帶來的破碎感；或者更準確地說，是劇作者試圖從情感層面賦予該
劇以整體性。

　　《屈原》詩化的第三個特徵是情境化。戲劇一般都會生成某種情景或情
境，詩化情境的特徵在於，它可能阻斷甚至是脫離戲劇情節的主線，而具有
相對的獨立性，生成一個詩意的空間。雷電頌就是如此，這段物理時間長達
半個小時的獨白，並未與全劇情節產生必然關聯，而是進入了詩人的心理時
間，因而呈現出共時性特徵。而從結構上看，第一幕的教學場景也具有較強
的獨立性，只是訓諭氛圍過重，相對缺乏詩意；但更值得關注的是群眾爲屈
原招魂的場面，這段從《九歌》演繹而來的招魂場景，其完整性、獨立性和
詩性幾乎不亞於雷電頌。屈原遭到南后陷害、被楚王罷黜之後，因行爲乖離

〔註138〕郭沫若：《屈原》，《中央日報》，1942年2月6日。
〔註139〕郭沫若：《屈原與釐雅王》，《新華日報》，1942年4月3日。
〔註140〕郭沫若：《寫完〈屈原〉之後》，《中央日報》，1942年2月8日。
〔註141〕郭沫若：《屈原與釐雅王》，《新華日報》，1942年4月3日。

而被視爲瘋子，他周邊的群眾便爲他招魂，整個場面由一位老者主持，眾人先唱《禮魂》，然後老者開始乞告各路神靈，又向四方禱告，因歌詞是直接化用《招魂》，語言是詩性的，整個場面也具有儀式性，帶有人類學視野。對招魂場景的詳細描摹，表明劇作者對詩化場景的重視程度可能超過了劇情本身。

二、從「劇曲」到詩化戲劇

　　經由對《屈原》的文本細讀及其詩化特徵的美學探討，使我們由此可以提升出一種獨特的戲劇詩學，即詩化戲劇。爲使其進一步明晰化，有必要在上述討論的基礎上，對這個概念作進一步的辨析。從上文的勾勒來看，詩化戲劇是戲劇的一種美學品格，它包括語言的詩化或散文化，情境往往突破情節而佔據中心位置，因而具有濃郁的抒情性，乃至整體上具有某種詩意的氛圍。可見，詩化戲劇與詩劇不同，這從概念史的角度也可得到印證。從西方戲劇史的角度來看，戲劇可分歌劇（Opera）與話劇（Drama）兩類，話劇又可細分爲詩劇（Poetical Drama）與散文劇（Prose Drama），按新文化運動時期的說法則是「白話劇」，當時戲劇家宋春舫即指出，中國傳統戲曲屬於歌劇，現代話劇則屬於散文劇〔註142〕。就詩劇來說，如果詩的成分突破劇的限制，便發展爲劇詩（Dramatic Poetry），這是一個極具文體間性的文類，如拜倫、葉芝的部分作品即屬此類，而這在中國抗戰時期也並不鮮見，如穆旦的長詩《隱現》、吳興華的部分長詩都屬此類。但劇詩本質上不是劇，而是詩。詩化戲劇不同，嚴格來說它是散文劇的亞文類，立足中國現代文學來看，則屬於話劇的文類範疇，也就是說，它首先要具備話劇的文體特徵，如對話、情節性等，在此基礎上還具有詩性特徵。就四十年代的文壇而言，詩人王亞平在讀完《屈原》之後，便曾用「詩化」來形容郭沫若的話劇，並且對這個概念作了一些界定，在他看來：「所謂戲劇的詩化，可以解釋爲有詩樣的動人的情節，有壯美的場面、有緊張的結構、有具有詩的美與眞的對話，有充滿生命的人物」〔註143〕。雖然王亞平的概括不盡準確，如緊張的結構就不太適合生成詩意，但他身處歷史現場的觀感表明，詩化戲劇這個概念對於郭沫若的話劇具有一定的歷史有效性。

　　之所以對詩劇與詩化戲劇作細分，其文學史的意義在於，它有助於我們

〔註142〕宋春舫：《宋春舫論劇》，第一集，中華書局，1923年，第261頁。
〔註143〕王亞平：《詩劇初談──祝〈屈原〉之上演》，《新蜀報》，1942年4月5日。

對話劇的不同風格做更爲細緻的鑒別，對郭沫若來說這尤其必要，他的創作便顯示出從詩劇或劇詩，到詩化戲劇的轉變過程，而這一轉變過程所呈現出來的文體學上的演化軌跡，對於我們理解現代話劇體式的發展，以及郭沫若這個創作主體都不無意義；同時，從文體演化的歷史脈絡重讀《屈原》，也有助於我們將其進一步歷史化和問題化。

郭沫若在文學史上的地位，最初是由《女神》奠定的，而這部詩集初版本的封面上便明確標注爲「劇曲詩歌集」〔註144〕。第一輯中的《女神之再生》《湘累》《棠棣之花》三篇全是戲劇形式，第二輯中的《鳳凰涅槃》也是如此。按作者的分類，無疑是將前三者歸於「劇曲」，而將《鳳凰涅槃》歸入詩歌文類，《鳳凰涅槃》初刊時雖注有「一名菲尼克司的科美體」，科美體即 Comedy 音譯，但實際上與「神曲」不同。它純粹只借用對話形式，無戲劇情節，自可歸入詩劇或劇詩範疇。前三篇則有些特殊，《女神之再生》的語言是韻文，《湘累》和《棠棣之花》是獨幕劇的形式，語言雖爲白話，但夾雜了大量的詩詞歌曲，對話本身也大多是獨白，從這個角度來看，「劇曲」的文類標識，本身也意味著體裁劃分上的困難，因此，與其將它劃歸某一固定文類，倒不如對「劇曲」的特徵略作分析。

《湘累》所寫的，主要是屈原被放逐到洞庭湖以後，在聽到娥皇、女英的歌聲時所作的內心獨白，抒發其志向的高潔和創造精神：「我這麼正直通靈的人，我能忍耐得去學娼家慣技？我的詩，我的詩便是我的生命！我能把我的生命，把我至可寶貴的生命，拿來自行蹂躪，任人蹂躪嗎？我效法造化底精神，我自由創造，自由地表現我自己。我創造尊嚴的山嶽，宏偉的海洋，我創造日月星辰，我馳騁風雲雷雨，我萃之雖僅限於我一身，放之則可泛濫乎宇宙」〔註145〕。如果將其與《屈原》雷電頌對讀，不難發現二者之間的淵源。但二者之間的差異也是明顯的，《湘累》只是利用了戲劇的對白形式，而這種形式是爲詩人的獨白服務的，整體上並不具備完整的戲劇結構。《屈原》則不同，它整體形式是戲劇，獨白是內在於情節之中，人物也從洞庭湖上抽象的浪漫抒情形象，轉化爲了置身楚國歷史語境中的控訴者，因此，《屈原》的戲劇結構不容忽視。而顯示從《湘累》的詩劇或劇曲形式，到《屈原》詩化戲劇這一轉變過程的，恰好有《棠棣之花》漸進而漫長的演變史。

〔註144〕《女神》封面，上海：泰東圖書局，1921 年。
〔註145〕郭沫若：《湘累（戲曲）》，《學藝》，第 2 卷第 10 號，1921 年 4 月 1 日。

　　《棠棣之花》可以說是中國現代文學史上最具版本研究價值的文本，郭沫若對此也有所自覺，1941 年他在答覆黃芝岡對該劇的批評時，他便說道：「本來這《棠棣之花》的完成，由民國九年到現在，是綿亙了二十二年的歲月。中間經過了好幾次的刪改。民九《時事新報·學燈》雙十節增刊，初版《女神》，《創造》季刊創造號，《聶嫈》單行本，光華版《三個叛逆的女性》，商務版《塔》，北新版《甘願做炮灰》，這些資料如收得齊全，我倒很想把它們彙集起來，以表示一個作者在創作過程中的一些苦心的痕跡。但這工作，恐怕比重新創作一種劇本還要艱難吧」〔註 146〕。郭沫若大致梳理了這個劇的變化軌跡，而學界在版本考校方面已有較多成果，但較之將其作為考察郭沫若思想變化的文本，筆者則將其作為考察其戲劇體式演變的材料。

　　郭沫若寫作《棠棣之花》的動議，據他自己所說，是在「讀過了些希臘悲劇家和莎士比亞，歌德等的劇作，不消說是在他們的影響之下想來從事史劇或詩劇的嘗試的」〔註 147〕，而且原打算寫十幕，無論是題材選擇還是規模都是史詩巨作，但最終因情節、人物都不夠統一，而放棄了計劃。不過，他對於「寫成了的五幕中的第二幕和第三幕覺得很有詩趣，未能割愛，在民國九年的雙十節《時事新報》的《學燈》增刊上把第二幕發表了」〔註 148〕。史詩創作的構想，留下的只是詩意的片段，這也是為何《棠棣之花》在收入《女神》時難以歸類的原因。而從作品來看，該劇也確實具有濃郁的詩意，如第一幕中聶政聶嫈在其母墓前的場景：

　　　　　（陳設畢，聶嫈在墓前拜跪。聶政也來拜跪。拜跪畢，聶政立倚墓旁一株白楊樹下。聶政取簫，坐墓前碧草上）

　　　　聶政　姐姐，月輪已昇，群鴉已靜，茫茫天地，何等清寥呀！

　　　　聶嫈　你聽，好像有種很幽婉的哀音在這天地之間流漾。

〔註 149〕

再加上大量的歌曲，幾乎停滯的情節進程，這確可說是詩劇。但之後每到一個歷史的節點，如五卅運動、「九·一八」，郭沫若都會回頭增補該劇。直到

〔註 146〕郭沫若：《由「墓地」走向「十字街頭」》，《新蜀報》，1941 年 10 月 24 日。
〔註 147〕郭沫若：《我怎樣寫〈棠棣之花〉》，《新華日報》，1941 年 12 月 14 日，第四版。
〔註 148〕郭沫若：《我怎樣寫〈棠棣之花〉》。
〔註 149〕郭沫若：《棠棣之花》，《時事新報·學燈增刊》，1920 年 10 月 10 日。

1941 年中共組織慶祝他「誕辰五十週年暨創作生活二十五週年」，計劃將上演
《棠棣之花》作爲「壽郭」的一個環節，也作爲左翼劇運的開端時，郭沫若
才最終將其戲劇化，增補爲五幕劇《棠棣之花》。因此，有論者將其作爲郭沫
若「探索」戲劇創作方法，是他最終走向「成熟」的標誌〔註 150〕。此說揭示
了該劇對於郭沫若戲劇創作的意義。然而，即便是在 1941 年，該劇在文類歸
屬上還依舊是個難題，如黃芝岡就將該劇當作詩劇，並從詩意的角度，認爲
第三幕的爭鬥破壞了整體氛圍〔註 151〕；該劇的導演石凌鶴，也是從詩意的角
度來把握該劇的。如他所說：「當我第一次讀二幕本《聶嫈》時還是在中學時
代，我深爲那種濃厚的詩的氛圍和崇高的純情所感動。以後日子久了，自不
免淡薄，可是這次爲了上演再來研讀五幕本《棠棣之花》時，依然陶溶在馥
郁的詩的情調中，使我慨歎，使我哭泣。我覺得與其說是熱情的劇本，毋寧
說是讚美正義的壯麗的詩篇。這便確定了導演的一個概念：我要盡可能的把
詩的風格強調起來，這應該是本劇最顯著的特色。」〔註 152〕不過作爲話劇導
演，石凌鶴雖注重其詩意，還是認爲它「並非詩劇，亦非歌劇——雖則有歌
舞的穿插」，而是話劇。而郭沫若則說得最爲直白：「詩劇或史劇或話劇，在
作者都無可無不可」〔註 153〕。但從他的辯護來看，他還是希望觀眾從話劇的
角度來接受。

　　《棠棣之花》體裁演變的軌跡，顯示了它從詩到劇的位移；但定本在文
類歸屬上的分歧，又表明這個位移是個尚未完成的狀態。而從前文對《屈原》
的分析來看，反而是這種未完成的狀態，才是郭沫若四十年代話劇的特質所
在。如果我們放棄「未完成」背後的發展、進化史觀，也可以說，這是作爲
詩人的郭沫若，帶給現代話劇的新形式。郭沫若話劇的這種文體間性，使得
論者無論單從詩劇還是話劇的角度，都難以把握其藝術上的獨特性，這正是
詩化戲劇這個概念的優勢所在，它既立足於戲劇的整體結構，同時又能容納
詩意。就《棠棣之花》來說，詩化戲劇的方法論意義，不僅在於它能容納詩

〔註 150〕田本相　楊景輝：《〈棠棣之花〉——走向成熟的標誌》，《遼寧師院學報（社會
　　　　　科學版）》，1982 年第 4 期。
〔註 151〕黃芝岡：《評〈棠棣之花〉》，載柳倩編輯《文藝新論》，成都：萊原出版社，
　　　　　1943 年，第 68 頁。
〔註 152〕凌鶴：《〈棠棣之花〉導演的自白》，《棠棣之花》，重慶：作家書屋，1942 年，
　　　　　附錄部分第 2～3 頁。
〔註 153〕郭沫若：《由「墓地」走向「十字街頭」》，《新蜀報》，1941 年 10 月 24 日。

意的情境和氛圍，同時也有助於我們發現其結構上的獨創性。如劇中多達十
餘次的歌舞表演，雖然在上演時被一再刪減，還是爲人所詬病，但從詩化戲
劇的角度來看，這恰恰是其創新性所在，這不僅在於歌詞俚語往往帶有社會
性，是理解當時風土人情的渠道，更在於歌曲形成了迴環複沓的效果，生成
了該劇的整體性氛圍，提升了話劇的美學品格。在劇中加入歌舞，似乎是郭
沫若四十年代話劇的特色，除《棠棣之花》外，《屈原》中僅《禮魂》就唱了
四次，而《虎符》《築》《孔雀膽》等劇也多有歌曲或歌舞，由此也可見詩化
是郭沫若話劇的共同特徵。不過，需要進一步釐清的是，雖然詩化戲劇解決
了詩意與戲劇之間的矛盾，但這個概念並非是要彌合二者之間的差異，相反，
它在將這種差異內化爲美學風格時，也完整地保存了這種差異，並將其帶到
了某種文化詩學的視野。

三、寓言的文化詩學

在排演過程中，《屈原》的編導人員也遇到了類似問題，即雖名爲話劇，
但他們感受最強的卻是該劇的詩化風格。正如參與屈原舞臺工作的潘子農所
說：「最近讀了沫若先生的新劇作《屈原》，並於中華劇藝社排此劇之前，聽
到作者自己朗誦全劇的詞句，雖然演出於舞臺的形象尚未領略，但也使我深
感到像看《棠棣之花》一樣，已經被這劇作帶進了崇高的，熱烈的詩之境域
裏去了」〔註154〕。詩境美則美矣，但卻與話劇的情節性構成了衝突：「《屈原》
一方面是充滿了濃重彭湃的詩的氣氛，一方面卻由於作者鄭重關心演出效果
之故，帶來幾個生動緊湊的 Melodrama 的場面，這兩者之間的調和與統一，
無疑地將賦予導演者一個嚴重的課題」〔註155〕。《屈原》這種詩意與情節劇的
雙重性，就要求陳鯉庭不能像石淩鶴那樣，「盡可能的把詩的風格強調起來」，
而是要尋求某種調和。

實際上當時的文壇對《屈原》有兩種讀／看法：一種以徐遲、李長之爲
代表，他們側重戲劇性的角度。李長之認爲該劇第二幕，即屈原遭遇南后陷
害一場，「應該是全劇的最高點，以後數幕中即慢慢由這高峰平鋪下去」〔註
156〕，因而，他也覺得歌舞是冗餘，「禮魂唱得太多（一共四次！）」。這是從

〔註154〕潘子農：《〈屈原〉讀後》，《時事新報》，1942 年 4 月 3 日，第四版。
〔註155〕潘子農：《〈屈原〉讀後》，《時事新報》，1942 年 4 月 3 日，第四版。
〔註156〕長之：《〈屈原〉》，《大公報》，1942 年 5 月 25 日。

情節的角度出發的。而徐遲則是從屈原性格發展的角度，開篇就提出：「《屈原》第五幕第二景風雷電的 Soliloqu 我不贊成」，因為他覺得屈原發展到後來應是哲學的，而不會有這種熱度。與此相對的，則是從詩劇的角度否定該劇的情節性，如趙銘彝和白苧就認為「《屈原》的作劇形式原是一齣大悲劇，可是作者卻幾乎是有意的滲入了幾個 Melodrama 的場面，這也是全劇最大的缺憾」﹝註157﹞。白苧是潘子農的筆名，曾參與該劇的排演，他在另一篇文章中，詳細介紹了他們如何處理情節與詩意共存的問題：「當陳鯉庭先生接受導演此劇之時，曾和我反覆商討這一層，我們同樣認定《屈原》是詩情橫溢的話劇，應該充份配合著音樂，以近似半歌劇的形式處理之。這意見先得到沫若先生的同意，後來請了劉雪庵先生來譜曲，他也深以此議為然」﹝註158﹞。這表明，演出版較為強調該劇詩化的一面。

評壇對《屈原》的雙重解讀，讓我們回到了之前的問題，即郭沫若試圖從情感的層面賦予《屈原》某種整體視野，這個嘗試是否成功的問題。從上述兩種讀法的分歧來看，整體性無疑要大打折扣。這表明《屈原》內在的分裂，不僅未因它的詩化而得到彌補，相反，詩化正是破碎感的來源，因為無論是詩化的語言、詩意的情境，還是人物的獨白，都逸出了戲劇的情節，從而使得全劇呈現出散漫的狀態。所謂詩意的氛圍，正是要突破線性敘述的框架才能獲得的。因此，詩化戲劇天然地具有寓言性，這裡的寓言（Allegory），不是指有訓諭意義的故事（Fable），而是一種文體修辭。按本雅明的說法，寓言「是和語言一樣、和文字一樣的表達」，其特點在於，較之連續的情節、完整的意義和整體的歷史，它更注重歷史斷裂和碎片的價值，甚至認為「碎片優先於整體」﹝註159﹞。如本雅明在研究巴洛克悲苦劇時，主要分析的就是其中解散的身體、圖象和煉金術式的零散對象。而值得一提的是，本雅明寓言詩學的靈感來源之一，便是中國的象形文字，其出發點是甲骨文這種形式本身便蘊含意義的符號：「文字恰恰第一個顯現為俗成的符號系統」﹝註160﹞。而郭沫若此前也是埋首甲骨文的釋讀工作，之後又迷戀考古、磚拓等，二人都

﹝註157﹞趙銘彝 白苧：《重慶抗戰劇運第五年演出總批判》，《戲劇月報》，第 1 卷第 1 期。

﹝註158﹞潘子農：《〈屈原〉讀後》，《時事新報》，1942 年 4 月 3 日，第四版。

﹝註159﹞本雅明：《德意志悲苦劇的起源》，李雙志 蘇偉譯，北京：北京師範大學出版社，2013 年，第 226 頁。

﹝註160﹞本雅明：《德意志悲苦劇的起源》，李雙志 蘇偉譯，第 192 頁。

是從散落在歷史深處的碎片裏讀解意義。而就《屈原》來說，無論是劇中的
「橘頌」、巫術、歌舞，還是「雷電頌」，在賦予該劇以詩意氛圍的同時，也
因與戲劇「行動」缺乏有機聯繫，而散落在情節之外，成爲寓言式的碎片。
而從郭沫若話劇創作的整體格局來看，在其它作家紛紛追求「比」的語境中，
他則把自己的歷史劇創作定位爲「興」，而且多是因「物」起興，無論該「物」
指的是人如屈原、阿蓋公主，還是物如虎符、築、絕命詩等，都表明他是從
歷史細節和遺物的角度切入的。無論是逸出情節的詩意碎片，還是因物起興
的創作方法，都使其話劇充滿了寓言色彩。

　　不過，這裡之所以引入寓言詩學，並非要將《屈原》坐實爲寓言劇，而
是試圖引入文化詩學的方法。寓言的文體學意義在於，它賦予了斷裂、碎片
以超越整體的意義，並試圖通過碎片拯救歷史。正如伊格爾頓所指出的，「寓
言的能指展現出一種辯證的結構，其中聲音和文字『在尖銳的對立中相互對
峙』，迫使話語內部分裂，讓人凝視其深處」〔註161〕。這對於我們理解《屈原》
有兩方面的意義。首先從文體學的角度，它帶來了新的美學視野。也就是說，
《屈原》的詩化風格，本身便是一種獨特的文體實驗，不必規之於傳統戲劇
性的繩墨。這種文體的實驗性和創新性也帶有文學史意義。進入第三個十年
之後，新文學整體上呈現出形式創新的多元現象。如錢理群就指出四十年代
小說的「新質」，不僅在於對三十年代寫實的突破，更在於其與時代主題、歷
史問題及本土經驗相互激發而生成的「豐富性」〔註162〕；吳曉東等人受此啓
發，尤其關注四十年代的詩化小說，認爲這是「最有可能成爲經典的作品」〔註
163〕。戲劇領域也是如此，此時蔚爲壯觀的歷史劇，其創新性至今未受到學界
的充分重視，而從郭沫若的話劇創作來看，其意義在於，它不僅展現了戲劇
的多元性及文體的創新性，而且呼應了「詩化」這一時代特徵。當時便已有
論者將郭沫若的詩化戲劇視爲文學轉向的標誌。如李長之在看過《棠棣之花》
後就寫到：「也許，中國的文藝是要有一個大轉變了，說不定會不久就從寫實
的清淺的理智色彩中解放出來，渡到熱情的理想境界中去。——那算是我們

〔註161〕伊格爾頓：《沃爾特·本雅明或走向革命批評》，郭國良 陸漢臻譯，南京：譯
　　　　林出版社，2005年，第6頁。
〔註162〕錢理群：《漫話四十年代小說思潮》，載《對話與漫遊》，上海：上海文藝出版
　　　　社，1999年。
〔註163〕吳曉東：《現代小說的詩學視域》，載《記憶的神話》，北京：新世界出版社，
　　　　2001年，第73頁。

馨香禱祝的！假若真是這樣，郭先生這創作，便可以代表一個消息，而這消息是太值得的了！」〔註164〕可見，錢理群從文學史的視角所勾勒的趨勢，在當時已有論者敏銳地感覺到了，而在當時的論者看來，郭沫若無疑是這種可能性的開創者之一。而我們用「詩化戲劇」的概念來解讀郭沫若的劇作，並非簡單地用話劇來印證「詩化」這一文學現象，而是說《屈原》這樣的劇作，豐富了「詩化」本身的意涵，即除輓歌意緒、牧歌情調的「詩化」風格外，可能還有浪漫與崇高的詩化，而這與戰時精神狀態，尤其與戰時的英雄主義及戰爭浪漫主義更是直接相關。因而，詩化戲劇豐富了四十年代文學的整體圖景。

　　寓言詩學方法論啓示還在於，在我們將詩化戲劇視爲一種具有審美自足性的形式創新時，也要看到其歷史的開放性，即從文體學、文學史轉向文化詩學，進一步讀解「斷裂」的歷史意義。具體來說，對於歷史現場對《屈原》的兩種讀法，我們在分析其各自的得失之前，需要進一步探討這種「分歧」的社會文化成因；而除了讀者接受中的分裂，我們也要深入劇本內部，從「雷電頌」等逸出情節的「片段」，考察詩化戲劇本身的思想、社會症候性。評壇的兩種讀法，固然是基於不同的美學標準所做出的不同形式分析和美學判斷；然而，其根源除了評論者的美學意識形態外，也在於作品本身的內在裂隙。也就是說，讀者的分歧的原因，不僅是形式層面情節與詩意的共存，也是主題學層面的。從劇本來看，如果以情節爲線索，按照李長之的分析，全劇的高潮是南后對屈原的陷害，屈原是一個「忠而被謗」的人物形象，全劇的矛盾衝突是正邪之爭，劇作者所強調的是忠奸之辨。如果以詩意爲線索，戲劇高潮則是「雷電頌」，這個視域中的屈原，雖延續了此前受冤屈的形象，更多的卻是一個跨越時空的控訴者，著眼點便不僅在個人得失、民族大義，更在於文化人對正義與平等的訴求。因而，不同的讀法，其背後是不同的政治觀念，指向的是郭沫若在仕途、救亡與革命等不同利益訴求間的隱形衝突。

　　主題的多元共存，折射的是劇作者歷史處境的內在矛盾性。《屈原》創作於1942年初，這是不同尋常的一年，對於郭沫若尤其如此。隨著政治部的改組，郭沫若已被國民黨高層疏遠；中共則在積極建構自己的政治文化，適時地準備在國統區開展新的文化運動，並於1941年年底，策劃組織了規模盛大的「壽郭」運動。這個活動對郭沫若的政治道路影響深遠，成爲郭沫若後來

────────────

〔註164〕李長之：《〈棠棣之花〉》，《文藝先鋒》，第1卷第25期，1942年11月25日。

徹底倒向中共的重要歷史因由。基於這個歷史語境，也有論者認爲，郭沫若此時創作的體裁，已從「五四」時期的詩，「變爲嚴格意義上的話劇」。並將體裁的轉變與作家心態作了具體的對接：「由神話詩到歷史劇這種創作形態變化體現了郭沫若人生狀態的變換」，即「總的看來」，「其人其文的精神都已經個別化、具體化，乃至於政治化、黨派化了，一切如前所述：郭沫若已成爲一個政治戰士」〔註 165〕。而從《屈原》的詩化戲劇著眼，其體裁固然難稱「嚴格意義上的話劇」，更爲重要的是，該劇的形式分裂及主題的內在衝突也表明，較之將劇作家讀解爲「黨派化」、「一個政治戰士」，毋寧說，此時郭沫若退回到了文學之內，他的情感控訴是內在於話劇的形式結構的。而話劇主題的分裂，詩化戲劇所帶來的抒情與情節之間的出入，也表明劇作家此時尙不是戰鬥的勇士，而是站在歷史十字路口的徘徊者，不僅未完成歷史抉擇，而且內心充滿了矛盾，這是時代的「豐富的痛苦」。而這種矛盾，在郭沫若同時期的其它文類如政論中是看不到的，這正是文學視野對於我們理解歷史人物，以及研究歷史所提供的獨特視角，它本身也像寓言一樣，從歷史敘述的整一性之中，賦予碎片以獨特的價值和意義。

　　寓言帶來的政治文化視野，豐富了詩化戲劇的歷史內涵。然而，《屈原》作爲現代史上一個標誌性文本，它所承載的意義訴求遠遠超過了「興」的詩學視野，而往往被視爲「比」的典範，這當然不是對話劇的誤讀，因爲郭沫若從來就不掩飾他的影射用意。但如果以此質疑「興」的有效性，則可能是對「興」的誤讀。對此，我們可從概念史的角度，對「興」的具體內涵再略作討論。還是從寓言說起，現代寓言的意義，奠基於本雅明，經保羅·德曼的闡釋而廣爲人知。然而，無論是本雅明還是保羅·德曼，二人所強調的寓言的斷裂與碎片化，都是針對象徵（Symbol，而非象徵主義）的深度模式而言〔註 166〕。在本

〔註 165〕 李書磊：《1942：走向民間》，濟南：山東教育出版社，1998 年，第 37～38 頁。

〔註 166〕 參考保羅·德曼：《解構之圖》，李自修譯，北京：中國社會科學出版社，1998 年。按，寓言與浪漫主義之間的關係，是一個與本論題相關且極爲複雜的問題，有論者認爲德曼的寓言是對浪漫主義的解構（參考張旭春：《「時間性的修辭」——英國浪漫主義的解構閱讀》，《四川外語學院學報》，2003 年第 1 期），但與其說是對浪漫主義的解構，倒不如說是與象徵爭奪浪漫主義，至少在本雅明看來，「一部浪漫主義表達方式的眞正歷史正是通過他最好地證明了即使斷片與反諷也都是對寄寓（即寓言——引者按）的轉換。不再贅述了，浪漫主義的手法從某些方面來看就是通向寓意畫與寄寓的領地的」（本雅明：

雅明看來，象徵是一種被扭曲的「顯像與本質之間的關係」﹝註167﹞，在這種部分與整體、形式與內容的深度模式中，文字符號、歷史細節和碎片要麼被排斥在外，要麼被作爲「表達」意義的奴僕；而寓言則是反其道而行之。這個背景之所以與《屈原》相關，是因爲其詩化的方式——「興」，在現代往往與「象徵」聯繫在一起，始作俑者爲周作人。他在《揚鞭集·序》中說：「我只認抒情是詩的本分，而寫法則覺得所謂『興』最有意思，用新名詞來講或可說是象徵」，而「興」「並不是陪襯，乃是也在發表正意，不過用別一說法罷了」﹝註168﹞，後來梁宗岱等人也持此說。如果在象徵與興之間建立一種本質化的關聯，那麼，郭沫若以「興」的方式創作的史劇，其呈現出來的內在分裂感便成爲一種悖論性存在。要解決這個問題，我們需要重新回到「興」的本土視野，發掘「興」這個概念的具體內涵。對此，朱自清的研究有一定的啓發。經他考證，《毛傳》這部對詩教具有源頭性的著作，其中所說的「興」本來有兩重含義：「一是發端，一是譬喻；這兩個意義合在一塊兒才是『興』」﹝註169﹞。譬喻屬修辭範疇，周作人所強調的「別一種說法」正是譬喻，是一種形式與意義的「再現」模式；而「發端」則指提供「表現」的由頭，郭沫若所說的興，正是此「興，起也」的範疇，是因物起興。當然，正如朱自清所說，發端與譬喻合在一起才是興，郭沫若與周作人之間的差異，也並非截然對立，而只是側重點不同罷了。尤其是郭沫若，他的歷史劇從來就沒有放棄「象徵」的一面，如教育和訴求「正義」的歷史視野。因此，救亡與革命的隱形出入，詩與劇的分途，也可看作寓言與象徵之間的矛盾，而惟其有這重矛盾，才能還原「興」的複雜，以及《屈原》的政治症候性和詩化的美學價值。

第四節　屈原形象的變與不變

　　　　　　　　　　　　　詩人之死

　　　　　　　　　　　　　儒家革命詩人

　　　　　　　　　　　　　人民詩人

《德意志悲苦劇的起源》，李雙志　蘇偉譯，北京：北京師範大學出版社，2013年，第228頁）。

﹝註167﹞本雅明：《德意志悲苦劇的起源》，李雙志　蘇偉譯，第188頁。

﹝註168﹞周作人：《揚鞭集序》，《語絲》，1926年總第82期。

﹝註169﹞朱自清：《比興》，《詩言志辨》，開明書店，1947年，第53〜54頁。

　　話劇《屈原》讓郭沫若以文學形式回應了文學與政治的問題，並顯示了他作爲詩人的獨創性；但他未充分回應的，是詩人節所顯示的時代對新詩人的詢喚。他對這一問題實際上有大量的思考，這主要保留在他所寫的三十餘篇論說屈原的文章中。這些文章或與詩人節相關，或與《屈原》構成互文性，在抗戰時期的文化政治語境中，適時地參與到了屈原形象的塑造過程之中，同時，它們也是郭沫若思考並回應時代問題的方式。或許是鑒於他屈原話語的密集度，他自身也往往被稱爲當代的屈原〔註170〕，或褒或貶，這都表明他與屈原形象的某種重疊關係。郭沫若與屈原形象之間的這重關係，以及這些文章的連續性，爲我們考察郭沫若的詩人心態、他如何參與新詩人的塑造，及對新詩人身份的回應與思考提供了可能。由這些文章可見，隨著時代問題的轉變，郭沫若不斷地修改著屈原的詩人形象，但同時，也內含著他對詩人出路問題的思考。

一、詩人之死

　　在第一屆詩人節的慶祝晚會上，于右任被推舉爲主席，他在演說中強調，「詩人乃民族之靈魂，屈子守正不阿，潔人憂國，堪爲今人之效」。據報云：「詞甚激昂，勉國人勿趨沉淪」〔註171〕。而深諳演說之道、善於宣傳的郭沫若，卻在這種場面當起了學究，詳細考論屈原的生卒年月，這頗讓人意外，爲何是屈原的生死問題，而非他的精神，成了郭沫若首要關注的對象。

　　《新華日報》記錄了郭沫若對屈原死亡日期的推論：「郭沫若先生講述屈原確死於二二一九年以前，即楚襄王二十一年。投汨羅江的那一年洽〔恰〕六十歲。屈原之投江，實由於當時不甘忍受楚國之沉淪現象，並非如一般批評屈原是工愁，牢騷而自殺。他確是一個有民族氣節的詩人。」〔註172〕從郭沫若的屈原研究來看，這重複的是他六年前的觀點。1935年他蟄居日本期間，曾應刊物《中學生》之邀寫屈原研究方面的文章，後成書《屈原研究》。在該書中，他詳細考證了屈原的生卒年。

　　對於這一考論的意義，需放在屈原研究的譜系中來考察。生卒年一直是屈原研究者所首要面對的問題。對於他的生年，學者多從王逸《楚辭章句》

〔註170〕《詩人節中談今日屈原》，《中立》，1946年第1期。
〔註171〕《首屆詩人節　文化界昨開慶祝會》，《新華日報》，1941年5月31日。
〔註172〕《首屆詩人節　文化界昨開慶祝會》，《新華日報》，1941年5月31日。

及《爾雅》的相關論說，將《離騷》中「攝提格之孟陬兮，惟庚寅吾以降」解爲他自敘身世之說，因此，月日確定爲五月五日，即舊曆端午節，具體年代則有差異，從現代研究者來看，陸侃如認爲屈原生於楚宣王二十七年（前三四三年）〔註173〕，游國恩也持此看法〔註174〕，郭沫若則認爲是楚宣王二十九年（前三四一年）〔註175〕，與之相差兩年，這主要是天文算法上的出入問題，很難獲得確切答案。

其卒年則不然，因爲屈原傳記資料的缺乏，學者往往要根據屈原的詩文，尤其是《九章》來參證他的經歷。因此，對《九章》中作品創作時間的不同排列，所得出的結論往往差別極大，而卒年時間的不同，其死亡的意義也不同。陸侃如從《史記》說，將《懷沙》作爲屈原最後的作品，認爲屈原死於再度被放的途中，具體爲頃襄王九年（前二九〇年），因此，他對屈原自沉的分析，便是根據《懷沙》中的詩句，如「夫惟黨人之鄙固兮，羌不知余之所藏」，「世溷莫吾知，人心不可謂兮」等作爲依據，認爲屈原之死的原因爲：「因別人不知道他的才德，故要排斥他，故既排斥了也不想召回他。到了這時，屈原認爲沒法想了，故終於自沉了。」〔註176〕同時，陸侃如認爲《惜往日》也是他將自沉時的作品，但主要還是從遇與不遇的主題分析屈原的心態，這繼承的其實是自賈誼《弔屈原賦》以來的傳統，強調的是屈原「逢時不祥」、「被讒放逐」〔註177〕的遭遇，屈原是一個忠而被謗的逐臣形象。

游國恩也將《懷沙》與《惜往日》作爲屈原自沉前的作品，但卻認爲他死於頃襄王十四五年（前二八四年）〔註178〕，此處從清人蔣驥之說，其《山帶閣注楚辭》引述李陳玉的觀點，認爲《懷沙》非「懷石自沉」，而是「寓懷長沙」〔註179〕，並從歷史地理學的角度證實古有長沙之稱；《惜往日》則是屈原絕筆之作，蔣驥將其解讀爲：「夫欲生悟其君不得，卒以死悟之，此世所謂孤注也。默默而死，不如其已；故大聲疾呼，直指讒臣蔽君之罪，深著背法敗亡之禍，危辭以撼之，庶幾無弗悟也。苟可以悟其主者，死輕於鴻毛；故

〔註173〕陸侃如：《屈原》，上海：亞東圖書館，1923年，第4～5頁。
〔註174〕游國恩：《楚辭概論》，北京：述學社，1926年，第113頁。
〔註175〕郭沫若：《屈原》，上海：開明書店，1935年，第16頁。
〔註176〕陸侃如：《屈原》，上海：亞東圖書館，1923年，第79頁。
〔註177〕賈誼：《弔屈原文一首並序》，《文選》，北京：中華書局，1977年，第831～832頁。
〔註178〕游國恩：《楚辭概論》，北京：述學社，1926年，第121、212頁。
〔註179〕蔣驥：《山帶閣注楚辭·楚辭餘論卷（下）》，第11頁。

略子推之死，而詳文君之寵，不勝死後餘望焉。」游國恩認爲「這眞能名屈子的心與此篇的旨了」〔註180〕，這就將屈原投江解釋爲了「死諫」的士人傳統。

從《九章》的寫作順序來看，郭沫若與陸侃如、游國恩並無太大分歧，但對寫作時間的判斷卻有極大的不同。陸侃如認爲《哀郢》作於頃襄王六年（前二九三年），是屈原再度被饞離開郢都時所作，郭沫若則認爲作於頃襄王二十一年，這是從王船山說，王船山在《楚辭通釋》中，認爲《哀郢》的主旨爲「哀故都之捐棄。宗社之丘墟。人民之離散。頃襄之不能效死以拒秦。而亡可待也。原之被饞。蓋以不欲遷都而見憎益甚。然且不自哀。而爲楚之社稷人民哀」〔註181〕。認爲哀郢爲哀郢都之失陷，郭沫若進一步將其坐實爲頃襄王二十一年，秦將白起攻佔郢都之時，並描述了屈原逃亡的經歷：「我們請想，屈原是被放逐在漢北的。當秦兵深入時，他一定是先受壓迫，逃亡到了郢都，到郢都被拔，又被趕到了江南。到了江南也不能安住，所以接連著做了《涉江》、《懷沙》、《惜往日》諸篇便終於自沉了。」〔註182〕屈原卒年也是郢都失陷的同一年，即頃襄王二十一年（前二七八年），這樣，屈原自沉的意義也就不僅僅是憂思或自傷不遇，而是有著明顯的政治意義：

> 屈原被放逐了，是忍耐了多年而沒有自殺的人。《哀郢》說「忽若不信兮至今九年而不復」，這九年還不僅只是九個年頭：因爲九在古是視爲極數，他的被放自襄王六年至廿一年是應該有十一個年頭的。他忍耐了這樣久而沒自殺，可見得單單的被放逐與不得志，不能成爲他的自殺的原因。他的所以年老了而終於自殺的，是有那項國破家亡的慘劇存在的！〔註183〕

可見，死生的時間亦大矣。死於郢都陷落前或後，意義便有自傷與國殤的不同。這種觀點，郭沫若在戰時也曾反覆強調，如 1941 年底他在中華職教社演講時，就再次強調「他的死，不是和一般才子的懷子不遇，因而自殺」，「他是一位民族詩人，他看不過國破家亡，百姓流離顛沛的苦況，才悲憤自殺的」〔註184〕，該系列演講後來都整理成文，發表於國民黨黨報《中央日報》。當然，

〔註180〕游國恩：《楚辭概論》，北京：述學社，1926 年，第 215 頁。

〔註181〕王船山：《楚辭通釋》，北京：中華書局，1975 年，第 77 頁。

〔註182〕郭沫若：《屈原》，上海：開明書店，1935 年，第 41 頁。

〔註183〕郭沫若：《屈原》，第 42 頁。

〔註184〕郭沫若講，余湛邦記：《屈原考》，《中央日報》，1941 年 12 月 6 日。

學界對郭沫若此說也並非毫無異議，如繆鉞就曾撰文辯駁，證明屈原自沉「仍自傷放逐，非傷國亡」，並對王船山的考論以及郭沫若爲何獨從船山之說，有一個較爲中肯的解釋：「王船山乃明末遺民，目擊建州夷猾夏之禍，郭君初撰《論屈原身世及其作品》一文，亦在九一八瀋變之後，蓋皆痛傷國難，因自己之所感受，而寄懷古人，以爲屈原曾見秦兵入郢，而屈原自沉，非徒自傷身世，兼有殉國之意義，其作品中亦含有民族之義憤，如此論述屈原，雖更見精彩，然不知其稍違於事實矣。」〔註185〕如果借用形象學的研究方法，繆鉞此說提醒我們的是，形象的意義並不在於它與被塑造者的關係，而在於塑造者的「文化的基礎、組成部分、運作機制和社會功能」〔註186〕，也就是說，較之探討郭沫若筆下的屈原是否符合歷史原型，探討他筆下屈原的獨特處，以及這種形象與政治、社會的動態聯繫也同樣重要。

在郭沫若看來，屈原是因故國滅亡而死，他就是一個愛國詩人，他的死便體現了詩人在危急時刻的意義。而郭沫若所說的愛國詩人，可能還別有懷抱。即這不僅在於氣節問題，還在於這種爲國而死所具有的情感力量，這是郭沫若情感政治學在屈原問題上的投射。抗戰時期既然要復活或再造屈原的這種愛國情懷，首要的工作或許還不是闡釋屈原的詩文，而是先要爲屈原之死「證明／正名」，這也是爲何郭沫若在首屆詩人節的晚會上，首先要釐清屈原死期問題的原因所在。

而郭沫若與其它學者間的分歧，其本質不在於學問，而在對學術與政治之間關係的不同理解。對於郭沫若，無論是蟄居日本期間，還是抗戰時期，做學問對他來說，都不僅僅是「道學問」的方式，也是其「經世」的方式，而郭沫若對王陽明的推崇，也印證了這種可能性；但與儒家傳統不同的是，作爲現代詩人的郭沫若，學術研究除了「經世致用」的意義外，還在於述學本身的表達功能，這也就是繆鉞書評中所提及的「精彩」，詩人郭沫若筆下的屈原所具有的審美色彩，是其它學者所不具備的。

〔註185〕繆鉞：《評郭沫若著〈屈原研究〉》，《思想與時代》，第 29 期，1943 年 12 月 1 日。

〔註186〕達尼埃爾－亨利·巴柔著，孟華譯：《從文化形象到集體想像物》，見《比較文學形象學》，北京：北京大學出版社，2001 年第 123 頁。按，形象學本爲比較文學的方法，尤其是關於異國形象的研究，重在探討想象生成的文化差異和意識形態作用，對於屈原來說，這個方法的有效性在於，現代文人對屈原的形象塑造也是出於想像，而且與他們所處時代的社會、政治與歷史問題密切相關，因此，只是將空間差異轉化爲了歷史差異。

梁宗岱可能要除外，他對學界用科學方法研究屈原極爲不滿，認爲這過於側重屈原的生平，結果導致屈原形象的支離破碎，因此，在第一屆詩人節期間，他寫了一篇論述屈原的長文。據他自陳，他從作品出發抵達的卻是某種「一貫而完整」〔註187〕，是一個抒情的詩的世界。但梁宗岱主要是借助「純詩」的概念，來分析屈原作品的文本，看重的是屈原如何將個人的經歷、思想和感受，「凝結和集中在一個精心結構的前後連貫的和諧的整體裏」〔註188〕，因而屈原在他筆下是一個純粹的抒情詩人的形象。

同爲詩人眼光，郭沫若與梁宗岱也有不同。梁宗岱強調的是作爲詩人的屈原，經由詩歌的肌理，將被逐、流亡、遷徙等人生經歷昇華爲詩歌的形式，從激越最終抵達內心的平靜，審美風格則從壯美而達於優美。郭沫若處理的方式，則更看重屈原的遭遇，將他的生死都賦予了家國層面的政治意義，不僅如此，他後來還進一步將屈原放在春秋戰國的時代背景中，引入奴隸社會轉向封建社會的宏大歷史敘事，屈原的作品，不僅不是尋求內心平靜的渠道，反是籲求變革的表達方式〔註189〕，因而其文學形象，要麼是研究視域中的殉國者，要麼發展爲話劇《屈原》中的控訴者，這都是崇高的美學形象，對此，郭沫若自己也曾明確指出過。在論述詩人節的意義時，他曾將端午節與中秋節作了美學上的比較：

> 端午節這個日期的確是富有詩意，覺得比中秋節更是可愛。前人有把詩與文分爲陽剛和陰柔兩類的，象徵地說來，大概端午節是陽剛的詩，中秋是陰柔的詩吧。拿楚國的兩個詩人來說，屈原便合乎陽剛，宋玉便近乎陰柔。把端午節定爲屈原的死日，說不定會是民族的詩的直覺，對於他的一個正確的批判。〔註190〕

在朱光潛看來，中國傳統所謂的陽剛，便是西方文藝理論中所稱的崇高（sublime），而且「sublime 是最上品的剛性美」〔註191〕。屈原陽剛或崇高形象的生成，很大程度上是由郭沫若對屈原之死的解讀完成的，而這至少改變了屈原的兩重傳統形象，一是自賈誼以來的「不遇」與自憐形象，次爲由魏

〔註187〕梁宗岱：《屈原（爲第一屆詩人節作）》，華胥出版社，1941 年，第 44 頁。

〔註188〕梁宗岱：《屈原（爲第一屆詩人節作）》，第 44 頁。

〔註189〕郭沫若：《屈原思想》，《新華日報》，1942 年 3 月 10 日。

〔註190〕郭沫若：《蒲劍·龍船·鯉幟》，《新華日報》，1941 年 5 月 30 日，第四版。

〔註191〕朱光潛：《剛性美與柔性美》，《文學季刊》，第 3 期，1934 年 7 月 1 日。後收入《文藝心理學》。

晉風流所建構的名士傳統，如《世說新語》就有「名士不必須奇才，但使常得無事，痛飲酒，熟讀《離騷》，便可稱名士」〔註192〕的說法；崇高化的屈原，便將這種游離於社會歷史之外的力量，轉化為了積極的社會動能，崇高美學及其相關的情感動員、組織和社會動員功能，為非常時期文學與學術介入政治歷史開啓了新的可能，而這也是詩人郭沫若在戰時所能扮演的歷史角色，即通過美學的中介作用，才能真正發揮自己的能量。

二、儒家革命詩人

繆鉞指出郭沫若為何獨採王船山說，是因為二人境遇的相似，但忽略的是郭沫若內在的思想邏輯。郭沫若幾乎是自覺地將屈原與儒家進行了關聯，從而塑造了一個儒士形象。在郭沫若看來，「屈原在他的倫理思想上卻很是受了儒家的影響。他的實踐上的行為卻很是一位現實的人物，他持身極端推重修潔，自己的化名是正則和靈均，又返返復復地屢以誠信自戒。而對於國君則以忠貞自許」〔註193〕，並進一步「揣想」他是陳良的弟子。

屈原的儒家化，本來是歷代解讀屈原的主流：這包括從源流上將《楚辭》作為《詩經》的發展，如劉勰在《通變》篇中就認為「楚之騷文，矩式周人」，而《辨騷》篇也是以《詩經》為標準來辨析楚辭；而更為普遍的方式是以解經的方式解楚辭，從而將楚辭經學化，晚近蜀中經學大師廖季平仍主此說。郭沫若的做法，也是認為屈原的思想具有儒學色彩：「屈原的思想，簡單的說，可以分而為：一，唯美的藝術，二，儒家的精神」〔註194〕。但這種說法卻遭到了新文化人的普遍批評，如宋雲彬就撰文指出，屈原「偏狹」的性格與儒家的中庸之道相矛盾，屈原的「不肯趨時」與儒家的「聖之時」也截然不同，從而提出「今天我們對於儒家的道德和思想，應該有一種客觀的批評，不應像以前那樣無條件接受，所以也無須再把屈原裝塑成聖人之徒」〔註195〕。

新文化人對郭沫若的批判，無疑是從新文化運動的傳統出發的。從新文化運動的諸子學來看，孔子無疑是反傳統的主要批判對象，當時最流行的呼

〔註192〕劉義慶：《世說新語・任誕》，北京：中華書局，2011年，第660頁。
〔註193〕郭沫若：《屈原》，上海：開明書店，1935年，第71頁。
〔註194〕郭沫若講，蕭仲權記：《屈原的藝術與思想》，《中央日報》，1942年1月8日。
〔註195〕雲彬：《屈原與儒家精神》，《青年文藝》，第1卷第1期，1942年10月10日。

聲便是「打孔家店」，孟子、韓非、老莊等，也幾乎無一幸免，但同處戰國時期的屈原則未受波及，相反，屈原及南方的楚辭往往被新文化作爲資源而利用。較有代表性的說法，除了錢玄同在《嘗試集・序》中將《楚辭》列爲「以白話做韻文」〔註196〕的先驅以外，便是游國恩。他比較了蘇曼殊與胡適分別用五言古詩和楚辭體翻譯的拜倫詩《哀希臘》（The Isles of Greece）之後，得出的結論是，胡適的翻譯更準確。因此他認爲「所以我們如果要主張廢舊詩，只有楚辭這種體裁可以不廢，因爲他相當的適用」〔註197〕。而游國恩寫《楚辭概論》時，正是他在新文化運動中心北京大學就讀期間，而胡適選擇騷體來譯詩也是頗有意味的。魯迅在《漢文學史綱要》中也認爲楚辭「較之於《詩》，則其言甚長，其思甚幻，其文甚麗，其旨甚明，憑心而言，不遵距度。故後儒之服膺詩教者，或訾而紲之，然其影響於後來之文章，乃甚或在三百篇以上」〔註198〕。可見，魯迅對楚辭價值的肯定，也是在與儒家傳統的對比中進行的。正是新文化運動對傳統的內在甄別，使新文化人在批判傳統時不僅對屈原網開一面，而且還主動爲他辯護。如茅盾便極力撇清《楚辭》與《詩經》的關係，在他看來，劉勰、顧炎武等人認爲楚辭「出於詩」，都是「中了『尊孔』的毒」，結果是「抹煞了楚辭的眞面目」〔註199〕，其眞面目是源自神話；因爲北方民族過於質實，因而神話多保留於南方文學之中〔註200〕。除新文化人外，早期革命黨人謝无量也認爲北學是守舊黨，南學是革命黨〔註201〕，而「楚詞本是代表南方文學的，屈原的思想，與北方學派的思想，是不同的，從前已經說過。但是楚詞這部書，自漢以來就被那一般『北方化』的學者，任意的批評注解，把他的原意都失了」〔註202〕。從地緣政治的角度看，這大有利用南方傳統（邊緣）消解中原文化（中心）的趨勢。

　　因此，當郭沫若重新將屈原儒家化的時候，質疑便首先來自新文化圈，除了上述宋雲彬的批判外，還有李長之的質疑，在李長之看來，「屈原的根本

〔註196〕錢玄同：《〈嘗試集〉序》，《新青年》第 4 卷第 2 號，1918 年 2 月 15 日。
〔註197〕游國恩：《楚辭概論》，北京：述學社，1926 年，第 113 頁。
〔註198〕魯迅：《漢文學史綱要》，《魯迅全集》，第 9 卷，北京：人民文學出版社，2005
　　　　年，第 382 頁。
〔註199〕玄珠（茅盾）：《楚辭與中國神話》，《文學周報》第 6 卷第 8 期，1928 年 3 月。
〔註200〕玄珠（茅盾）：《中國神話的保存》，《文學周報》，第 6 卷第 15、16 期合刊，
　　　　1928 年 5 月。
〔註201〕謝无量：《楚詞新論》，上海：商務印書館，1923 年，第 4 頁。
〔註202〕謝无量：《楚詞新論》，第 69 頁。

精神不在愛國，雖然愛國也是他的精神的一部分。屈原的根本精神在和愚妄戰，他是和群愚大戰中的犧牲者」〔註203〕，這是從國民性批判的角度來質疑其儒家情懷。但從郭沫若的角度來看，他不僅沒有背叛新文化傳統，反而也要倚靠新文化的知識結構，才能建構出他的屈原形象。

在分析屈原形象與新文化傳統的關聯之前，需先揭示王國維對郭沫若的啓發。王國維曾將先秦政治道德思想分爲兩派，一爲北方的帝王派，該派稱道堯、舜、禹、湯、文、武等聖王，是入世派；一爲南方的非帝王派，稱道上古之隱君子，是遁世的一派。文學也不出這二派，但屈原則是「南人而學北方之學者」，其瑰麗的想像屬於南方，而思想則屬於北方〔註204〕；除王國維的作品外，郭沫若對謝无量的《楚詞新論》也很熟悉：正是在這種觀念的啓發下，他對屈原的文學與思想也作了二分，將美學問題歸於南方，思想問題歸於北方。

對於屈原作品的美學問題，郭沫若也是在新文化的南北觀中來處理的，但他更爲激進，非但不認北方爲正統，反而認爲南方才是眞正的正統。這是他所反覆強調的觀點：華夏文明的源頭在殷，在殷紂王經略東南的時候，周人趁機入侵，殷民南下將文化傳播到徐、楚等地，因此，從文化源流上來說，楚文化才是華夏正統。從某種程度上說，這爲戰時寓居西南的政府提供了最佳的民族神話，但郭沫若並不止於此，而是認爲南方不僅爲屈原的奇幻想像提供了根據，它本身的超現實性也具有烏托邦的內涵〔註205〕，美學風格由此轉化爲了政治圖景。正是通過將南北的地理文化差異，轉變爲殷商的歷時性更替，屈原創作風格的歷史意義才得以顯現，這便是楚辭突破《詩經》格式的長句，以及多用「兮」字的風格，在郭沫若看來這就是當時的白話文，而屈原也因此是一個革命詩人〔註206〕。對於將屈原當作「革命詩人」的說法，學界往往作社會革命解，實際上郭沫若是將其限定在文學革命的層面，背後也是新文化運動的歷史思維。

儒家屈原的形象，主要是從思想的角度建立的，這需要將郭的屈原研究置於他的先秦社會史和諸子學的視野中。抗戰時期，郭沫若修正了他的上古

〔註203〕李長之：《評〈屈原〉》，《益世報》，1935年5月29日。
〔註204〕王國維：《屈子文學之精神》，《王國維文集》（一），北京：中國文史出版社，1997年，第32頁。郭沫若與王國維的這重關聯，首先由宋雲彬指出。
〔註205〕參考第二章第三節。
〔註206〕郭沫若：《革命詩人屈原》，《新華日報》，1940年6月10日。

史觀，二十年代末他主張殷爲原始社會，而西周與東周之際才轉向奴隸社會〔註207〕。但在三十年代甲骨、卜辭和金文研究的基礎上，他轉而認爲殷已是奴隸社會，而春秋戰國時期則是由奴隸社會轉向封建社會的過程〔註208〕。修正的結論是，春秋戰國時期的社會變革引起了意識形態的變化，尤其是生產奴隸——在郭看來他們就是古代的人民——地位的上升，使人民受到越來越多的關注，諸子學的興起與這個時代精神密切相關：

> 因爲人民的價值提高了，故而倫理思想也發生了變革，人道主義的思潮便澎湃了起來。儒家倡導仁，道家倡導慈，墨家倡導兼愛。這都是叫人要相互尊重彼此的人格，特別是在上者要尊重下者的人格。……把人當成人，便是所謂仁。這個仁字是春秋戰國時代的新名詞，其卜辭及金文中沒有見過，就是在春秋以前的真正的古籍中也沒有見過。一個字的出現，是當時的一個革命的成果，我們是應該把它特別看重的。〔註209〕

而屈原的思想之所以是儒家的，除了他所向往的聖王多與儒家一致外，更重要的就是「屈原是注重民生的」，證據是屈原詩中出現的「民」，如「長太息以掩涕兮，哀民生之多艱」等，在郭看來，「像這樣太息掩涕時念念不忘民生的思想，和他念念不忘國君的思想實在是分不開的，他之所以要念念不忘國君，就是想使民生怎樣可以減少艱苦，怎樣可以免掉離散」〔註210〕。且不說以馬克思的歷史分期來研究中國古史的鑿枘問題，且說「人道主義」「民生」等概念也難免以今律古的嫁接之嫌，但這也恰恰凸顯出他律古的「今」實際上是新文化的傳統，是樸素的人道主義和民粹主義的混合物，這表明了抗戰時期知識分子思考現實問題時方法和思想資源的駁雜性，也顯示了他們轉向人民話語的歷史複雜性。

三、人民詩人

因爲 1945 年詩人節期間郭沫若身在蘇聯，他直到 1946 年的詩人節才明確將屈原命名爲人民詩人；此時屈原作爲人民詩人的形象實際上已由左翼作

〔註207〕郭沫若：《中國古代社會研究》，上海：現代書局，1929 年。
〔註208〕郭沫若：《屈原思想》，《新華日報》，1942 年 3 月 9 日。
〔註209〕郭沫若：《屈原思想》，同上。
〔註210〕郭沫若：《屈原思想》，《新華日報》，1942 年 3 月 10 日。

家和自由主義左派如聞一多等人建構完成。但一個常被忽略的基本問題是「何爲人民詩人」，屈原如何能被稱爲人民詩人，人民話語與知識分子的時代處境之間究竟有何內在關聯？之所以對「人民詩人」這個概念提出再歷史化的要求，是因爲郭沫若 1950 年寫了一篇與聞一多同題的文章——《人民詩人屈原》。但他對聞一多關鍵的論據，即把屈原劃歸「家內奴隸」（本身也是郭沫若的概念）的做法提出了異議，認爲據《史記》載屈原曾爲左徒，而左徒的地位很高，因而要把屈原「解釋爲奴隸是很困難的」〔註211〕。郭沫若的質疑從階級身份的角度否定了屈原成爲人民詩人的可能，這既清算了歷史話語的泡沫，也再次提出了知識分子與人民之間的關係問題，那麼郭沫若又是如何將屈原命名人民詩人的呢？

郭沫若是從詩歌的形式和思想兩個角度來論證屈原是人民詩人的。在《由詩人節說到屈原是否弄臣》（1946 年）一文中，郭沫若指出，就形式而言，「那完全採取的是民歌歌謠的體裁，而把它擴大了，更加組織化了」〔註212〕。「民歌」觀念的現代演變是一個饒有興味的話題，它受到知識界的重視也是新文化運動的成果，尤其是北京大學周作人、顧頡剛等人的提倡和收集；抗戰時期西南聯大也有學生沿途收集民歌，聞一多還曾爲之作序〔註213〕；但它同時也是左翼文學提倡大眾化的資源和方法，因此，「民歌」這個概念本身便經歷了一個歷時的旅行過程，內涵除了文學革命之外，也增加了社會革命的維度。

至於屈原詩歌的思想層面，郭沫若再次引述了《離騷》中的詩句如「長太息以掩涕兮，哀民生之多艱」、「怨靈修之浩蕩兮，終不察夫民心」等，作爲屈原「尊重人民」、「愛護人民」的證據，需要提及的是，直到 1942 年他才將這兩句詩中的「民」改譯爲「人民」，在此前《離騷今譯》中，這兩句詩分別譯爲：

　　　　我哀憐我生在這世上多受艱苦，長太息地禁不住要灑雪眼淚。

〔註214〕

　　　　我怨恨你做君王的終是荒唐，你始終是不肯揣察出我的私心。

〔註215〕

〔註211〕郭沫若：《人民詩人屈原》，《人物雜誌》，第 5、6 期合刊，1950 年。
〔註212〕郭沫若：《由詩人節說到屈原是否弄臣》，《新華日報》，1946 年 6 月 7 日。
〔註213〕聞一多：《西南采風錄·聞序》，商務印書館，1946 年。
〔註214〕郭沫若：《屈原》，開明書店，1935 年，第 87 頁。
〔註215〕郭沫若：《屈原》，第 88 頁。

在新版中則改爲：

　　　我哀憐那人民的生涯多麼艱苦，我長太息地禁不住要瀧雪眼
淚。〔註216〕

　　　我怨恨你王長者的眞是荒唐，你始終是不肯體貼人民的憂心。

〔註217〕

對於人民話語來說，已有論者指出四十年代初期「人民」這個概念的開放性，郭沫若將這個現代詞彙應用到春秋戰國時期的社會史研究，以及屈原研究中，是「不僅將人民看作生產力，而且當作社會變革的代言者」〔註218〕。因此，郭沫若四十年代的人民話語實踐，在政黨政治之外，探索了人民生成爲新的歷史主體的可能性〔註219〕。但從「人民詩人」的視角，我們需要進一步探討的，是詩人與人民之間的關係問題，這不僅指來自政黨的壓力——如延安文藝政策與知識分子改造問題，同時，它也指向詩人自身的要求，問題因而轉化爲「人民詩人」爲知識分子自身的出路提供了哪種歷史可能。這可以從郭沫若、聞一多等人參與的一場有關屈原的論爭來分析。

　　1944 年詩人節期間，金陵女子大學教授孫次舟拋出屈原是「文學弄臣」的說法。此言一出，很多人都撰文反駁，孫次舟最終寫了長文回應，文中卻提及聞一多也持此說。聞一多不得已而應戰，他確實不否認屈原是弄臣，但卻將弄臣定性爲「家內奴隸」。這個身份促成了他們的文學成就，由於家內奴隸可以分享貴族的文化教育資源，「於是奴隸制度的糞土中，便培養出文學藝術的花朵來了」，因而聞一多認爲「沒有弄臣的屈原，那有文學家的屈原」〔註220〕；另一方面，屈原對統治者的不滿又被聞一多賦予了反抗的意義：「一個文化奴隸（孫先生叫他作『文學弄臣』）要變作一個政治家，到頭雖然失敗，畢竟也算翻了一次身，這是文化發展的迂迴性的另一面」〔註221〕。將弄臣定性爲奴隸，屈原的不滿因而具有了社會意義，而正如論者所指出的，聞一多的屈原實際上體現的不僅是社會革新意識，也是一種世界史結構的普遍圖景

〔註216〕郭沫若：《屈原研究》，重慶：群益出版社，1943 年，第 157 頁。

〔註217〕郭沫若：《屈原研究》，第 158 頁。

〔註218〕Pu Wang, *The Phenomenology of「Zeitgeist」: Guo Moruo and the Chinese Revolution*, P328, a dissertation of New York University, 2012.

〔註219〕Pu Wang, *The Phenomenology of「Zeitgeist」: Guo Moruo and the Chinese Revolution*, P326.

〔註220〕聞一多：《屈原問題》，《中原》，第 2 卷第 2 期，1945 年 10 月。

〔註221〕聞一多：《屈原問題》。

〔註 222〕。而聞一多正是在「奴隸──（主）人」的「人的解放」視野下，才進一步將屈原命名為人民詩人的，與郭沫若從歷史社會研究的角度提出的看法一致。

郭沫若也兩度撰文回應孫次舟和聞一多的相關說法，但對他來說，這不僅是屈原是否為弄臣的問題，或許也關乎他自己的身份意識。「弄臣」的說法其來源之一就是司馬遷在《報任少卿書》中所說的，「文史星曆，近乎卜祝之間，固主上所戲弄，倡優所蓄，流俗之所輕也」。郭沫若也認為司馬相如、東方朔、淳于髡等確為弄臣，但對屈原還是持保留意見。即便如此，「倡優」的說法還是經常見於他的其它文章，如他 1941 年就在感歎，「歷代的文人實在是被養成為一大群的倡優，所以一說到文人差不多就有點鄙屑。所謂『一為文人便無足觀』，文人差不多就等於不是人了」〔註 223〕。這顯然是對民國時期「重武輕文」風氣不滿，而他早年所寫的《且看今日之蔣介石》的檄文中，對蔣介石不滿的原因之一，也是他以「倡優」待他；因此，當他在為民權呼籲時，文人身份的突破也內涵於其中：

> 在上者對於文人當「倡優畜之」，如不甘此待遇者便是叛逆分子。然而文藝恰是具有這叛逆性的，它是人民要求的錄音。因而歷代以來也盡有些不安分的文人，不願意做倡優，而甘於成為叛逆。
> 〔註 224〕

文人的叛逆性使他們天生地具有革命性，這與聞一多從奴隸的視角賦予屈原以反叛性的方式是一致的，二人都將人民詩人作為突破弄臣身份的歷史契機。但對於何為人民詩人，以及如何做一個人民詩人，二人的意見還是有些分歧。對於聞一多來說，他將屈原命名為「家內奴隸」，其實是指儒家的士大夫階層，他認為儒士（家內奴隸）是貴族與生產奴隸之間的「緩衝階層」，所謂的「中庸之道」，其實是「站在中間，兩邊玩弄，兩邊鎮壓，兩邊勸諭，做人又做鬼的人」，而「中庸」之庸其實是「附庸」之庸〔註 225〕。對知識分子的不滿，還使他擬議寫《八教授頌》來譏刺聯大的教授們。聞一多的激烈言辭，

〔註 222〕王冬冬：《1940 年代的詩歌與民主》，北京大學博士論文，2014 年，第 159 頁。

〔註 223〕郭沫若：《告鞭屍者》，《新蜀報・七天文藝》，1941 年 9 月 17 日。

〔註 224〕郭沫若：《為革命的民權而呼籲》，《沸羹集》，大學出版社，1947 年，第 196 頁。

〔註 225〕聞一多：《什麼是儒家──中國士大夫研究之一》，《民主周刊》，第 1 卷第 5 期，1945 年 1 月 13 日。

雖具社會煽動性而爲當局不容，但實際上並不能解決他自身的問題，雖然他否定了儒士，最終還是加入了民主同盟這個知識精英的組織。

　　與聞一多一樣激烈否定知識分子立場的，是以毛澤東爲代表的政黨政治及其文藝政策，正如毛澤東所指出的，「我們知識分子出身的文藝工作者，要使自己的作品爲群眾所歡迎，就得把自己的思想感情來一個變化，來一番改造。」〔註226〕正如前文分析詩人節所顯示的，對知識分子改造的政治要求，是國統區左翼作家呼喚人民詩人的話語來源，因而對於政黨文藝來說，人民詩人召喚的是知識分子的人民化。如左翼作家周鋼鳴在《詩人與人民之間》一文中就指出，要成爲人民詩人，就是要「投身在人民之中，成爲人民中的一員」，思想層面是「要眞眞能把人民的憎恨和熱愛，成爲詩人自己的憎恨和熱愛」，而語言上則要學習人民的語言，因而他對艾青所寫的《吳滿友》有所不滿，原因便是艾青的詩雖然寫的是人民，但還帶著自然主義的筆調，缺乏與人民連接的有機性〔註227〕。

　　無疑，郭沫若是在與聞一多及其它左翼作家的對話關係中運用「人民詩人」這個概念的，但就屈原問題來說，郭沫若將屈原塑造爲人民詩人的文章《由詩人節說到屈原是否弄臣》，與他將其塑造爲儒家詩人的文章《屈原思想》，無論是材料還是論證方式，二者之間並無實質差異，但結論卻由儒家詩人轉變爲了人民詩人。這表明，在郭沫若這裡，儒家詩人與人民詩人有著內在的一致性，如屈原的人民意識首先表現在他「是尊重人民的」，「爲多災多難的人民而痛哭流涕」，「不作逃避現實的隱遁」，而他的政治性在於「替人民除去災難，對內是摒棄壓迫人民的吸血佞倖，對外是反抗侵略成性的強權國家，要依人民的意見來處理國政，團結善鄰，對於強權拒絕屈膝」〔註228〕，這與他之前所強調的儒家的「人道主義」是一致的。

　　從這裡也可以看出，雖然郭沫若所塑造的屈原形象經歷了愛國詩人、革命詩人、儒家詩人到人民詩人的變化，但其內核實在沒變，都有著強烈的儒家色彩，回應的是詩人如何面對時代和自身的問題。將這一形象置於四十年代的語境中，其特殊性在於，儒家傳統重新成爲了連接知識分子與人民的中介，這較之自由主義及自由主義左派，它凸顯出的是實踐性與現實性；較之

〔註226〕毛澤東：《延安文藝座談會上的講話》，《毛澤東文選》第3卷，北京：人民出版社，1991年，第851頁。
〔註227〕周鋼鳴：《詩人與人民之間》，《中國詩壇》，1946年第1期。
〔註228〕郭沫若：《由詩人節說到屈原是否弄臣》，《新華日報》，1946年6月7日。

於延安政黨政治，它保留了知識分子的主體位置，這包括兩個方面，一是知識分子本身也是人民，而人民本位觀以及文人的反抗性，則為他們擺脫弄臣或倡優的尷尬身份提供了歷史可能，這是文化人尋求更有效的政治身份的表徵；其次，它重新接續了為新文化所切斷的知識分子與人民大眾之間的聯繫，人民詩人意味著一種傳統的兼屬身份的復歸。因此，郭沫若筆下的屈原形象，只是以變容的方式，對這一問題的不同回應。

第四章　學術研究的歷史想像力

　　抗戰後期，知識分子所面對的問題，已經逐漸從抗戰轉變爲建國。較之抗戰的被動性，建國這一面嚮未來的問題，無疑調動起了知識分子的積極性和創造性，歷史因而也呈現出空前的開放性，抗戰初期的戰爭烏托邦轉化爲了對建國藍圖的設計。這除了毛澤東的「新民主主義」〔註1〕與蔣介石的「中國之命運」〔註2〕外，知識分子和各政黨也開啓各自的歷史想像力，提出了不同的建國方略。處身這個開放的歷史空間，郭沫若也以他的方式對建國問題作出了回應。除了直接寫作政論文章之外，他更是發表了大量歷史研究論文，試圖從歷史的角度解決這一問題。

第一節　歷史想像的分歧：郭沫若與墨學論爭

> 墨學復興的文化政治
> 「犯了眾怒」
> 左翼內部的分歧
> 一次夭折的批判
> 學術與政黨政治

一、墨學復興的文化政治

　　郭沫若重新回到學術研究，帶有一點偶然性，緣起是喬冠華約請郭沫若

〔註1〕毛澤東：《新民主主義的政治與新民主主義的文化》，《中國文化》創刊號，1940
　　　年2月15日。
〔註2〕蔣中正：《中國之命運》，重慶：正中書局，1943年。

爲其主編的雜誌《群眾》寫文章。但郭沫若在寫就《墨子的思想》一文之後，便一發不可收拾，隨之又寫了《述吳起》《秦漢之際的儒者》《公孫尼子及其音樂理論》等，在不到兩年的時間內共寫了近二十篇學術文章。郭沫若的墨學研究之所以值得關注，不僅在於這是他回到學術的起點，更重要的是他隨後的學術文章如《述吳起》等都是由相同的歷史問題生發出來的，而要考察郭沫若爲何選擇墨子作爲批判對象，以及他的論述所涉及的對話對象，有必要先回顧現代墨學興起的文化政治背景。

墨學在近現代的復興是文化政治轉向的產物。墨學爲先秦顯學，孟子有「不歸楊則歸墨」的說法，韓非子則儒墨並稱：「世之顯學，儒墨也。」〔註3〕楊子學派很快歸於消亡，然儒墨在戰國時期卻互相攻伐，孟子因墨學提倡兼愛而稱其爲「禽獸」，墨子也有「非儒篇」。儒墨的這種對立，是郭沫若非墨的一大關鈕。自漢以降，墨學衰，直到有清一代樸學興，經畢沅作注、蘇時學校勘，墨學始重受關注，後有高郵王氏父子、俞樾等人編修，到孫詒讓的《墨子閒詁》，墨學已具規模。孫詒讓集眾家之長，仍以漢儒治經的方式理墨學，因此，他雖強調墨家「用心篤厚，勇於振世救弊」的現實意義，但繁瑣的注疏難免讓墨學流於艱深，因而他的著述流傳不廣，按他自己所說，定稿後曾以聚珍版印成三百部，「質之通學」，雖無詬病，但「多苦其奧衍，瀏覽率不能終卷」〔註4〕。通人尚且如此，就更不必說普通讀者了。

乾嘉諸人爲墨學奠定了堅實的基礎，但墨學再次成爲顯學，卻繫於維新派與革命黨人，尤其是梁啓超與章太炎等人，後又有新文化運動主將胡適的參與，墨學替代儒學，遂成一代之盛，這可以從現代墨學大家方授楚的閱讀經歷看出：

> 予自弱冠讀章太炎梁任公譚復生（嗣同）諸人著作，見其時時稱道墨義，竊私心好之，而未暇鑽研也。後得曹竟初《墨子箋》，於其評論墨家學說，雖所心折，而《墨子》原文，詮釋甚略，頗難索解。迨讀孫仲容《墨子閒詁》，見其於奧晦詭奪之文，詳爲校釋，昭若發蒙，最爲快適。其時胡適之《中國哲學史》及梁氏《墨子學案》《墨經校釋》諸書，先後刊布。一時風會所趨，討論墨學，箋釋墨

〔註3〕 韓非子：《顯學篇》，《韓非子集解》，北京：中華書局，1998年，第456頁。
〔註4〕 孫詒讓：《墨子閒詁》，北京：中華書局，2001年，第5頁。

書之作，時見於出版界。倘彙而集之，則其所有，不難充棟樑，汗
牛馬也。〔註5〕

方授楚的閱讀經歷，不僅涵蓋了近代以來主要的墨學著述，更為重要的是，
也顯示了不同著述的不同功能。曹竟初和孫詒讓等人的著作適於解讀文句經
義，而章太炎梁啓超等人的著述則更側重宣傳的社會鼓動效應，是其革命理
念與政治想像的載體。如梁啓超就認為孫詒讓等人雖在校勘方面用力甚多，
而其不足之處是「所闡仍寡」，他更欣賞的是在「西學東注」潮流下，章太炎
和胡適之等人「憑藉新知以商量舊學」的方法〔註6〕。梁自己就不僅從科學的
視野闡釋《墨子》，而且還用西方政治學和倫理學概念重新闡釋墨子。如他從
公德的角度強調「墨經之根本義」，「在肯犧牲自己」；從西方民主政治的角度，
將《尚同篇》中相關的語句——「是故選擇天下賢良聖知辨慧之人，立以為
天子，使從事乎一同天下之義」，與歐洲「民約論」相提並論，認為「墨子的
見解，正和他們一樣」〔註7〕。胡適則從邏輯學和實用主義（他稱為「應用主
義」）解墨子，除這些不同的角度外，墨子清教徒式的節儉、實踐與熱情則是
他們共同強調的。

可見，墨學的復興除了晚清樸學的積累外，更為重要的是西學東漸視野
下的重新發現。如果說胡適從方法論的角度對先秦諸子所作的解釋，還只是
知識範式的轉換的話〔註8〕，梁啓超、章太炎等對墨子的重新發明，則帶有更
多的政治功能，其對民眾行動能力的強調，與傳統儒家的文化政治並不一致。
這表明現代墨學的復興是與現代政治文化的轉向相聯繫的，墨學的理論為新
的文化政治提供了資源，而新的政治文化則是發現這種資源的知識結構。

方授楚所說的「一時風會所趨」的墨學復興，郭沫若不僅得以與聞，而
且也是一個參與者。早在創造社時期，他就撰文反駁梁啓超以「民約論」解
墨子，他認為墨子的主張是「天生民而立之君」的「神權起源說」，與西方民
約論並不相干，而且墨子崇鬼神，如果「以希伯來的眼光批評」，可以肯定墨

〔註5〕 方授楚：《墨學源流》，上海：中華書局，1934年，第1頁。
〔註6〕 梁啓超：《墨經校釋》，《飲冰室專集》之三十八，上海：中華書局，1936年，
　　　 第2頁。
〔註7〕 梁啓超：《墨子學案》，《飲冰室專集》之三十九，上海：中華書局，1936年，
　　　 第28頁。
〔註8〕 參考余英時：《中國近代思想史上的胡適》，載《重尋胡適歷程：胡適生平與
　　　 思想再認識》，桂林：廣西師範大學出版社，2004年，第172頁。

子在宗教革命方面的影響，說他是「中國的馬丁路德，乃至耶穌」，但「如以希臘的眼光來批評他」，「他不過是一位頑梗的守舊派，反抗時代精神的復辟派罷了」〔註9〕。同時，他也從訓詁學的角度對梁啓超的《墨經校釋》提出懷疑，尤其是對「君，臣萌通約也」與「君，以若民者也」兩句，梁啓超訓萌為氓，訓若為約，作為墨子民約論的注腳，而郭沫若則訓「通」為「統」，「若」為「順」，意義便與民約論完全相反。

郭沫若對希臘精神的強調，表明他正是從啓蒙理性的角度來讀《墨子》，雖然他與梁啓超、胡適等人在《墨子》釋義方面見解不同，但他是從訓詁準確與否的角度，而不是針對以西學解墨子的方法本身與梁啓超辯論，這正說明他也分享了梁啓超的文化政治思維，即從啓蒙理性和民主政治的角度來重新闡釋先秦諸子，目的都是嘗試從文化的角度，推動中國的現代化進程，他們的區別僅僅在於對象選擇的不同，方法、視野和目的在本質上是一致的。

二、「犯了眾怒」

在梁啓超等人以民本、民約等思想解釋墨子的前提下，左派學者重視墨學研究是順理成章的事。到四十年代初，左翼墨學已有一定規模，如杜國庠、陳伯達、楊榮國、胡繩、侯外盧、翦伯贊等，還有周恩來的秘書陳家康，他也深諳墨學，還可以包括舒蕪和被批為「托派」的葉青。左派學者不僅引入了唯物史觀的方法，也將墨子逐漸塑造為一個革命家形象，尤其是在胡適、錢穆等破除諸子為王官之學的成見的前提下，左派根據墨子的出身，更容易從階級視野將他確立為本土無產者的理論代表。

總體來看，左派墨學主要注重兩個方面，一是從哲學角度出發，強調墨子認識論與方法論的唯物色彩；二是從社會學和政治的角度，分析墨子的階級屬性及其歷史意義。如陳伯達就既宗述錢穆之說，認為墨子起於「刑徒」「賤民」，並進一步具體化為「當時下層的被奴役的庶民」〔註10〕，因陳伯達主張周代封建說，後來他在《墨子新論》一書中，進一步將墨子定性為「封建社會戰國時代『農與公肆之人』的代表」〔註11〕，從而確立了墨子工農革命代

〔註9〕 郭沫若：《讀梁任公〈墨子新社會之組織法〉》，《創造週報》，1923 年第 7 號。
〔註10〕 陳伯達：《墨子的哲學思想》，《解放》週刊，第 82 期，延安：延安解放社，1939 年 8 月。
〔註11〕 陳伯達：《墨子新論（一個偉大的原始唯物論者和原始辯證家）》，作者出版社，1943 年，第 4 頁。

表的身份；同時，他也從名實、知行等概念出發，強調墨學的認識論和方法論爲：「名爲實的反映」，「行是知的基礎」，並進而將之歸於經驗主義〔註12〕。

左派對墨子方法論和認識論意義的強調，也是基於思想鬥爭的現實需要。這主要是針對牟宗三、馮友蘭、賀麟等人的因明學（即邏輯學）、新理學等。緣起則是三十年代中期張東蓀主編了一本《唯物辯證法論戰》的冊子，收入了張君勱、牟宗三、李長之、羅素及杜威等人的文章，他們對辯證唯物論作了系統的批判〔註13〕。對此，陳伯達寫了長文《腐敗哲學的沒落》予以回應，但他批駁的主要對象是牟宗三〔註14〕；抗戰之後，賀麟有《近代唯心論簡釋》，馮友蘭則寫出了包括《新理學》在內的「貞元三書」，這進一步被左派視爲「唯心主義」而加以批判。如胡繩就批評賀麟的唯心論是「超歷史的範疇」，是脫離歷史規定性而「任意搬弄一切文化歷史的現象」〔註15〕；針對馮友蘭的就更多，在馮友蘭寫出《新理學》之後，陳家康曾連續撰寫《眞際與實際——馮友蘭先生〈新理學〉商兌之一》〔註16〕《物與理——馮友蘭先生〈新理學〉商兌之二》〔註17〕《物與氣——馮友蘭先生〈新理學〉商兌之三》〔註18〕等三篇文章與之商榷。事實上，當時重慶的左翼學者還曾成立讀書小組，這包括杜國庠、翦伯贊、胡繩、侯外廬、王寅生、許滌新等人，據侯外廬回憶，他們大都「把唯心主義哲學家馮友蘭、賀麟視爲對立面」，「每次聚會，一碰頭就談馮友蘭、賀麟，分析他們的政治動向，研究他們的每一篇新文章」〔註19〕。可見當時學術研究的左右分野。

〔註12〕陳伯達：《墨子的哲學思想》，《解放》周刊，延安：延安解放社，1939 年 8 月，第 82 期。

〔註13〕張東蓀主編：《唯物辯證法論戰》（上），北平：民友書局，1934 年。

〔註14〕陳伯達：《腐敗哲學的沒落》，《讀書生活》第 4 卷第 1 期，1936 年 5 月 10 日。

〔註15〕沈友谷：《一個唯心論者的文化觀》，《新華日報》，1942 年 9 月 21 日，第 4 版。

〔註16〕陳家康：《眞際與實際——馮友蘭先生〈新理學〉商兌之一》，《群眾》，第 8 卷第 3 期，1943 年 2 月 1 日。

〔註17〕陳家康：《物與理——馮友蘭先生〈新理學〉商兌之二》，《群眾》，第 8 卷第 5 期，1943 年 3 月 1 日。

〔註18〕陳家康：《物與氣——馮友蘭先生〈新理學〉商兌之三》，《群眾》，第 8 卷第 6、7 期，1943 年 4 月 16 日。

〔註19〕侯外廬：《韌的追求》，北京：三聯書店，1985 年，第 122 頁。按，後來在周恩來的統戰指導下，這些左派學者又成立了「新史學會」，並吸納了顧頡剛、張志讓、周谷城等學者。

馮友蘭雖在西南聯大任教，但經常去重慶為蔣介石的「中央訓練團」授課，因此自 1943 年之後每年有半年時間在重慶〔註20〕，期間除了授課，也作演講。《新華日報》就曾發表多篇文章對馮友蘭的演講提出討論，如對於其「命運論」的演講，《新華日報》上前後就有四五篇文章討論，首先是何炬對馮友蘭「命運是人生的一種遭遇，這種遭遇是不能用人力改變、或避免的」這一說法提出異議，他認為當人瞭解了社會發展的法則後便可改變命運〔註21〕；同期還有夏迪蒙對馮友蘭《新原人》中《論才命》〔註22〕的批評，他既批判了馮友蘭的才為「天資」說，同時又以主觀能動性反駁其「命運」說〔註23〕。從何炬與夏迪蒙對馮友蘭宿命論的批判來看，他們主要是以主觀能動性為支持的，這與陳家康、胡風等強調的生命力和主觀戰鬥精神有相通處。

郭沫若也在一周後發表了一篇題為《才·命·力》的短文，該文寫得極為委婉，而且以一種調和的態度出現，但從討論話題和發表情況來看，都容易辨識出他是針對馮友蘭的。郭沫若首先承認天才現象是存在的，同時他也強調「天才靠人力而完成」，但對於人力的作用，他並不像前兩位批評者那樣直接擡出唯物論的觀點，而只提及了科學的成就，從醫學和優生學的角度表明人有能力左右才智〔註24〕。雖然郭沫若態度曖昧，但在左右分野的情況下，也算是作了表態，正是在這種政治立場與學術分歧看似較為明顯的情況下，喬冠華向郭沫若約稿，也算是進一步壯大左翼學術的聲勢。但出乎喬冠華意料的是，郭沫若所寫的《論墨子的思想》一文，開篇卻是對左翼墨學的激烈批判：

> 像他〔墨子——引者按〕那樣滿嘴的王公大人，一腦袋的鬼神
> 上帝，極端專制，極端保守的宗教思想家，我真不知道何以竟能成
> 為了「工農革命的代表」！〔註25〕

否定墨子的階級立場還只是與延安的陳伯達不同，陳伯達在上海時期就強調哲學研究的「黨性」〔註26〕，並將墨子樹立為「工農革命的代表」。但陳伯達

〔註20〕 馮友蘭：《三松堂自序》北京：人民出版社，2008 年，第 95 頁，。
〔註21〕 何炬：《聽「命運論」講演後》，《新華日報》，1943 年 5 月 3 日，第 4 版。
〔註22〕 《論才命》一章先後發表於《思想與時代》（第 14 期，1942 年 9 月 1 日）、《改進》（6 卷第 11 期，1943 年 1 月 1 日），夏迪蒙所本為《改進》雜誌。
〔註23〕 夏迪蒙：《努力·天才·命運》，《新華日報》，1943 年 5 月 3 日，第 4 版。
〔註24〕 郭沫若：《命·才·力》，《新華日報》，1943 年 5 月 13 日，第 4 版。
〔註25〕 郭沫若：《墨子的思想》，《群眾》，第 8 卷第 15 期，1943 年 9 月 16 日。
〔註26〕 陳伯達：《腐敗哲學的沒落》（下），《讀書生活》，第 4 卷第 2 期，1936 年 5 月 25 日。

的這個觀點其實早已受到國統區左翼學者的批評，如侯外廬、楊榮國等人都曾提出異議，因此，郭沫若開篇提出這個問題，只是讓左翼內部的分歧浮出水面而已，他真正引起學界不滿的是他對墨子的具體闡釋。

在郭沫若看來，「墨子始終是一位宗教家。他的思想充分地帶有反動性——不科學，不民主，反進化，反人性，名雖兼愛而實偏愛，名雖非攻而實美攻，名雖非命而實畈命」〔註27〕。如果聯繫近現代以來的墨學研究，郭沫若的這種判斷幾乎將墨學復興以來的成就一筆勾銷，因此，他不僅受到左翼學者的批判，也引起了其它陣營學者的不滿，讓郭沫若感覺頗似犯了眾怒，正如他自己所說：「當我的《墨子思想》一文發表了之後，差不多普遍地受著非難，頗類似於我是犯了眾怒。」〔註28〕

從郭沫若研究墨學的學術概念來看，他所提及的科學、民主與進化是五四啟蒙時期的核心話題，人性問題則是四十年代初討論較多，後期被左翼否定的話題。但郭沫若顯然給這些概念增加了新意：與五四一代從墨子的機械用具中尋找科學萌芽的方式相反，郭沫若將科學作為否定墨子宗教性的資源；對於民主，他除繼續反對民約論的解釋外，也增加了階級論的視野，認為墨子的立場是「王公大人」；進化論也增加了擴大社會生產的意義；對於人性問題，郭沫若則泛指墨子「不近人情」，認為墨子鼓勵早婚是純粹將人當生產工具對待〔註29〕，這與左翼反對談論抽象的人性、強調人性的階級性也有差異。而科學、民主等概念在郭沫若這裡既帶有啟蒙的意味，也帶有四十年代的時代性，顯示了郭沫若思想形態的駁雜性，這也是為什麼左右兩派對他的墨學都不滿的原因，而這種駁雜性本身，顯示了郭沫若作為一個個體，其思想上的內在延續性。

當前學界在從學術與政治的角度分析四十年代郭沫若的學術時，往往將政治直接坐實為具體政黨，而忽略了學術與政治之間的空隙。郭沫若的墨子研究的症候性在於，他讓原本似乎很容易辨識的政治立場與學術觀點之間的界線，變得更加模糊。而這種模糊性其實為我們探討國統區的學術與政治提供了新的空間，這就是在強調學術的黨性之外，可以從文化政治的角度，看

〔註27〕郭沫若：《墨子的思想》，《群眾》，第 8 卷第 15 期，1943 年 9 月 16 日。
〔註28〕郭沫若：《我怎樣寫〈青銅時代〉與〈十批判書〉》，《民主與科學》，第 1 卷第 5、6 期，1945 年。
〔註29〕郭沫若：《墨子的思想》，《群眾》，第 8 卷第 15 期，1943 年 9 月 16 日。

到學界的某些共通性；而如果我們進一步引入政黨內部的分歧，政治立場的模糊性和文化政治的一致性都會顯得更爲突出。

三、左翼內部的分歧

郭沫若的墨子研究，引起了各個陣營知識分子的不滿。如《大公報》上就有書評稱「墨子思想之全系統，尚須從新檢討」〔註30〕，而持中的齊思和對其學術價值的評價也不高〔註31〕。學界甚至有不少與他截然相左的觀點，如賀麟從民族精神的角度強調墨子的宗教與道德意義，並且認爲墨子的思想是隨著「西洋的宗教思想、人道主義以及社會主義思想的輸入而復興」〔註32〕，從而肯定了墨子的宗教色彩。郭沫若的墨學與自由主義知識分子固然不同，但更大的分歧則是左翼知識分子內部的差異，而這也是對郭沫若刺激最深的：「假如是不同道的人，要受他的攻擊，那是很平常的事；在同道的人中得不到諒解，甚至遭受敵視，那確實很令我不安。」〔註33〕

對於左翼知識分子來說，墨學主節約、重實踐，且與「小人儒」密切相連，這些因素本來就是階級革命所具有的要素。所以，要將墨學階級革命化並不難，但他們要面對的一些難題，也是墨學本身難以迴避的，如墨子的宗教性和政權形式的問題，這就爲郭沫若批判墨學提供了根據。對於墨子的宗教性，梁啓超早就指出墨子的「天」是「人格神」，與孔老的「自然法」不同，在西方理性思潮的壓力下，梁任公也不得不將墨子的宗教信仰作工具化的理解，認爲墨子強調「天志」是爲他的兼愛主義尋找後援，是其思想走向實踐的方式，「是勸人實行兼愛的一種手段罷了」〔註34〕。而章太炎、魯迅一脈則從佛教看到了宗教的積極性，墨子的宗教思想反而成爲「攖人心」的有效方式。

左翼學者在這方面也是大做文章，如侯外廬就將墨子的「明鬼」解釋爲倡導平等的方式，因爲先秦時期鬼神以姓氏爲基礎，爲君子貴族所專有，而

〔註30〕《評〈十批判書〉》，《大公報》，1947年4月5日。
〔註31〕齊思和：《評〈十批判書〉》，《燕京學報》，第30期，1946年6月。
〔註32〕賀麟：《楊墨的新評價》，《建國導報》，第1卷第14期，1944年12月。
〔註33〕郭沫若：《我怎樣寫〈青銅時代〉與〈十批判書〉》，《民主與科學》，第1卷第5、6期，1945年。
〔註34〕梁啓超：《墨子學案》，《飲冰室專集》之三十九，上海：中華書局，1936年，第22頁。梁啓超其實也倡導佛教，但他的墨學研究受到了胡適的影響。

墨子所提倡的鬼神則是抽象的，從而消除了階級差別。因此，侯外盧認爲：「他的明鬼論與其說爲迷信，不如說爲迷信的『古典平等』。」〔註35〕這些都在承認墨子宗教性的同時，又對宗教作了意識形態的處理，從而將其轉化爲社會實踐、尤其是階級鬥爭的動力。而在郭沫若看來，侯外盧所謂的鬼神平等說是「自我作故」，因爲「古者人死爲鬼，是自有文字以來的通例」〔註36〕；同時郭沫若還辯駁了翦伯贊的觀點，翦伯贊認爲鬼神說是知識分子用以制約諸侯的力量，郭沫若則從春秋戰國時代的社會性質著手，認爲諸侯的動亂反而是時代的需要。

　　左翼墨學的內部分歧，很大程度上源自歷史分期的不同。郭沫若此時主張西周奴隸制，春秋戰國是轉向封建制的過度時代；而陳伯達、侯外盧與翦伯贊等史學家則主西周封建說，正是歷史分期的不同，導致了他們對諸子歷史作用的看法不同。郭沫若的歷史分期，突顯了春秋戰國的轉折意義，轉折的歷史意義不僅指向歷史深處，也是指向現時代的，是現時代的寓言，在「五四」時他就將春秋戰國時代稱爲中國的文藝復興，從而將諸子的時代與自己的時代對應起來。而郭沫若的歷史分期標準，也確實不僅僅是馬克思主義式的，也受到了文藝復興歷史觀的影響。中國現代提倡歷史分期的史學家，並非始於馬克思主義學者，而是始於梁啓超，後來由傅斯年等人進一步倡導。梁啓超在 1901 年發表於《清議報》上的《中國史敘論》一文中批判了傳統史學以朝代劃分的弊端：「只見君主，不見有國民也」，因而效法西方以時代爲序，將中國史重新劃分爲上世、中世和近世三部分〔註37〕；傅斯年在 1918 年再次提倡歷史分期研究，並對日本學者桑原騭藏對中國史的分期作了修正〔註38〕。歷史分期是啓蒙運動以來的歷史研究方法，帶有明顯的歷史目的論色彩，馬克思歷史學本來就是對這種歷史分期的改造，而對於郭沫若來說，他雖然從馬克思理論作出了歷史階段劃分，但他對於歷史的評判又屪雜著啓蒙史觀的影響，這也是爲何他研究墨學時所用的民主、科學等概念，帶有啓蒙與階級論的雙重意義。這種雙重性，使他不同於自由主義學者，同時也與強調黨性與階級性的左翼學者存在分歧。

〔註35〕侯外盧：《中國古典社會史論》，重慶：五十年代出版社，1943 年，第 167 頁。
〔註36〕郭沫若：《墨子的思想》，《群眾》，第 8 卷第 15 期，1943 年 9 月 16 日。
〔註37〕梁啓超：《中國歷史研究法》，北京：中華書局，2009 年，第 173～174 頁。
〔註38〕傅斯年：《中國歷史分期研究》，《新潮》，第 1 卷第 2 號，1919 年 2 月 1 日。

　　然而，翦伯贊與侯外廬算不上一味強調黨性的學者。侯外廬當時在中蘇文化協會工作，屬於孫科的智囊團，翦伯贊也是公開活動的左翼學者，與中共南方局並無隸屬關係，而且他們二人對陳伯達的某些歷史研究結論也有所批駁。因此，郭沫若與侯外廬、翦伯贊之間的爭論還只涉及學術，而且在墨學研究之前，侯外廬就曾與郭沫若就屈原問題展開過爭論。值得一提的是，最初二人的論爭是在《新華日報》上展開，後來喬冠華提醒侯外廬，這會讓國民黨看笑話〔註39〕，因而侯外廬的文章《屈原思想淵源底先決問題》一文在《新華日報》只刊載了一半便中斷了。侯外廬卻未因喬冠華的干預而放棄與郭沫若的討論，而是將論爭轉移到他所編輯的《中蘇文化》上，還把之前的論爭文章加以重新刊布。這也可以看出，在抗戰時期的多元政治格局中，國統區左翼學術與學人所具有的相對獨立性。喬冠華意識到了屈原論爭是對左翼內部力量的耗損，但他又將如何對待郭沫若的墨學研究呢？而且這還是他約來的稿件。

四、一次夭折的批判

　　郭沫若《墨子的思想》發表於《群眾》周刊，這是中共南方局的黨刊，在國統區發行，以理論研究和宣傳為主，由潘梓年任社長，許滌新任主編，喬冠華為副主編。喬冠華三十年代留學德國，獲哲學博士學位，後任周恩來外文秘書，有人稱其與陳家康、胡繩等為「才子集團」〔註40〕。四十年代他們有感於左翼馬克思主義的教條化，曾試圖借整風運動的契機，醞釀新啓蒙運動，這包括對馬克思教條主義的批判，強調主觀能動性，注重生活的態度〔註41〕，強調生命和生命力，反對唯「唯物的思想」論等〔註42〕，這與胡風等人所說的主觀戰鬥精神有相通處，而他們也確實經常來往，引為同調〔註43〕。

〔註39〕侯外廬：《韌的追求》，北京：三聯書店，1985年，第133頁。

〔註40〕舒蕪：《舒蕪口述自傳》，北京：中國社會科學出版社，2002年，第125頁。

〔註41〕於潮：《論生活態度與現實主義》，《中原》創刊號，1943年。

〔註42〕陳家康：《唯物論與唯「唯物的思想」論》，《群眾》，第 8 卷第 16 期，1943年 9 月 30 日。

〔註43〕參考胡風、舒蕪的回憶錄，對「才子集團」即胡風等人新啓蒙運動的研究可參考黃曉武：《馬克思主義與主體性：抗戰時期胡風的「主觀論」研究》，北京：中央編譯出版社，2012年。

　　左派的新啓蒙運動，早在 1936 年就由陳伯達提出，他在《哲學的國防動員——新哲學者的自己批判和關於新啓蒙運動的建議》一文中，針對唯物論有脫離實際流於教條化的弊端，提倡與中國實際相結合的新啓蒙運動，他對新啓蒙運動的設想是「繼續並擴大戊戌、辛亥和五四的新啓蒙運動，反對異民族的奴役，反對禮教，反對獨斷，反對盲從，破除迷信，喚起廣大人民之抗敵和民主的覺醒」〔註 44〕。雖然沒有直接的證據表明陳家康等人提倡的新啓蒙運動與此有關，但他們的問題意識有相通處，而同爲「才子集團」的胡繩，在上海期間與陳伯達同爲左翼青年，而且都是《讀書生活》的主要作者，如他批判朱光潛的《給青年的十二封信》的文章就發表於此。

　　新一代左翼青年大多是科班出身，與後期創造社成員相似，他們對馬克思主義有更爲深入的研究；同時，陳家康等人又將延安的整風運動看作左翼自我批判的機會，因而才大展手腳，提倡新啓蒙運動。郭沫若的文章恰好此時刊出，青年一代本來就對郭沫若有所不滿〔註 45〕，但往往鑒於黨的統戰政策而無可奈何，這次正好以學術的名義對他加以批判。因此，《群眾》的編者在刊出郭沫若的《墨子的思想》時，附加了編者按，提議讀者就墨子思想問題進行討論：

　　　　這是郭先生最近寫成的一篇研究墨子思想的文章，目的在使大家就此來「平心靜氣的研究研究」。關於中國古代社會的一些基本問題目前還沒有達到做最後結論的時候，因此對於中國古代學術思想上的一些問題，也就很難得出一個最後的定論：特別是對於墨子的思想問題，諸家不同的意見很多。郭先生這篇文章提出一個觀點，我們希望今後在我們篇幅許可的範圍之內，能夠繼續發表一些對於這一個問題抱有不同見解的文章，因爲我們相信只有在實事求是的討論中，真理才能顯現出來。〔註 46〕

話雖說得含蓄，但鼓勵讀者參與討論的意味卻很明顯。果然，不久之後，《群眾》就發表了兩篇反駁郭沫若的文章：楊天錫的《〈墨子思想〉商兌》，筱芷

〔註44〕陳伯達：《哲學的國防動員——新哲學者的自己批判和關於新啓蒙運動的建議》，《讀書生活》，第 4 卷第 9 期，1946 年 9 月 10 日。

〔註45〕胡風等人七月派同仁尤其如此，轟紺弩所寫《胡風的水準》一文，對郭沫若就不無諷刺。

〔註46〕編者：《〈墨子的思想〉編者按》，《群眾》，第 8 卷第 15 期，1943 年 9 月 16 日。

的《關於墨子的思想的討論——就正於郭沫若先生》。楊天錫之前也曾爲《群眾》供稿，發表過長文《王船山思想述評》，肯定了王船山論道器的進步性，但對他依舊身處儒家傳統又頗爲失望〔註 47〕。對郭沫若的研究，楊天錫針鋒相對地強調了墨子的科學性和民主性〔註 48〕。筱芷名殷筱芷，他認同郭沫若對墨子階級身份的判定，也同意郭沫若對於俠並非起於墨子之徒的判斷，但卻否認郭沫若關於墨子是宗教家和反進化論者的論斷〔註 49〕。楊天錫、殷筱芷二人與郭沫若的分歧大多源於對文義的不同理解，而難以對郭沫若構成眞正的威脅，更何況，殷筱芷在 1941 年的一篇文章中也曾對陳伯達將墨子作爲工農代表提出異議〔註 50〕。因此，編者對此顯然並不滿足，還想將問題進一步深化，爲此，編者再次加了按語：

> 郭先生的文章發表後，我們就陸續收到了一些商兌的文章。現在，我們發表了楊天錫先生與筱芷先生的二文，一則就正於郭先生，二則把這一個問題向讀者諸君提出公開討論。天錫先生和筱芷先生的論點雖不同於郭先生，但在求眞理的基本立場上三位先生是一致的。凡嚴格的遵守這一基本立場，有眞知灼見，論點不重覆；言之有物，理論有根據的，本刊無不樂予發表。在這裡我們唯一要提出大家注意的是：一、爲了把問題的討論深刻化，勢不得不涉及春秋戰國時代中國社會性質的問題，就思想論思想，就墨子論墨子，是得不出科學的結論來的；因此我們希望參與討論諸君能把問題向這一方面發展。〔註 51〕

將哲學問題的討論引向社會問題的討論，這本就是郭沫若二十年代末研究先秦社會的方法，而郭沫若與其它左翼學者的最大分歧就是他主張西周奴隸說，編者或希望就此徹底解決左翼內部在該問題上的分歧。然而這次批判卻到此爲止，再也沒有了下文。聯繫到中共在國統區的統戰政策，批判的夭折

〔註 47〕 楊天錫：《王船山思想書評（下）》，《群眾》，第 7 卷第 17 期，1942 年 9 月 15 日。

〔註 48〕 楊天錫：《〈墨子思想〉商兌》，《群眾》，第 8 卷第 20、21 期，1943 年 12 月 1 日。

〔註 49〕 筱芷：《關於墨子的思想的討論——就正於郭沫若先生》《群眾》，第 8 卷第 20、21 期，1943 年 12 月 1 日。

〔註 50〕 殷筱芷：《中國哲學史研究中實驗主義的歪曲》，《理論與現實》，第 2 卷第 3 期，1941 年 1 月 15 日，第 69 頁。

〔註 51〕 《編者的話》，《群眾》，第 8 卷第 20、21 期，1943 年 12 月 1 日。

可能是出於中共南方局領導的阻止，但也可能是其它原因，或與中共內部的派系鬥爭有關。

如果沒有其它原因，陳家康、喬冠華和胡風等人是不會這樣草草收場的，這從他們支持舒蕪寫批郭的文章可以發現。舒蕪也是一個左翼青年，因路翎的介紹而認識胡風，第一次見面時，舒蕪便帶了幾篇文章給胡風看，其中有一篇研究《墨子》的文章《釋無久》。他們第一次見面時恰好路遇郭沫若，舒蕪的觀感是：「那時我們對郭沫若印象不太好，都不喜歡他。為什麼不喜歡他呢？在路翎來說，大概因為胡風與郭沫若之間一向意見不合；而我，對郭沫若那套浪漫主義的東西始終不感興趣，又忘不了他攻擊魯迅的事。」〔註52〕舒蕪在胡風的介紹下，瞭解了郭沫若的墨學研究情況〔註53〕，並寫出了反駁郭沫若的長文。對此學界已有論者從左翼內部宗派鬥爭的視角，詳細考論了胡風在舒蕪寫「反郭文」的過程中，起著關鍵的引導作用〔註54〕。這表明郭沫若的墨學研究，確實引起了較多左翼知識分子的不滿。而還需補充的是，舒蕪之所以寫出批郭的文章，除了胡風的鼓動外，也與陳家康和喬冠華等黨內才子派的支持密切相關。

舒蕪曾回憶胡風帶他去見陳家康等人的情形，當時因為胡繩臨時有事缺席，故只有胡風、舒蕪、陳家康與喬冠華四人在喬冠華的住所純陽洞見面。陳家康本來就喜歡墨子，而胡風也樂得找機會批判郭沫若，因此，他們四人的立場較為一致：「都對郭沫若崇儒貶墨的文章非常不滿」，因此，他們交談之後的結論便是「要反駁郭沫若」，並決定由舒蕪寫一篇「與郭沫若論墨子的文章」，「在喬冠華主編的《群眾》雜誌上發表」〔註55〕。可見，真正促成舒蕪寫批判郭沫若文章的，不僅是來自胡風的引導，也來自陳家康和喬冠華等黨內人士的支持。而將落腳點具體到墨學研究，則是以學術的名義對郭沫若進行批評。

然而，舒蕪的文章並未面世，從胡風寫給舒蕪的信來看，應該是中共高層的干預。胡風在信中寫道：「那一篇，他們決定不發表。前幾天見到陳

〔註52〕 舒蕪：《舒蕪口述自傳》，北京：中國社會科學出版社，2002年，第123頁。
〔註53〕 胡風：《致舒蕪：1943年9月11日自重慶》，《胡風全集》，第9卷，武漢：湖北人民出版社，1999年，第473頁。
〔註54〕 蒙雨：《胡風與舒蕪的「反郭文」考論》，《中國現代文學研究叢刊》，2013年第8期。
〔註55〕 舒蕪：《舒蕪口述自傳》，北京：中國社會科學出版社，2002年，第127頁。

君，他聽說自己方面已經『通過』了，所以我沒有急於打聽，而又無時間，但今天見到喬君，原來又翻了案（？）。他們當然又說了理由，但不必問，因爲那是不成其爲理由的。」〔註 56〕既然是「翻案」肯定就是自己方面出了問題，而非國民政府審查的原因。周恩來本來是南方局的主持者，且經常干預新聞工作，考慮到到統戰的需要，壓下舒蕪的稿子在情理之中，但周恩來 1943 年 6 月底即返回延安參加整風運動，直到 1944 年 11 月才與赫爾利一道返渝〔註 57〕。在此期間內南方局的負責人爲董必武，這就很可能是出於董必武的干預，《群眾》才終止發表批判郭沫若論墨學的文章。然而，胡風並沒有放棄，他曾多次向別的雜誌推薦，甚至想到出單行本，這也可見他是不遺餘力地想利用舒蕪批判郭沫若，後來終於有《文風》雜誌願發表批郭文，最終卻被國民黨圖書雜誌審查打了回去〔註 58〕，這確實不能不說是國民政府的「失職」。

五、學術與政黨政治

對於批郭的文章，中共南方局先是「通過」然後又「翻案」，這也並非負責人的一時好惡，而是與中共高層的意見有關，不過這不是針對郭沫若，而是針對南方局。南方局及其前身長江局，因負責人多爲中共高層人物，如王明、周恩來與董必武等，素有「第二中央」之稱，又因王明秉承莫斯科旨意，極力主張與國民黨合作，所以南方局的統戰工作相對靈活。但延安經過針對留蘇派的整風運動之後，毛澤東基本上確立了以自己爲中心的權力格局，並及時地開展對新聞出版的整頓工作〔註 59〕。陳家康、喬冠華與胡繩等南方局的文化工作者，本來將整風運動誤認爲是批判黨內的教條主義，因而開始提倡知識分子的自主性，積極提倡「生命力」「生活的三度」「主觀性」等，對郭沫若這位元老的批判，也是題中之意。

然而，在延安完成對解放區的《解放日報》等報刊的整頓後，便開始整

〔註 56〕 胡風：《致舒蕪：1944 年 1 月 4 日自重慶》，《胡風全集》，第 7 卷，武漢：湖北人民出版社，1999 年，第 474 頁。

〔註 57〕 參見中共中央文獻研究室編：《周恩來年譜》，北京：中央文獻出版社，1998 年，第 571、601 頁。

〔註 58〕 舒蕪：《舒蕪口述自傳》，北京：中國社會科學出版社，2002 年，第 127 頁。

〔註 59〕 參考高華：《紅太陽是怎樣升起的：延安整風運動的來龍去脈》，香港：香港中文大學出版社，2000 年。

頓南方局下轄的《新華日報》和《群眾》等報刊。在 1943 年 11 月中宣部致董必武的電文中就說，《新華日報》《群眾》等對蔣介石、國民黨等人事「經常頭條大題」，失去了立場，並對陳家康、喬冠華等人提出批評。認為：「現在《新華》、《群眾》未認真研究宣傳毛澤東同志思想，而發表許多自作聰明錯誤百出的東西，如××論民族形式、×××論生命力、×××論深刻等，是應該糾正的。」〔註 60〕針對延安要求整頓新聞出版，統一宣傳毛澤東思想的指示，董必武馬上做出反應，不僅對當事人進行批評教育，而且召開編輯工作會議，完善編輯的組織，尤其是加強《新華日報》第四版和《群眾》稿件的黨內審查工作。董必武在回電中提到：「編輯上的組織不周密，閱稿與檢查皆有漏洞，如四版之稿，事前沒有經漢夫過目，《群眾》之稿亦只由喬木注意審閱決定」〔註 61〕。

此喬木是「南喬木」，指喬冠華，從董必武的回電中可看出此時由他全權審理《群眾》稿件，那麼，該刊所組織的批判郭沫若墨學的文章，以及兩次出現的「編者按」，也應是喬冠華負責期間的產物。而聯繫到董必武發電文的時間（1943 年 12 月 16 日）與胡風寫信給舒蕪提及「翻案」的時間（1944 年 1 月 4 日）之間的前後關係，也就不難得出，這次批判的夭折，其根源是延安統一輿論口徑的政策。這雖然看起來於郭沫若有利，實際上卻讓左翼知識分子失去了一次自我檢驗與理論論爭的機會，而胡風所堅持的主觀戰鬥精神，則成為左翼知識分子文化實踐的艱難延續，後來周恩來對胡風《論主觀》的批評，也正是從延安的整風標準出發的〔註 62〕。

同時，對這次整風運動，郭沫若似乎也未能完全置身事外，董必武的電文中所提到的《中原》就是郭沫若主辦的刊物，此時才僅出兩期，因創刊號上刊登了喬冠華的《論生活態度與現實主義》、項黎的《感性生活與理性生活》也遭到批評；延安甚至有人主張將整風運動擴展到大後方的黨外文化人，但

〔註 60〕 中央宣傳部：《中宣部關於〈新華日報〉、〈群眾〉雜誌的工作問題致董必武電（一九四三年十一月二十二日）》，中國社會科學院新聞研究所編：《中國共產黨新聞工作文件彙編》（上），北京：新華出版社，1980 年，第 138 頁。

〔註 61〕 董：《董必武關於檢查〈新華日報〉、〈群眾〉、〈中原〉刊物錯誤的問題致周恩來和中宣部電（一九四三年十二月十六日）》，中國社會科學院新聞研究所編：《中國共產黨新聞工作文件彙編》（上），北京：新華出版社，1980 年，第 140 頁。

〔註 62〕 胡風：《再返重慶（之四）──抗戰回憶錄之十八》，《新文學史料》，1989 年第 3 期。

周恩來從統戰的角度表示反對〔註 63〕。南方局憑藉其國統區的地理位置，加上王明、周恩來等人相對「右傾」的主張，使南方局的文化政策與延安有頗多差異，這種相對寬鬆的文化政策，在統戰策略下將眾多文化人吸引到了中共一邊，同時也為左翼知識分子的文化實踐提供了相對自由的環境。隨著毛主義的崛起，整風運動開始波及重慶，如果說陳家康等人對郭沫若的批判還是反對馬克思主義教條化的話，那麼，延安對《新華日報》《群眾》等報刊的批評，以及董必武等人加強黨內審查的措施，則是中共全面整頓輿論，甚至干預學術的開始。

但延安政策的限度在於，他主要是針對中共系統內部的人員，郭沫若的無黨派身份還具有一定的免疫作用，甚至具有一定的對抗性。因此，雖然郭沫若崇儒貶墨的觀點與中共口徑不一，他以人性為標準研究墨子，也未受到進一步的批判，陳家康等人的批判看起來有組織，從「編者按」來看還是將批判限制在學術範圍內。但無論是「才子集團」及胡風等七月派對郭沫若的批判，還是延安整風運動對陳家康、喬冠華等人的批判，以及後來的胡風案，都表明郭沫若及大後方的文化人，尤其是學者，與政黨政治之間都存在著較大的出入；這也表明，作為學者的郭沫若與延安政治之間的隔膜。而郭沫若重返學術的動因，也並不是完全是要以學術的方式干政，而是為了捍衛他的學術觀點。

作為馬克思主義史學的開創者，他的歷史分期和西周奴隸說對中國古史研究影響甚深。但到了四十年代，他發現自己的學術觀點正日漸被拋棄：「在這個期間之內有好幾部新史學陣營裏面的關於古史的著作出現，而見解卻和我的不盡相同。主張周代是封建制度的朋友，依然照舊主張，而對於我的見解採取著一種類似抹殺的態度。這使我有些不平。」〔註 64〕他的研究成就逐漸被限制到對先秦材料的發掘，尤其是他對甲骨卜辭和金文的釋讀上，左翼學者往往利用他的材料，卻得出了與他相反的觀點。侯外廬就是其中的代表，他既承認郭沫若研究金文、甲骨文成果的重要：「進入四十年代，運用甲骨文、金文資料而不讀郭沫若的著作，簡直是不能想像的事情。」〔註 65〕但同時，

〔註 63〕 周恩來：《關於大後方文化人整風問題的意見》，《南方局黨史資料：文化工作》，南方局黨史資料編輯小組編，重慶：重慶出版社，1990 年，第 25 頁。
〔註 64〕 郭沫若：《我怎樣寫〈青銅時代〉與〈十批判書〉》，《民主與科學》，第 1 卷第 5、6 期，1945 年。
〔註 65〕 侯外廬：《韌的追求》，北京：三聯書店，1985 年，第 129 頁。

他又拿郭沫若的材料作為反對郭沫若歷史觀點的證據，他曾提到他向郭沫若借《卜辭通纂》和《兩周金辭大系圖錄考釋》時的情形：「郭老完全瞭解，我對中國古代生產方式的認識和他很不相同，因此對一些共同注意的材料的理解和處理，和他也很不一樣。可以說，他明知我會用了他提供的材料來佐證我自己的觀點，對他提出異議，他卻還是把他親手搜集的豐富材料全盤端給了我。」〔註66〕除了侯外廬，翦伯贊和杜守素等人在古史分期方面與他都不一致，如翦伯贊就直接批評郭沫若以馬克思主義歷史形態為標準的分期，「陷入公式主義的泥淖」〔註67〕。然而，郭沫若又始終認為他的觀點是正確的〔註68〕。因此，面對影響的焦慮，他才起而申述，也正是在這次申述中，他重新定義了封建，將封建的意義從傳統的「分封建國」的政治制度，轉向生產和生產關係等社會層面，這對建國後的史學研究影響更為深遠。

郭沫若的學術與政黨之間的空間，不僅表現在對延安學術黨化的茫然上，也表現在對國民黨意識形態的批判上。郭沫若論文中所充斥的政治詞彙，如他除了從反科學、反民主等角度批判墨子，還以美攻、獨裁等責難墨子，這也是對國民政府政治政策的隱射和批判，這在他後來寫的答辯文章《儒墨的批判》中表現得更為突出。抗戰時期不僅左翼學人好談政治，在國難危機中以學術干預國事，也是一種較為普遍的現象，甚至可以說，學術的獨立性和尊嚴在國難中得到了重建和凸顯。可見四十年代的學術與政治，並不像韋伯所說的那樣，因專業化而導致政治與學術截然二分，而依舊是一種相互倚借的姿態。其意義在於學術保持了對政治的批評和回應能力，這與學術的獨立性是不矛盾的。

學術的相對獨立性，以及學術救國的時代要求，使重塑學統，進而重塑道統成為可能。但追求何種道統，不同知識分子則往往有不同的選擇。這種差別不僅見於郭沫若與馮友蘭、錢穆等人之間，也見於他與左翼知識分子之間。郭沫若的墨學研究，其呈現出來的與左翼墨學的分歧，實際上正是他們

〔註66〕侯外廬：《韌的追求》，第129頁。
〔註67〕翦伯贊：《歷史哲學教程》，生活書店，1938年，第294頁。
〔註68〕在1950年的《十批判書》修改版《改版書後》中，郭沫若認為：「在今天看來，殷周是奴隸社會的說法，就我所已曾接觸過的資料看來，的確是鐵案難易。因此，我對於本書的內容，整個地說來，依然感覺著是正確的。」（郭沫若：《十批判書》，上海：群藝出版社，1950年，第507頁）這種說法未免武斷，也表明郭沫若對自己學術觀點的堅持。

關於如何重塑革命道統之間的分歧。而郭沫若治諸子學的這種相對獨立性，與他對中國現代革命道路的思考又有何內在的關聯，他如何經由學統而干預政教則是我們接下來要進一步討論的問題。

第二節　革命士大夫的學、政與道

為「儒」一辯
「儒家精神之復活者王陽明」
士大夫的人格與功業
革命士大夫的困境與出路
儒家人道主義

在現代「崇墨貶儒」的時代思潮中，郭沫若「崇儒貶墨」的做法顯得較為特殊。雖有故作驚人語的嫌疑，但無論是從他個人的精神史，還是抗戰時期他思考問題的視野來看，這種看法都是淵源有自。本文所要探討的問題是，作為新文化的代表人物郭沫若，他是如何堅守並改造儒家思想的，他對傳統資源的取捨在當時有何獨特性？這有助於我們瞭解在郭沫若這裡新文化與傳統的辯證關係，以及儒家思想在現代思想文化史上的複雜命運。在我們看來，較之新文化人對儒家的批判，郭沫若從一開始就在為儒家辯護，而在四十年代「抗戰建國」的歷史語境中，他更是積極地從儒家尋找資源，並試圖從革命的視野，將儒家思想再造為人道主義，以作為建構現代民主國家的思想資源。

一、為「儒」一辯

作為傳統社會「道統」的主要塑造者和承擔者，儒家思想在 20 世紀遭遇了前所未有的戲劇性變化。袁世凱的祭孔讓孔子與復辟聯繫到一起，繼而成為新文化運動批判的主要對象，在之後的革命者看來，儒家思想也是屬於封建思想。但抗戰時期儒家思想的地位有所回升，因為隨著民族危機的加劇，人們積極回到傳統尋找歷史資源，統治者更是將傳統作為凝聚國人的精神文化紐帶。如在陳立夫等人的提倡下，不僅成立了孔教會，儒家思想也被再度納入課本。而抗戰前就興起的「新生活運動」，本來就是以儒家思想為綱，此時也得到進一步的貫徹落實。學術界也是如此，保守主義者錢穆固然如此，

賀麟、馮友蘭等早期治西學的，也積極轉向對傳統尤其是對儒家思想的發揚。正是因為儒家與主流意識形態之間的這種合拍，使得中共文化工作者如陳伯達、陳家康等，以及左翼學者或新文化人如侯外廬、翦伯贊、呂振羽及胡風等對此都極為不滿。但在大眾視野中思想和政治雙料激進的郭沫若，在他四十年代所寫的一系列文章中，卻都在為孔子及其門徒辯護，這個現象看起來似乎頗為反常。

　　關於儒家的評價，郭沫若引起最大爭議的文章是《孔墨底批判》。在該文中，他一反左翼學界批判儒家的做法，起而為孔子翻案。在郭沫若看來，「孔子的立場是順乎時代的潮流，同情人民解放的，而墨子則和他相反」〔註69〕。雖然他一再強調要用歷史的眼光去評價諸子，並且認為自己是論從史出、且持之有據，但他「崇儒貶墨」的做法，還是遭到了左翼學者的非難。這種狀況不難理解，經1941年底的「壽郭」運動，郭沫若已被中共確立為魯迅之後的文化旗幟，擔負著建構中共革命道統的任務。此時左右陣營對諸子學的不同選擇已較為明晰，面對馮友蘭等人的儒學研究，左派陳伯達、陳家康、侯外廬等人，一方面撰文批判馮友蘭，一方面則另立墨學傳統，並將墨子塑造為工農的代表。而為中共及左翼知識分子寄予厚望的郭沫若，卻選擇了儒家思想，這一國民黨用來建構其意識形態的傳統。從共產黨和左翼知識分子的角度來看，這幾乎有幫倒忙的嫌疑。他與共產黨的這種分歧，當時在統戰政策下並未受到批判，然而文革期間的「評儒批法」運動，卻被作為歷史問題再度提出。毛澤東早就敏銳地發現，「對於孔子」，郭沫若與馮友蘭「是一派」〔註70〕，文革期間，毛澤東更是直接指出「十批不是好文章」〔註71〕，針對的就是郭沫若抗戰時期所寫的《十批判書》。毛澤東的這一首《讀〈封建論〉呈郭老》也成為江青等人批判郭沫若、劍指周恩來的政治依據和有力武器。

〔註69〕郭沫若：《孔墨底批判》，《群眾》，第10卷第3、4期合刊副冊，第13頁。

〔註70〕馮友蘭在《三松堂自序》中曾回憶道，1962年政協全國委員會開大會時，他做了一個有關他寫作中國哲學史新編及將來寫作計劃的發言，會後毛澤東對他說：「對於孔子，你和郭沫若是一派」。見馮友蘭：《三松堂自序》，北京：人民出版社，2008年，第138～139頁。

〔註71〕毛澤東：《七律‧讀〈封建論〉呈郭老》，《建國以來毛澤東文稿》，第13卷，北京：中共文獻出版社，1998年，第361頁。原詩為：「勸君少罵秦始皇，焚坑事業要商量。祖龍魂死秦猶在，孔學名高實秕糠。百代都行秦政法，十批不是好文章。熟讀唐人封建論，莫從子厚返文王」。「根據中央檔案館保存的鉛印件刊印」。

　　回到《十批判書》產生的歷史語境，我們首先需要回答的問題是，郭沫若為何要為孔子辯護，並以其作為重建道統的資源，他與儒學又有何內在淵源？就郭沫若的諸子學視野著眼，可以發現他四十年代的言論有其自身的邏輯，因此，需要先從個人精神史的視角，回溯他與儒家思想的歷史關係。其實，郭沫若為孔子的辯護並不始於抗戰時期，早在「五四」期間，他就在為孔子辯護。新文化運動期間，留學日本的郭沫若，通過《時事新報》趕上了這場運動的末班車。但他的姿態從一開始就與新文化運動的主流不太一致，在與《時事新報・學燈》編輯宗白華的通信中，他對當時「打孔家店」的做法便頗有微辭。在他看來，孔子是與歌德一樣的天才，而新文化人「定要說孔子是個『宗教家』，『大教祖』，定要說孔子是個『中國底罪魁』，『盜丘』，那就未免太厚誣古人而欺示來者」〔註72〕。後來他甚至反駁宗白華以「靜觀」與「進取」分別形容東西方精神的做法，認為中國傳統思想也是進取的，是「注重現實、注重實踐」的〔註73〕。

　　郭沫若既成為新文化人的重要代表，但對孔子的熱忱卻有增無減。在《我國思想史上之澎湃城》一文中，郭沫若將先秦比喻為古羅馬的龐貝古城，而「嬴秦焚書等於蘇勿噴火，漢以後學者之一切訓詁偽託等於灰質熔岩」〔註74〕。相對於思想界的反傳統口號，郭沫若將傳統作了原典與後人注疏的細分，他反對的是秦漢以來統治者對儒家思想的闡釋和盜用，而不是儒家思想本身。同時，他通過將春秋戰國時代指認為我國歷史上的「再生時代」（Renaissance）〔註75〕，也就是文藝復興時代，從而將先秦諸子的思想從反傳統的潮流中拯救了出來。因《我國思想史上之澎湃城》並未完稿，這個說法也未得到充分展開。但緊接著，在 1923 年日本大阪《朝日新聞》的「新年特號」上所刊載的《兩片子葉》一文中，郭沫若進一步將老子和孔子作為我國文藝復興發軔的標誌〔註76〕。在「文藝復興」這一知識

〔註72〕田壽昌　宗白華　郭沫若：《三葉集》，上海：亞東圖書館，1920 年，第 14 頁。

〔註73〕郭沫若：《論中德文化書──致宗白華兄》，《創造周報》，第 5 號，1923 年 6 月。

〔註74〕郭沫若：《我國思想史上之澎湃城》，《學藝》，第 3 卷第 1 號，1921 年 5 月 30 日。

〔註75〕郭沫若：《我國思想史上之澎湃城》。

〔註76〕郭沫若：《芽生の二葉》，後經成仿吾翻譯以《中國文化之傳統精神》為題發表於《創造周報》1923 年第 2 號。有譯為《兩片嫩葉》者，蔡震先生認為應譯為《兩片子葉》，參考蔡震《關於郭沫若的〈芽生の二葉〉一文》，《郭沫若學刊》2008 年第 3 期。

裝置的作用下，他認爲孔子是「兼有歌德與康德那樣的偉大的天才，圓滿的人格，永遠有生命的巨人」，孔子的人生哲學則是「精神之獨立自主與人格之自律」，其「克己復禮」等個人修養的主張，在郭沫若這裡不僅與「五四」時期的個人主義合拍，而且也是一種人道主義，「眞的個人主義者才能是眞的人道主義者。不以精神的努力生活爲根底之一切的仁道的行爲，若非愚動，便是帶著假面的野獸之舞蹈」〔註77〕。這是郭沫若首次從人道主義的視角來闡釋儒家思想。

　　面對新文化人對儒家的重重質疑，郭沫若採取了一種折衷的「考古學」方法，即撇清儒學原典與歷代儒家思想之間的關係。在他看來，後學的注疏也如掩埋龐貝城的火山灰一樣，遮蔽了城池的本來面目，要窺得儒學原貌，需要直接閱讀原典：

　　　　吾人苟力屏去一切因襲之見，以我自由之精神直接與古人相印
　　　　證時，猶能得其眞相之一部而無疑慮。余即本此精神，從事發掘。
　　　　所有據論典籍，非信其爲決非僞託者，決不濫竽。後人箋注，非經
　　　　附以批評的條件，亦決不妄事徵引。在宿儒耆老視之，或不免有「自
　　　　我作故」之譏；而在我個人，卻是深深本諸良心之作。〔註78〕

對儒家思想的這種個人化閱讀和接受，使得郭沫若的評價與其它人不同，這也延續到了他抗戰時期的《青銅時代》《十批判書》等著作中。因此可以說，他的諸子學研究，是綜合了新文化資源及其後的革命經驗，所呈現出來的獨特的歷史想像力。正如朱自清的評價，「十篇批判，差不多都是對於古代文化的新解釋和新評價，差不多都是郭先生的獨見」〔註79〕。

二、「儒家精神之復活者王陽明」

　　郭沫若閱讀儒家原典的方式，無論是「直接與古人相印證」，還是「本諸良心」等，都不單是因爲詩人治學的緣故，也有儒家心學的影響。雖然郭沫若對孔子後學表現出了強烈的不信任，但他對儒家心學卻有極大的興趣，尤其是王陽明，甚至一度被他視爲「儒家精神之復活者」，「是偉大的精神生活

〔註77〕郭沫若：《中國文化之傳統精神》，成仿吾譯，《創造周報》1923 年第 2 號。
〔註78〕郭沫若：《我國思想史上之澎湃城》，《學藝》，第 3 卷第 1 號，1921 年 5 月 30
　　　　日。
〔註79〕佩弦：《評〈十批判書〉》，《大公報》，1947 年 1 月 4 日。

者」、「自強不息的奮鬥主義者」，因此，在他看來，「儒家的精神眞能體現了的」，孔子以後恐怕只有王陽明一個人〔註80〕。

王陽明對郭沫若影響深遠，在抗戰結束前後左派將心學作爲唯心主義加以批判的時候，郭沫若不僅重新將他早年所寫的《儒家精神之復活者王陽明》收入文集，而且還撰文試圖「替王陽明說幾句公平的話」。在他看來，「歷史是採取著辯證式的發展的，在唯物論流而爲瑣碎，無寧是應該讚揚唯心論的革命性的。王陽明在思想史上的地位無疑是以一個革命者的姿態出現的」，並且「坦白地承認」，他「依然是敬仰著王陽明的」〔註81〕。而他 1939 年底返鄉期間，還曾特書陽明語錄一則，與其長兄所選朱子格言一道「懸諸堂次」〔註82〕。

陽明心學對於郭沫若具有方法論的意義。他開始集中閱讀王陽明，是在留學日本的初期。據他回憶，民國三年正月他到日本，半年後便考上東京第一高等學校，由於「過於躐等躁進的緣故，在一高預科一年畢業之後」，他便得了神經衰弱症，當時情況較爲嚴重，甚至一度想到自殺〔註83〕。在這種情況下，郭沫若開始閱讀《王文成公全集》，並由此而習靜坐。效果居然顯著：「我每天清晨起來靜坐三十分鐘，每晚臨睡時也靜坐三十分，每日讀《王文成公全集》十頁。如此以爲常。不及兩禮拜工夫，我的睡眠時間漸漸延長了，夢也減少了，心疾也漸漸平復，竟能騎馬竟漕了。——這是在我身體上顯著的功效。」〔註84〕靜坐是王陽明及其門徒修身的方式，郭沫若又參照《岡田式靜坐法》修習，後來還曾將靜坐心得寫出來附於《儒家精神之復活者王陽明》文末。但郭沫若每天閱讀王陽明，帶來的結果並非只是身體的恢復，他的精神和美學觀念也都深受影響，照郭沫若自己所說：

> 而在我的精神上更使我徹悟了一個奇異的世界。從前在我眼前的世界只是死的平面畫，到這時候才活了起來，才成了立體，我能看得它如像水晶石一樣徹底玲瓏。我素來喜歡讀《莊子》，但我只是

〔註80〕 郭沫若：《儒家精神之復活者王陽明》，《文藝論集》，上海：光華書局，1929年，第 59 頁。
〔註81〕 郭沫若：《〈歷史人物〉‧序》，上海：海燕出版社，1947 年。
〔註82〕 馮樂堂 譚崇明：《郭老故鄉訪問記》，《郭沫若研究》，1982 年第 1 期。
〔註83〕 郭沫若：《儒家精神之復活者王陽明》，《文藝論集》，上海：光華書局，1929年，第 79 頁。
〔註84〕 郭沫若：《儒家精神之復活者王陽明》，《文藝論集》，第 80 頁。

> 玩賞他的文辭，我聞卻了他的意義，我也不能瞭解他的意義。到這
> 時候，我看透了他了。我知道「道」是甚麼，「化」是甚麼了。我從
> 此更被導引到老子，導引到孔門哲學，導引到印度哲學，導引到近
> 世初期歐洲大陸唯心派諸哲學家，尤其是司皮諾若（Spinoza）。我
> 就這樣發現了一個八面玲瓏的形而上的莊嚴世界。〔註85〕

因閱讀王陽明，而領悟道家的「道」、「孔門哲學」，並及於西方形而上學，尤其是斯賓諾莎的泛神論思想。因此，陽明學對郭沫若來說不僅是一種具體的儒家思想，更具有認識論和方法論意義，連泛神論都是在陽明學的啟發下，才最終進入郭沫若的思想世界的，這與文學史所率先強調的泛神論對他思想的影響不同。

　　陽明學難以三言兩語釐清，但可根據前人的研究成果，對陽明心學出現的社會背景、思想方式和核心理念作一大致描述。研究者指出，因自明中葉起，隨著士紳權力的擴大，傳統的君臣上下一元化秩序出現了危機，陽明心學正是因應這一意識形態危機而出現的。其解決方式就是試圖由下至上，從「民眾的地平（當然，是在地主階層的主導下）出發實現對秩序進行重建」〔註86〕。而從思想史的角度，王陽明是在走朱熹格物之路不通時才轉向內心，中年在貶謫之地貴州龍場大悟之後，始獨創一家，開始宣講心學。因此哲學史家往往將心學與理學對立來看，馮友蘭就認為在王陽明的系統中，「心是宇宙的立法者，也是一切理的立法者」〔註87〕。錢穆雖然認為心學並未背離理學，認為宋儒的共識是「天地萬物與我一體」，但在如何去認識時，二者之間還是不同，相對程頤朱熹一脈「即物而格」，陸王一脈更側重反求之於心〔註88〕。此外，馮、錢二人對陽明學核心概念的把握亦無太大差別，這主要包括「致良知」、「知行合一」、「萬物一體」等。

　　陽明學因其對知行合一、內聖外王的強調，一度有較多的信眾，尤其是陽明學左派，在知識傳播與社會實踐方面，都較有影響。有清一代，在經歷清初士大夫對晚明空談心性的反思，及乾嘉樸學期間的沈寂之後，陽明學在

〔註85〕郭沫若：《儒家精神之復活者王陽明》，《文藝論集》，第80～81頁。
〔註86〕溝口雄三：《李卓吾‧兩種陽明學》，李曉東譯，北京：三聯書店，2014年，第209頁。
〔註87〕馮友蘭：《中國哲學簡史》，涂又光譯，北京：北京大學出版社，2010年，第250頁。
〔註88〕錢穆：《陽明學述要》，北京：九州出版社，2010年，第6頁。

清季又再度受到士大夫的歡迎。新文化運動期間，雖然儒家遭到新文化人的嚴厲批判，但批判對象也有細微的區別，在「個性解放」的訴求下，思想文化界更多針對的是程朱理學，心學傳統反被革新者部分接納。尤其是在社會轉型之際，陽明學從社會下層展開秩序重建的設想，得到了較多士大夫的認同。而陽明學對「內聖」與「外王」的兼顧，尤其受到晚清以來政治家的眷顧。如蔣介石以陽明格言爲修身的準則〔註89〕，毛澤東的實踐論也深受陽明「知行合一」的影響〔註90〕。郭沫若正是在清季以來陽明學復興的背景下接受其觀點的，而他對陽明學的體悟，也較爲切中陽明學要旨。他之所以轉向陽明學，並非是爲了治學，而是心理需求。正如他所說，「我對於他的探討與哲學史家的狀態不同，我是以徹底的同情去求身心的受用。普通的哲學史家是以客觀的分析去求智欲的滿足的。」〔註91〕這種閱讀和闡釋方式難免個人偏見，但這正符合陽明學的精義，即強調「尊德性」而非「道學問」。錢穆對此也持肯定態度，如他在分析王陽明對《大學》的解釋時，便認爲與其糾纏於王陽明的解釋是否符合原意，倒不如把眼光就放在他如何解釋上。因此，他治陽明學的心得是：「讀者須脫棄訓詁和條理的眼光，直透大義，反向自心，則自無不豁然解悟。」〔註92〕可見，郭沫若迴避經義注解，直接閱讀王陽明的做法，恰恰貼合陽明心學從人心出發的要義，這正是「五四」時期郭沫若爲孔子辯護的方式，也是郭沫若四十年代治諸子學的方法。

陽明學對郭沫若的影響，除了新文化運動時期他爲孔子辯護之外，還體現在緊接其後的國故整理中。「五四」過後，作爲新文化運動旗手的胡適，卻轉而提倡國故之學，無論他用心如何良苦，都難免激進派的討伐。郭沫若對胡適的做法倒不無同情處，在他看來，「大凡一種提倡，成爲了群眾意識之後，每每有玉石雜糅，珠目混淆的情況」〔註93〕。當整理國故成爲一種風氣時，

〔註89〕 參考楊天石：《做「聖賢」還是做「禽獸」——蔣介石早年修身中的「天理」、「人欲」之戰》，載氏著《尋找眞實的蔣介石》，太原：山西人民出版社，2008年，第37頁。

〔註90〕 參考魏斐德：《歷史與意志：毛澤東思想的哲學透視》第四部分，李君如等譯，北京：中國人民大學出版社，2005年。實際上，毛澤東《實踐論》的副標題便是「論認識和實踐的關係——知和行的關係」，參考《毛澤東選集》第1卷，北京：人民出版社，1991年，第282頁。

〔註91〕 郭沫若：《儒家精神之復活者王陽明》，《文藝論集》，上海：光華書局，1929年，第81頁。

〔註92〕 錢穆：《陽明學述要》，北京：九州出版社，2010年，第1頁。

〔註93〕 郭沫若：《整理國故的評價》，《創造周報》第36號，1924年1月23日。

不僅其本來的訴求被掩蓋，也難免招來批判的聲音，吳稚暉與成仿吾的批評就是如此。郭沫若對整理國故不僅不反對，而且認為成仿吾對胡適的批評失之偏激。在他看來，無論是提倡還是反對整理國故都沒錯，前提是要本著自己的「良心」，不要把自己的意見強加於他人，只要都從良心出發，那麼無論從事什麼工作都是殊途同歸的：「只要先求人有自我的覺醒，同是在良心的命令下作爲，則百川殊途而同歸於海，於不同之中正可以見出大同，不必兢兢焉強人以同；亦不必兢兢焉斥人以異。」〔註94〕整理國學正需如此，「只要研究者先有眞實的內在的要求，那他的研究至少在他自己便是至善。」〔註95〕在面對國學研究這一社會問題時，良心——陽明心學的核心範疇——在郭沫若作出價值判斷時依舊起著軸心的作用，而良心這一傳統士大夫的認知與道德範疇，對郭沫若四十年代的政治選擇也不無影響。

三、士大夫的人格與功業

如果說陽明學提供的是認識方法的話，那麼，抗戰時期他的儒學研究才眞正開始關注切身的問題。抗戰爆發前夕，因不滿蘇雪林與胡適通信中對魯迅的謾罵之辭，郭沫若寫下了《借問胡適——由當前的文化動態說到儒家》一文，該文前兩節爲魯迅辯護，後半部分則是駁斥胡適的《說儒》〔註96〕。該文發表後，因戰爭的影響未受到學界注意，抗戰期間，郭沫若又將該文後半部分直接冠以《駁〈說儒〉》的題目，重新刊布，收入《蒲劍集》《青銅時代》等文集中，可見其重視程度。與「整理國故」期間他從方法的角度聲援胡適不同，這篇文章是基於儒家精神內涵的學理考辨。

在這篇文章中，除了就一些具體的史料加以考校外，他主要駁斥了胡適《說儒》一文對「儒」的起源的解釋。胡適是從宗教的角度來解釋的。在他看來，「『儒』本來是亡國遺民的宗教，所以富有亡國遺民柔順以取容的人生觀，所以『儒』的古訓爲柔懦」〔註97〕；孔子也並不是儒教的創始人，而是儒教中興的人物，其地位是由「五百年後必有聖者興」這種民間思想神化形

〔註94〕 郭沫若：《整理國故的評價》。
〔註95〕 郭沫若：《整理國故的評價》。
〔註96〕 關於郭沫若寫作此文的歷史語境和對話對象，可參考何剛：《郭沫若〈駁《說儒》〉撰寫緣起初論》，《新文學史料》，2014年第4期。
〔註97〕 胡適：《說儒》，《歷史語言研究集刊》，第四本第三分冊，1934年，第269頁。按，胡適的學術貢獻在於打破了諸子爲王官之學的成說。

成的。在郭沫若看來，這種將儒家與猶太教的比附根本靠不住，儒也並非是
殷人的奴性宗教。他結合殷周制度變革與青銅銘文的材料，證明儒的發生是
「春秋時代的歷史的產物」，是「西周的奴隸社會制度漸崩潰中所產生出來的
結果」〔註98〕；他認爲儒的來源主要有兩個方面：「有由貴族階級沒落下來的
儒，也有由庶民階層騰達上去的暴發戶。」〔註99〕雖然郭沫若並不肯定儒這
一階級身份，但卻對儒的社會作用作了歷史評價，認爲它對學問從官府到民
間的轉化有歷史貢獻。

郭沫若與胡適的眞正分歧在於他們對儒的角色定位。胡適據許愼《說文》
解「儒」爲「柔」，這有值得商榷處。後來錢穆也寫有《駁胡適之〈說儒〉》，
在他看來，胡適之將《說文》「儒者柔也術士之稱」解釋爲儒家尚柔是不懂斷
句的結果。即「柔」只是注音，而非釋義。錢穆認爲：「柔者儒字通訓，術士
則儒之別解。胡文不辨許書句讀，遂疑儒術尚柔，橋矣。即謂儒道尚柔，亦
未必與亡國遺民相涉。」〔註100〕郭沫若並未考察這個問題，因而承認儒有柔
弱之意，並與胡適一樣對「柔」作了社會學解釋，不過郭沫若的判斷與胡適
恰好相反，他認爲，「儒之本意誠然是柔，但不是由於他們本是奴隸而習於服
從的精神的柔，而是由於本是貴族的而不事生產的筋骨的柔」〔註101〕。他又
從金文中尋得材料，證明儒從周代起就是積極進取的仁道。而從郭沫若與錢
穆論學的方式也可看出二人的差別，郭沫若對儒非柔的解釋，是主觀意志先
行，用他自己的話說就是「研究者先有眞實的內在的要求」，是「六經注我」
的方式。

〔註98〕郭沫若：《借問胡適——由當前的文化動態說到儒家》，《中華公論》創刊號，
　　　　1937年7月20日。

〔註99〕郭沫若：《借問胡適——由當前的文化動態說到儒家》。

〔註100〕錢穆：《駁胡適之〈說儒〉》，香港大學《東方文化》卷1期。錢穆以術士解釋
　　　　儒的來源，後有其學生余英時揚其波，在余英時看來，士的興起是由封建社
　　　　會解體所帶來，其來源是「上層貴族的下降和下層庶民的上升」，（余英時：《士
　　　　與中國文化》，上海：上海人民出版社，2003年，第10頁），可見，其與郭
　　　　沫若的分歧僅僅在於社會性質的判定不同，其背後有意識形態的因素，但也
　　　　有史學觀念之別。郭沫若自認爲他的一大貢獻便是證明周是奴隸社會，而春
　　　　秋戰國時代的制度變化，則是從奴隸到封建社會的變化。而余英時所說的封
　　　　建社會，與郭沫若所說則完全不是一碼事，他是從歷史的內部來觀看歷史，
　　　　因此，他所說的封建是中國傳統的「分封建國」之意，而郭沫若則是從傳統
　　　　之外重新定義了封建這一概念。

〔註101〕郭沫若：《借問胡適——由當前的文化動態說到儒家》，《中華公論》創刊號，
　　　　1937年7月20日。

　　郭沫若將儒的原始義強解為積極用世，是為強調孔子的事功張本。在他看來，先秦諸子本來就不是純粹的思想家，而是道德家兼倫理家，「嚴格地說來，先秦諸子可以說都是一些政治思想家」〔註102〕。對內聖與外王的兼顧，是儒家別於其它諸子的一個特點。孔子雖欲為聖，但也積極追求用世，他周遊六國正是為了尋求建功的機會。儒家事功的承擔者和實踐者為士。在郭沫若看來，先秦諸子的思想都兼有道德與倫理二重色彩，這種共通性的根源是諸子都同屬士的階層，而在他的研究中，士的來源與儒一樣，也是經由庶民的上升和貴族下降所造成的，士最初是文武兼備的，只是後來職業化了，成了候補的官吏〔註103〕。他追摹的是士大夫，而非職業化的士。正如孔子視欲學稼穡的樊遲為小人一樣，郭沫若認可的是「球形天才」。所謂「球形天才」，是相對「直線天才」而言的：

　　　　直線形的發展是以他一種特殊的天才為原點，深益求深，精益
　　　求精，向著一個方向漸漸展延，展到他可以展及的地方為止：如像
　　　純粹的哲學家，純粹的科學家，純粹的教育家，藝術家，文學家……
　　　都歸此類。球形的發展是將他所具有的一切的天才，同時向四方八
　　　面，立體地發展了去，這類的人我只找到兩個：一個便是我國底孔
　　　子，一個便是德國底歌德。〔註104〕

郭沫若大學期間接受的雖然是標準的專業醫學訓練，但他的人格理想並不是現代的專業型人才，而是傳統的士大夫。據史家分析，士大夫的身份特徵就是身兼「學士」與「官僚」的二重身份，「不僅涉身於純粹行政事務和純粹文化活動，還承擔了儒家正統意識形態」〔註105〕；這也就是學者所指出的「道學政」一體：「一個人就是詩的人、政治的人、社會的人、歷史的人、形而上的人」〔註106〕。

　　值得留意的是，抗戰時期，中國思想文化界對傳統士大夫一度有著極高的呼聲。如「戰國策」派的林同濟，就多次撰文批判現代士大夫的官僚化，

〔註102〕郭沫若：《孔墨底批判》，《群眾》，第 10 卷第 3、4 期合刊副冊，第 21 頁。
〔註103〕郭沫若：《我怎樣寫〈青銅時代〉和〈十批判書〉》，《民主與科學》，第 1 卷第 5、6 期，1945 年 5 月。
〔註104〕田壽昌　宗白華　郭沫若：《三葉集》，上海：亞東圖書館，1920 年，第 12 頁。
〔註105〕閻布克：《士大夫政治演生史稿》，北京：北京大學出版社，1995 年，第 9 頁。
〔註106〕杜維明：《道學政：論儒家知識分子》，上海：上海人民出版社，2000 年，第 9 頁。

呼喚先秦身兼「六藝」的士，這與郭沫若的觀點有極大的相似性。在林同濟看來，先秦的士與現代不同，「那時代（西周至春秋前期）的士，（一）是爵祿世襲的；（二）是有戰鬥訓練的；（三）是有專司的職業的。也就是說，封建的士是貴族的、武德的、技術的。」〔註107〕為此他特撰「大夫士」一詞來形容先秦文武兼備的貴族士，以區別於後來的文官。無論是郭沫若所說的「球形天才」，還是林同濟所說的「大夫士」，都來自儒家「君子不器」的人格理想。按朱熹的解釋：「器者，各適其用而不能相通。成德之士，體無不具，故用無不周，非特為一才一藝而已」〔註108〕。郭沫若後來在詩詞中，也以「不器民滔」來形容毛澤東；而他之所以視王陽明為孔子之後真正體現儒家精神的第一人，也正是鑒於王陽明多方面的成就。王陽明少年沉溺詞章，後進入官場，中年立志為聖，且獨創心學，傳下弟子無數；不僅如此，他也是一個文武兼備者，不僅高中進士，仕宦途中還兩度立下軍功。這正是郭沫若所形容的球形天才，是士大夫理想的人格類型，可以說，王陽明是真正體現了儒家「立言、立功、立德」三不朽的人。

士大夫的人格理想，很大程度上是由其政治理想決定的。儒家「王者師」的理想，需要借助君王的「勢」才能達到治國的目的。為了順利借勢而不屈於勢，便需要在尊王的前提下另建一個象徵系統，也就是道統，以對抗現實的政統。這意味著，士大夫在權力體系上要遵守君王號令，但要掌握意識形態話語權，以制衡君王的絕對權力。從而使君王施行儒家的治國方略，以達到「平天下」的「立功」理想。士大夫與君王的這一結構關係，隨著清王朝的覆滅與民國政府的建立，發生了歷史性的轉變，這就是君主制被現代的政黨政治所替代，政黨而不是君王成為國家權力的主體。正如葛蘭西所指出的，現代的君主「就是政黨」〔註109〕。而從現實來看，無論是國民黨還是共產黨，都是以革命自居的政黨，因而都可能成為革命者郭沫若的選擇。抗戰初期，他雖與國民黨再度合作，但他們的分歧也逐漸顯露，很大程度上便是因為郭沫若的革命理念在國民黨內難以實現。這種分歧導致郭沫若與執政黨越來越疏遠，轉而從文化政治的途徑，發揮傳統士大夫「清議」的批判傳統。但隨著郭沫若對馬克思與列寧主義的引入，也使他陷入了言議與行動間的矛盾。

〔註107〕林同濟：《士的蛻變——由技術到宦術》，《大公報・戰國副刊》，1941 年 12 月 24 日。
〔註108〕《四書章句集注》，北京：中華書局，1983 年，第 57 頁。
〔註109〕葛蘭西：《葛蘭西文選》，北京：人民出版社，2008 年，第 115 頁。

四、革命士大夫的困境與出路

郭沫若在現代革命史上的功績，或許在於他對革命道統的建設。如二十年代末他以唯物史觀對上古史所作的研究，將馬克思主義從社會領域引入到了歷史與思想研究領域。尤其是他抗戰前夕所寫的《先秦天道觀之進展》一文，更是借助進化論、啓蒙理性、馬克思唯物論等革命武器，對殷商至戰國的意識形態作了系統批判。他的研究不僅爲用馬克思主義研究中國問題提供了方法借鑒，也貢獻了較爲重要的研究成果。

就他對先秦天道觀的研究而言，在他看來，殷人的至上神是有意志的人格神〔註110〕，是一種準宗教，周人則發展出了重人事的「德」，這一觀念是對殷人人格神的突破，這表明周的統治者原可放棄宗教，但周人卻繼承了殷人的天道觀，目的是出於統治的需要：「周人之繼承殷人的天的思想只是政策上的繼承，他們是把宗教思想視爲了愚民政策。自己儘管知道那是不可信的東西，但拿來統治素來信仰它的民族，那是很大的一個方便。自然發生的原始宗教成爲了有目的意識的一個騙局。」〔註111〕這種歷史研究實際上是對先秦諸子的重新洗牌，以革命的需要爲標準重新調整諸子學說的秩序。但郭沫若與其它左翼知識分子的不同處在於，他依舊選擇了孔子而非墨子，作爲革命道統的象徵。但也正因爲此，他也要面對二者內在的矛盾。從表面來看，郭沫若的主要標準爲是否具有宗教思想。孔子從周，拒談鬼神和死亡，因而被他作爲唯物論者予以表彰。然而孔子卻肯定祭祀，注重禮與德。更爲內在的分歧是，孔子對秩序的重視，強調安於其位，這與革命的實踐訴求也內在衝突。

郭沫若之所以陷入這個困境，與他的問題視野有關。無論是《先秦天道觀之進展》還是《十批判書》，都是在馬克思唯物主義理論的指導下完成的。這些理論直接來源於他三十年代對馬克思和恩格斯相關著作的翻譯。學界對他二十年代翻譯河上肇《社會組織與社會革命》一事關注較多，但對他三十年代的翻譯卻殊少涉獵〔註112〕。郭沫若蟄居日本期間，先後翻譯了三部馬、恩的著作，包括《德意志意識形態》（郭譯爲《德意志觀念體系論》）、《政治

〔註110〕郭鼎堂：《先秦天道觀之進展》，上海：商務印書館，1936 年，第 11 頁。該文後收入《青銅時代》。

〔註111〕郭鼎堂：《先秦天道觀之進展》，第 24 頁。

〔註112〕黃曉武對這一問題有過探究，參見黃曉武：《馬克思主義與主體性》，北京：中央編譯出版社，2012 年，第 56～57 頁。

經濟學批判》和《藝術作品之眞實性》。這是馬克思主義意識形態批判的主要理論，對郭沫若的先秦思想史研究影響深遠，如他借助馬克思對宗教的批判考察先秦的「天道觀」便是如此，而《十批判書》中的「批判」一語及其方法都直接源於馬克思。

在《德意志意識形態》一書中，馬克思批判了費爾巴哈「宗教的自我乖離」，「即是世界分爲一個宗教的與一個現世的之雙重化」的認識論起點，他進而指出「『宗教情操』本身是一個社會的產物」〔註113〕。馬克思對宗教的批判，是郭沫若批評先秦天道觀的理論來源。但革命儒家的困境，還不在於孔子對祭祀的重視有愚民的嫌疑，乃在於馬克思對意識形態批判這種方式的質疑。馬克思在《德意志意識形態》一書中，對新黑格爾主義提倡精神領域的革命作了嚴厲批判，即認爲他們「只是在和『言辭』戰鬥」，而且，「他們對於這些言辭也不外徒弄言辭，他們假如只是和這個世界之言辭鬥爭，他們從不曾鬥爭著這現實的既成的世界。」〔註114〕也正是在這個提綱中，馬克思指出「哲學家們只曾把世界作種種解釋，目前是歸結到，要改革世界」〔註115〕。對於革命者來說，這意味著要放棄「詞語」的力量，從批判的武器轉向武器的批判。雖然郭沫若在二十年代中期的小說《馬克斯進文廟》中，就讓馬克斯與孔子當面談論主義的問題，並取得了一致〔註116〕。但他們的一致主要是基於「共產主義」與「大同世界」的烏托邦層面，而不是具體的實踐方法。二者在方法和道路上的差別，是革命士大夫所要面對的矛盾。

郭沫若解決這個問題的途徑是對儒家思想進行再闡釋，強化儒家的實踐色彩。他的改造是從儒家的核心概念德與禮開始的。既然德與禮的內在超越

〔註113〕馬克斯　恩格斯：《德意志意識形態》，郭沫若譯，言行出版社，1938 年，第31、33 頁。現譯爲：「『宗教情感』本身是社會的產物。」（馬克思　恩格斯：《馬克思恩格斯選集》，第 1 卷，北京：人民出版社，1972 年，第 18 頁）。

〔註114〕馬克斯　恩格斯：《德意志意識形態》，郭沫若譯，言行出版社，1938 年，第48 頁。《馬克思恩格斯選集》譯爲「他們僅僅是爲反對『詞句』而鬥爭」，「他們只是用詞句來反對這些詞句，既然他們僅僅反對現存世界的詞句，那麼他們就絕不是反對現實的、現存的世界。」（馬克思　恩格斯：《馬克思恩格斯選集》，第 1 卷，北京：人民出版社，1972 年，第 23 頁）。

〔註115〕馬克斯　恩格斯：《德意志意識形態》，第 34 頁，郭沫若譯，言行出版社，1938年。現譯爲：「哲學家們只是用不同的方式解釋世界，而問題在於改變世界。」（馬克思　恩格斯：《馬克思恩格斯選集》，第 1 卷，北京：人民出版社，1972年，第 19 頁）。

〔註116〕郭沫若：《馬克斯進文廟》，《洪水》，1926 年第 1 卷第 7 期。

之路無法真正切入歷史現實，那麼，郭沫若就將德的義項進行細分。因在甲骨文和銘文中只發現了「德」字而未發現「禮」字，他由此推論禮是後起的概念，從而將德與禮這兩個並列的範疇闡釋為具有歷史性的承接概念。同時，他又根據地下史料賦予了德以新的義項：

> 德字照字面上看來是從値（古直字）從心，意思是把心思放端正，便是《大學》上所說的「欲修其身者先正其心」。但從《周書》和「周彝」看來，德字不僅包括著主觀方面的修養，同時連客觀方面的規範——後人所謂的「禮」——都是包含著的。禮字是後起的字，周初的彝銘中不見有這個字。禮是由德的客觀方面的節文所蛻化下來的，古代有德者的一切正當的行為的方式彙集下來便成為後代的禮。德的客觀上的節文，《周書》中說得很少，但德的精神上的推動，是明白地注重在一個「敬」字上的。敬者警也，本意是要人時常努力不要有絲毫的放鬆。在那消極一面的說法便是「無逸」。還有《周書》和「周彝」大都是立在帝王的立場上來說話的，故爾那兒的德不僅包含著正心修身的工夫，並且是有治國平天下的作用包含在裏面的。便是王者要努力於人事不使喪亂有縫隙的可乘，天下不生亂子，天命也就算是時常保存著的。〔註117〕

這就將「德」的範疇分為了客觀的禮（制）與主觀的敬（行）兩個方面，孔子所繼承的德也具有禮和行的雙重含義。同時，郭沫若將「禮」解釋為社會制度，將「天命」解釋為自然規律，在將孔子塑造為樸素唯物論者的同時，也強調了他重實踐的一面。既然德本身就是一種實踐方式，內聖與外王也就有了溝通的途徑。

　　除了儒家思想體系所內涵的實踐性外，郭沫若還從歷史的角度，闡明儒者對社會革命的熱情。他根據《墨子·非儒篇》對儒家陽貨、漆雕開等人的非難，進而認為「孔子是祖護亂黨」〔註118〕，而亂黨「在當時都要算是比較能夠代表民意的新興勢力」，符合歷史發展的潮流。這包括「子貢、季路輔孔悝亂乎衛」、「陽貨亂乎齊」等，都被他從傳統歷史敘述中的「亂黨」，翻案為進步的「新興勢力」〔註119〕。而「漆雕開形殘」，在他看來也是因參與叛亂所

〔註117〕郭鼎堂：《先秦天道觀之進展》，上海：商務印書館，1936年，第26頁。
〔註118〕郭沫若：《孔墨底批判》，《群眾》，第10卷第3、4期合刊副冊，第6頁。
〔註119〕郭沫若：《孔墨底批判》，《群眾》第6頁。

致，並認爲這是儒家裏面「一個近乎任俠的別派」，從而對學界「俠出於墨」的觀點提出質疑〔註120〕。

從「道學政」一體的角度，郭沫若找到的理想人物還是宋儒，如王陽明的「知行合一」、「事上磨煉」等，以及陽明左派的鄉村實踐，都是儒家溝通內外、走向社會實踐的範例。此外，郭沫若還找到了王安石，這位在研究者視爲對南宋士大夫影響極深，「附在許多士大夫的身上作祟」的「幽靈」〔註121〕。在郭沫若看來，王安石也是一位「球形天才」，「不僅是一位政治家、文學家，而且是一個經學家、文字學家」。他在治學的同時，「對於國家政事並未荒疏」，這使他不同於一般的學者，他們往往難以兼顧學問與政事，王安石不同，他有著「百科全書那樣的淵博」，「不僅在書本上用工夫，對於活社會並未忘懷，因此就形成了他是中國歷史上一個偉大的政治家，有目的，有政見，有辦法，有膽量」〔註122〕，其政治理念也最終轉化爲變法的實際政策。從王安石、王陽明等兼顧立德、立言與立功的宋儒這裡，郭沫若找到了儒家精神的內在實踐性，從而爲革命儒家溝通道統與政統提供了可能。

五、儒家人道主義

值得進一步追問的是，儒家思想本身並不缺乏實踐性，孔子本來就注重人倫日用，強調實踐，如「君子欲訥於言，而敏於行」、「聽其言而觀其行」、「古者言之不出，恥躬之不逮也」等，李澤厚甚至據此總結出一種「實踐理性」或「實用理性」的態度，認爲「它構成儒學甚至中國整個文化心理的一個重要的民族特徵」〔註123〕。李澤厚固然是認爲中國思想缺乏超越的價值關懷，但四十年代的馮友蘭卻早將超越性納入了進來，認爲中國哲學的最高境界是「超越人倫日用而又即在人倫日用之中」〔註124〕。也就是說，儒家本來就設計了一種從個人修身到社會關懷的實踐方式。但對於郭沫若，他的問題顯然並不僅僅是以革命理念重新闡釋儒家，或者以儒家思想來印證革命觀念。而是如何綜合儒家思想與馬列主義理論，爲國民革命之後的「繼續革命」，

〔註120〕郭沫若：《孔墨底批判》，《群眾》，第10卷第3、4期合刊副冊，第12頁。
〔註121〕余英時：《宋代士大夫政治文化概論——〈朱子文集〉序》，載《士與中國文化》，上海：上海人民出版社，2003年，第519頁。
〔註122〕郭沫若講，高原記：《王安石》，《青年知識》，第1卷第3起，1945年。
〔註123〕李澤厚：《中國古代思想史論》，北京：人民出版社，1985年，第29頁。
〔註124〕馮友蘭：《新原道》，重慶：商務印書館，1945年，第2頁。

提供理論與方法上的指導，及意識形態上的支持，也就是要爲革命重塑道統。
這就要求他重新定位士大夫的社會角色，並從儒家思想提取新的革命理念。

　　對於士大夫與革命的關係問題，郭沫若通過研究秦楚之際儒者的歷史，
發現儒者不僅「袒護亂黨」，而是直接「參加了革命」。在他看來，陳涉、吳
廣起義期間，儒者「有的在事前就有秘密活動，有的在事發時便立即參加了」
〔註125〕，如孔甲、陳餘、陸賈、叔孫通等，他們都是革命儒家的代表。此外，
郭沫若還賦予吳起以革命儒家的身份。在他看來，「吳起儘管是兵家、政治家，
但他本質是儒」，「是把孔子的『衣食足兵』，『世而後仁』，『教民即戎』，反對
世卿的主張，切實做到了的」，因此，他「才算得是一位眞正的儒家的代表」
〔註126〕，尤其肯定他在楚變法期間所提倡的「損其有餘而綏其不足」等政策，
認爲這「充分地表示出了一位革命政治家的姿態」〔註127〕。

　　但法家的霸道畢竟只是手段，郭沫若更爲注重的是目的。由此，他對
儒家的「仁」也作了再闡釋，將孔子的思想從整體上定位爲人道主義，孔
子因而也成爲一個人道主義者。在他看來，作爲孔子「思想體系的核心」
的「仁」，是春秋時代出現的新名詞，「含義是克己而爲人的一種利他的行
爲」。而儒家人道主義思想的出發點，是「仁者愛人」，「『人』是人民大眾，
『愛人』爲仁，也就是『親親而仁民』的『仁民』的意思了」，「因此我們
如更具體一點說，他的『仁道』實在是爲大眾的行爲」，「他要人們除去一
切自私自利的心機，而養成爲大眾獻身的犧牲精神」。如果說仁是儒家思想
的內在法則，那麼禮就是外在的約束，「是一個時代裏面所有的維持社會生
活的各種規律，這是每個人應該遵守的東西」。「禮」的意義在於，「各個人
要在這些規律之下，要使自己不要放縱自己去侵犯眾人，更進寧是犧牲自
己以增進眾人的幸福」。因而，「這是相當高度的人道主義」〔註128〕。孔子
所說的「吾道一以貫之」，在郭沫若看來，孔子所持的一貫之道，也就是「由
內及外，由己及人的人道主義」〔註129〕。

　　對於儒家人道主義的評價，郭沫若是將其置於特定的歷史語境中評判

〔註125〕郭沫若：《秦楚之際的儒者》，《中蘇文化》，第 15 卷第 2 期，1944 年 2 月。

〔註126〕郭沫若：《述吳起》，《東方雜誌》，第 40 卷第 1 號，1944 年 1 月 15 日。

〔註127〕郭沫若：《述吳起》。

〔註128〕郭沫若：《孔墨底批判》，《群眾》，第 10 卷第 3、4 期合刊副冊，第 16、17
　　　　頁。

〔註129〕郭沫若：《孔墨底批判》，《群眾》，第 19 頁。

的。在他看來，「這種所謂仁道，很顯然的是順應著奴隸解放的潮流的。這也就是人的發現。每一個人要把自己當成人，也要把他人當成人，無寧是先要把他人當成人，然後自己才能成為人。不管你是在上者也好，在下者也好，都是一樣」〔註130〕。這一觀點，是基於其古代歷史社會研究的成果。根據他對古代社會性質的分析，春秋戰國時期是「由奴隸制逐漸移行於封建制」的時期，社會變革「在意識形態上便生出極大的反映」，其中最明顯的就是「人民的價值生了莫大的變易」，從生產奴隸提升到人的層次了〔註131〕。「因為人民的價值提高了，故爾倫理思想也發生了變革，人道主義的思潮便澎湃起來了」，儒家人道主義便是在這個歷史背景下提出的。因而，「仁」字的出現，「是當時的一個革命的成果」〔註132〕。儒家是順應「奴隸」的解放潮流而出現的人道主義，這種歷史敘事，不僅從發生學的角度賦予了儒家思想以革命內涵，還將「民」這個儒家中的核心概念，轉化為現代革命語境中的動力和主體。

不可否認的是，郭沫若所謂的儒家人道主義，並不僅僅是純從思想史視野著眼的，它本身也有著強烈的社會關懷甚至是現實政治訴求。無論是「亂黨」還是「人民」這類詞彙，都與當時的政治密切相關。「亂黨」是國民政府貼給中共的標籤，郭沫若強調孔子袒護亂黨，並為亂黨翻案，也是在為中共尋求政治的合法性，乃至道統的支持。而「人民」則是中共所劃定的革命主體，是毛澤東所提的「新民主主義」的歷史主體，郭沫若將儒家思想中的「民」，不加辨析地「翻譯」為人民，也是以偷換概念的方式宣傳其革命主張。

不過，郭沫若雖極力從儒家思想的角度，為中共的革命提供思想支持，但儒家人道主義卻並不能完全為中共革命所覆蓋，而是帶著大量的思想冗餘。如他對儒家人道主義的發生學解釋，無論是人民從奴隸到人的地位變化，還是「人的發現」、「把他人當成人」等具體說法，都延續了「五四」的人道主義與「人的發現」等主題；同時，這本身也是儒家民本主義的內在之義。因此，儒家人道主義的內涵，是在新文化人、革命者和士大夫等綜合視野下賦予的。這種綜合性，從知識論的角度看，是儒家傳統、新文化傳統與革命理論之間的相互塑造，是如林同濟所指出的，在綜合的基礎上為中國歷史做

〔註130〕郭沫若：《孔墨底批判》，《群眾》，第 10 卷第 3、4 期合刊副冊，第 20 頁。
〔註131〕郭沫若：《屈原思想》，《新華日報》，1942 年 3 月 9 日，第四版。
〔註132〕郭沫若：《屈原思想》。

出的全體的「文化攝相」﹝註 133﹞。這種綜合的視野，在四十年代具有一定的普遍性，是知識分子思考建國問題時的主要方法。因此，從歷史的角度看，儒家人道主義也是郭沫若爲歷史走向提供的一種方案。而較之國共兩黨的建國理念，郭沫若的綜合視野一定程度上反映了中間勢力的願望，是四十年代歷史開放性的有機部分。

　　1943 年是同盟國開始扭轉戰局，也是中國知識分子將問題從抗戰轉向建國的關鍵一年。此時郭沫若重新回到諸子學，並特意表彰儒家思想，也可視爲他不安於國共兩黨爲他劃定的文人身份，而急於匡世的思想外觀。在郭沫若看來，孔子的濟世思想，就表現在他「很想積極地利用文化的力量來增進人民的幸福」，而他的方式，也正是在裁容新舊的基礎上重建「一個新的體系」。正如他對於孔子思想體系成因的解釋：「對於過去的文化於部分地整理接受之外，也部分地批判改造，企圖建立一個新的體系來以爲信賴的封建社會的韌帶。廖季平康有爲所倡導的『託古改制』的說法確實是道破了當時的事實」﹝註 134﹞。廖季平是郭沫若的經學師祖，在今文經學的傳統內，郭沫若對儒家的核心觀點「仁」「禮」「樂」進行再解釋，其做法也無非是託古改制，重建一套象徵系統。將儒家與革命進行嫁接，實際上是在重建道統，爲社會變革尋求合法性。

　　但還需進一步辨析的是，郭沫若從革命的角度對儒家思想的重新闡釋，究竟是讓儒家思想現代化、革命化了，還是讓革命重新回到了儒家的傳統之內。這依舊是一個懸而未決的問題。就郭沫若來看，他的諸子學批判，表現出了馬克思主義強大的理論穿透性、解釋力，以及他自身的話語轉換能力，他似乎輕而易舉地就完成了從傳統到革命的轉化；但從他抗戰之際的文化政治實踐來看，無論是前揭的詩詞唱和、他對儒家思想的堅守，還是他此後的政治命運，都表明他反而回到了士大夫這一傳統身份，或者是類似柳亞子等南社詩人的革命士大夫角色。郭沫若在抗戰時期對士大夫文化的回歸，也提示我們對學界將中國現代的社會心態，描述爲晚清的「儒家情感結構」、五四時期的「啓蒙情感結構」到國民革命後的「革命情感結構」﹝註 135﹞，這種線性的劃分和定性需持謹慎乃至反思的態度。郭沫若在話語與行動間的不對等

﹝註 133﹞林同濟：《第三期學術思潮的展望》，《大公報》，1940 年 12 月 15 日。

﹝註 134﹞郭沫若：《孔墨底批判》，《群眾》，第 10 卷第 3、4 期合刊副冊，第 16 頁。

﹝註 135﹞Haiyan Lee, *Revolution of the Heart: A Genealogy of Love in China, 1900～1950*, Stanford: Stanford University Press, 2007.

轉化，也顯示了他身處歷史現場的矛盾性，以及革命與儒家在現代中國的複雜關聯。

第三節　知識與革命：被「誤讀」的《甲申三百年祭》

甲申年間說「甲申」

《甲申》的政治性

「李岩，我對他有無限的同情」

按傳統的甲子紀年，一九四四年是甲申年，上距崇禎殉明三百年。時在陪都重慶的郭沫若寫下了一篇關於甲申年的文章《甲申三百年祭》（後文簡稱《甲申》，引文照錄），旋即引起軒然大波，不僅激發了學術論爭和政治論爭，而且還參與到了政黨政治文化的確立過程之中，毛澤東在解讀出李自成因驕傲而失敗的經驗教訓後，將其欽定為整風文件，建國後的歷屆領導也將其作為政治思想遺產而不斷加以強調，以至於它本身已生成了一個強有力的傳統，成了現代學術史和政治史上一個神話。

學界對《甲申》的研究已所在多有，但多從歷史學視野作史料考辨，或臧否郭沫若的研究方法或歷史結論。但對於這樣一個政治意義大於學術意義的文本，或許我們不僅要從學術內部對其進行分析，還需將其置於四十年代的學術、思想與政治的關係域中，探討它所具有的時代話題性與問題性，通過再歷史化的方式分析這個神話的語法結構，也就是意識形態工程是如何圍繞這個學術文本建造起來的。而在祛除這個文本的政治迷魅之後，我們還試圖從文本內部尋找研究者的主觀意圖，並將其置於四十年代的歷史情境中，考察其歷史想像的獨特性。

一、甲申年間說「甲申」

《甲申》本身已成傳奇，但它誕生時卻無異兆。文人本來就好發思古之幽情，更何況是甲申年，這樣一個士大夫的憑弔已成傳統的時刻。周作人對此便深有感觸，1944 年初他就寫道，「甲申年又來到了。我們這麼說，好像是已經遇見過幾回甲申年似的，這當然不是。我也是這回才算遇見第二回的甲申年，雖然精密一點的算，須得等到民國三十四年，我才能那麼說，因為六十年前的今日我實在還沒有出世也。說到甲申，大家彷彿很是悶心，這是什

麼緣故呢？崇禎十七年甲申是崇禎皇帝殉國明亡的那一年，至今恰是三百年了。這個意義之重大是不必說的」〔註136〕。知堂老可能是身在淪陷區的緣故，所以感受特別深，但身在大後方的鼎堂也是如此，他的文章不僅篇名「甲申三百年祭」讓人感慨，開篇更是如此：「甲申輪到他的第五個周期，今年是明朝滅亡的第三百週年紀念了。」〔註137〕看似平實的起筆，讀來卻不無波瀾，歷史循環的重壓讓人感受甚深。祭奠甲申似乎是士大夫的一個心結。

但這個文本的產生也並非僅僅源於士大夫的文化傳統這麼簡單，而是一開始就有政黨力量的介入。1944 年（甲申年）初，重慶文化界曾在郭沫若家討論如何紀念明亡三百年的問題，熱衷南明史研究的柳亞子，被大家一致推舉爲牽頭人。按他回憶是，「今年一月卅一日，受到於懷兄同月十六日從渝都發出的一封信，說道：『今年適值明亡三百年，我們打算紀念一下，沫若先生們都打算寫文章。昨天在郭先生家和一些朋友閒談，大家都一致認爲你是南明史泰斗，紀念明亡，非你開炮不可』」〔註138〕。於懷是喬冠華的筆名，此時任中共黨刊《群眾》的主編，並主持《新華日報》「國際專欄」。皖南事變後，中共將國統區的鬥爭主要轉向文化領域，常通過節慶、紀念日與爲名人做壽等方式開展文運工作〔註139〕。《群眾》每逢節慶都會組織紀念文章，甲申三百年這樣一個含義豐富的歷史時刻自然不會錯過；而柳亞子既有民主人士身份，有強烈的南明情懷，又在從事南明史研究，讓柳亞子打頭陣在情理之中。

然而，當柳亞子收到約稿信時，恰逢「神經衰弱病還很厲害，腦子像頑石一般，不能發生作用」，只好回信謝絕，打頭陣的任務也就落到了郭沫若身上。郭文於 3 月 10 日完稿，並將文章直接交給了中共南方局負責人董必武，由董交《新華日報》，從 3 月 19 日起分四期連載，這或許是《新華日報》有史以來刊發的最長的文章。《新華日報》也不是簡單連載，而是配合了其它相關文章一起刊載，這些文章具有引導、解釋甚至校正的作用。如郭文一開始流露出的對崇禎的同情，尤其是他將重點放在明朝政治弊端的積重難返以及

〔註136〕知堂：《甲申懷古》，《古今》，兩週年紀念號，1944 年 4 月 1 日。

〔註137〕郭沫若：《甲申三百年祭》，《新華日報》，1944 年 3 月 19 日，第四版。

〔註138〕柳亞子：《紀念三百年前的甲申》，《群眾》，第 9 卷第 7 期，1944 年 4 月 15 日。

〔註139〕《南方局關於文化運動工作向中央的報告（1942 年）》，《南方局黨史資料‧文化工作》，南方局黨史資料編輯小組編，重慶：重慶出版社，1990 年，第 13 頁。

自然災害方面，認為「崇禎的運氣也實在太壞」〔註140〕。相對而言，同期刊載的宗顧的《三百年前》則要直露得多，他認為「甲申三百年週年祭的意義本不是在於抒發思古之幽情而已的啊！」〔註141〕從而將重點從文人情懷轉到了甲申年的政治意義上，認為「這段歷史雖是整三百年前的事，但特別因為現在我們正掙脫出一次新的亡國危機，回味起來，是更能感受到新鮮的意義的」〔註142〕。

除了宗顧的文章，《新華日報》次日又附載了兩篇文章，一是舒蕪的《在情理之上——讀史筆記》，他對士大夫情懷作了更為直接的攻擊，他認為明代皇帝大多昏庸殘暴，士大夫卻仍念念不忘，是一種「奴隸習慣的殘餘」。該文主旨是「強者是可以拉下來，可論以常理而應於常情的」〔註143〕。與宗顧將文人情懷轉移到歷史經驗稍有不同，舒蕪是從士大夫情懷轉移到了革命實踐問題。另外一篇則以名詞解釋的形式出現，將明亡歸之於「明政權本身的腐敗」〔註144〕。

在《甲申》連載完不久，《新華日報》就登載了《群眾》即將推出「甲申三百年紀念專號」的廣告〔註145〕。由喬冠華組織的《群眾》「甲申紀念專號」於四月十五日推出，共收錄四篇文章：柳亞子的《紀念三百年前的甲申》、翦伯贊（署名商辛）的《桃花扇底看南朝》、魯西良的《明末的政治風氣》、寓曙的《明末清初史學的時代意義》。總體來看，這組文章的政治傾向雖然明顯，但都不失學術水準。如翦伯贊形容崇禎皇帝為「抱著『攘外安內』之『大志』」〔註146〕，不免是對蔣介石的譏刺，但他的文章整體上卻是對《桃花扇》的學術探討，因而這些文章引起的反響並不強烈。

然而，郭沫若的文章甫一發表，卻受到了當局的嚴厲批判。國民黨《中央日報》兩度以社論的形式批判《甲申》。第一篇是《糾正一種思想》於四月二十四日刊出，反應很及時，該文開篇就將郭著指斥為「鼓吹戰敗主義和亡

〔註140〕郭沫若：《甲申三百年祭》，《新華日報》，1944 年 3 月 19 日，第四版。
〔註141〕宗顧：《三百年前》，《新華日報》，1944 年 3 月 19 日，第四版。
〔註142〕宗顧：《三百年前》。
〔註143〕舒蕪：《在情理之上——讀史筆記》，《新華日報》，1944 年 3 月 20 日，第四版。
〔註144〕《甲申事變——明末亡國的歷史》，《新華日報》，1944 年 3 月 20 日，第四版。
〔註145〕《新華日報》廣告，1944 年 4 月 17 日，第一版。
〔註146〕商辛：《桃花扇底看南朝》，《群眾》，第 9 卷第 7 期，1944 年 4 月 15 日。

國思想」〔註 147〕。該社論實際上出自陶希聖之手〔註 148〕。早在二十年代末的社會性質論戰中，二人就已有交鋒；而陶此時剛協助蔣介石完成《中國之命運》，不僅視中共爲匪患，而且也爲中國的「命運」勾勒一幅新圖景。《中央日報》的另一篇社論是《論責任心》，該文認爲，那些將抗戰建國的中國，比擬爲「宋末或明亡時代的中國」的人，是缺乏知識分子責任心的表現〔註 149〕。除此之外，《商務日報》也以社論的形式點名批評《甲申》「散播戰敗思想」〔註 150〕。聯繫到翌年淪陷區的刊物也轉載了郭沫若的這篇文章〔註 151〕，那麼從國民政府的角度看，這種批判也並非無的放矢，或者說《甲申》確實存在解讀上的模糊地帶。

對來自國民黨的批判，郭沫若保持了沉默，陽翰笙曾數次詢問郭對《中央日報》社論有何意見，郭沫若都表示只好置之不理，「即使要答覆。也沒有地方登載得出來」〔註 152〕。在學術與政治的較量中，郭沫若一開始就處於不利地位。

與國民黨的批判相反，共產黨方面卻給了《甲申》以極高的評價。但與「壽郭」和《屈原》劇運不同，這次出面的不是中共南方局，而是延安的毛澤東。在 1944 年 4 月 12 日的延安高級幹部會議，也是爲中共七大做準備的會議上，毛澤東指出：「近日我們印了郭沫若論李自成的文章，也是叫同志們引爲鑒戒，不要重犯勝利時驕傲的錯誤。」〔註 153〕毛澤東之所以強調「驕傲」的問題，與他的整風思路相承，同時也與他對時局的判斷有關。

整風運動初期，主要針對的是「教條主義」，也就是王明等有留蘇經歷的派系，後期則轉向整頓「經驗主義」，這主要是那些在實際革命鬥爭中較有經驗，且具有較高威望的人，如周恩來、彭德懷等。在《學習與時局》中，毛澤東依然還在強調深入「進行整風學習」，克服「教條主義和經驗主義思想形態的殘餘」〔註 154〕，試圖將整風運動深入到其它根據地。毛澤東

〔註 147〕《糾正一種思想》，《中央日報》社論，1944 年 3 月 24 日，第二版。
〔註 148〕陶希聖：《潮流與點滴》，臺北：傳記文學出版社，1979 年，第 217 頁。
〔註 149〕《論責任心》，《中央日報》社論，1944 年 4 月 13 日。
〔註 150〕《論赫爾的名言》，《商務日報》社論，1944 年 4 月 1 日。
〔註 151〕鼎堂：《甲申三百年祭》，《文史》，復刊第 3 期，1945 年 7 月 28 日。
〔註 152〕陽翰笙 1944 年 3 月 26 日、4 月 2 日日記，《陽翰笙日記選》。
〔註 153〕毛澤東：《學習與時局》，《毛澤東選集》第 3 卷，北京：人民出版社，1991 年，第 948 頁。
〔註 154〕毛澤東：《學習與時局》，《毛澤東選集》第 3 卷，第 940 頁。

對時局的判斷，則基於「軸心國」的失敗已成定局的國際局勢，而中共則積極準備搶佔大城市和交通要道，並「學習好如何管理大城市的工商業和交通機關」〔註155〕。鑒於這些因素，毛澤東將《甲申》列爲整風文件，目的既是煞根據地那些富有鬥爭經驗的將領的威風，也是爲佔領城市作思想準備。

在毛澤東講話之後，《解放日報》很快予以跟進，於4月18日、19日全文轉載了《甲申》，並加了編者按。按語針對的是《中央日報》的社論，爲郭沫若洗清「亡國思想」的嫌疑，同時也將注意的焦點投在李自成身上：「在這篇論文裏，郭先生根據確鑿的史實，分析了明朝滅亡的社會原因，把明思宗的統治與當時農民起義的主將李自成的始末作了對照的敘述和客觀的評述——還給他們一個本來面目。」〔註156〕無論是強調郭沫若的「愛國愛民族的熱情」，還是強調李自成的抗清事蹟，都是在《中央日報》的邏輯之內，從民族大義的角度爲《甲申》尋求合法性，這是抗戰時期將《甲申》作爲中共文件所必需的大前提。6月7日，中共中宣部和總政治部聯合發出《通知》，將郭沫若的《甲申》與蘇聯高涅楚克的劇本《前線》作爲學習文件，並由新華社全文廣播，該通知進一步細化了學習《甲申》的內容：

> 郭文指出李自成之敗在於進北京後，忽略敵人，不講政策，脫離群眾，妄殺幹部，「紛紛然，昏昏然，大家都像以爲天下就已經太平了一樣」，實爲明末農民革命留給我們的一大教訓。〔註157〕

《通知》還進一步要求各地「將兩書翻印，在幹部中散發，展開討論，其不能讀者並予幫助解釋」；同時強調「在鞏固的根據地，如有條件，並可將《前線》上演，以達幹部們深刻瞭解與警覺之目的」〔註158〕。這是將延安的整風運動深入到各根據地的具體舉措之一。作爲學習文件，《甲申》的印量不知幾何，據根據地工作人員回憶，「華中新華書店鉛印了幾千本不夠用，各地還油

〔註155〕毛澤東：《學習與時局》，《毛澤東選集》第3卷，第945～946頁。
〔註156〕《甲申三百年祭・編者按》，《解放日報》，1944年4月18日。
〔註157〕中央宣傳部 總政治部：《關於學習〈甲申三百年祭〉的通知》，據《〈甲申三百年祭〉風雨六十年》，北京：人民出版社，2005年，第92～93頁。按，該題爲編者所加，原載蘇中出版社1944年版《甲申三百年祭》，筆者未找到該版本，該文亦未收入《中共中央文獻選編》。
〔註158〕中央宣傳部 總政治部：《關於學習〈甲申三百年祭〉的通知》，《〈甲申三百年祭〉風雨六十年》，第93頁。

印了上萬冊，使參加整風學習的幹部、黨員，基本上達到了人手一本」〔註 159〕。整風學習要做學習筆記，並且要交領導審查，從當時學員的筆記來看，他們理解的重點也都是《學習和時局》與《通知》所強調的思想改造。如當時三師七旅二十二團宣傳副科長曹醒群的筆記就是這樣記的：「劉宗敏思想，在我身上有很嚴重的反應，自以為進過抗大，在一一五師當過戰士，就目空一切，誰也看不起……要是大家都像我，還成個什麼革命隊伍，也不會有比李自成更好的下場。」〔註 160〕另一位宣傳大隊分隊長劉德才也在筆記中寫道：「我們現在還沒有進城，但是已經被城裏的花花世界迷了眼，總想吃得好一點，穿得好一點，還要打扮打扮，怕人家說自己土氣；要是進了城，還能不被金錢、美女俘虜了去嗎？李自成起義軍的悲慘下場，真該我們警惕啊！」〔註 161〕這基本上都是按照毛澤東的整風思路和時局判斷來理解《甲申》的。

　　解放區除了大量印行《甲申》單行本外，還產生了一系列的衍生文本，這包括阿英據《甲申》改編的話劇《李闖王》〔註 162〕，由吳天石、夏徵農和西蒙集體改編的五幕劇《甲申記》〔註 163〕，擊檝詞人也就是國民革命時期郭沫若的老戰友李一氓，則將其改編為二十五場平劇《九宮山》〔註 164〕。這些劇本都產生於整風運動期間，不僅在華南、華東地區上演，後來還曾在東北地區上演，劇本先後都經新華書店出版。

　　由此可以看出，解放區對《甲申》的徵用或挪用〔註 165〕，是一個逐漸「脫域」的過程，基本上是從毛澤東的問題意識出發，在針對經驗主義的整風運動中，以及在中共即將從農村包圍城市的時勢判斷下確立起來的。也就是說，毛澤東的解讀其實是非政治的，只是將《甲申》作為一種「格言」來加以利用。但正是毛澤東斷章取義式的讀解，成為解放後人們閱讀《甲申》的前理解，甚至是經典解讀。

〔註 159〕曹晉傑 朱步樓 陰署吾：《〈甲申三百年祭〉在鹽阜等老解放區的影響》，《郭沫若研究學會會刊》，第 2 集，1983 年 11 月。

〔註 160〕曹晉傑 朱步樓 陰署吾：《〈甲申三百年祭〉在鹽阜等老解放區的影響》。

〔註 161〕曹晉傑 朱步樓 陰署吾：《〈甲申三百年祭〉在鹽阜等老解放區的影響》，《郭沫若研究學會會刊》，第 2 集，1983 年 11 月。

〔註 162〕阿英：《李闖王》，無錫：蘇南新華書店，1949 年。

〔註 163〕吳天石 夏徵農 西蒙：《甲申記》，上海：新華書店：1950 年。

〔註 164〕擊檝詞人：《九宮山》，無錫：蘇南新華書店，1949 年。

〔註 165〕按，在一次學術會議上，陳平原先生在評議拙文時指出毛澤東等革命人士可能並不是誤讀而是挪用。筆者據此將題目中的誤讀加上引號。

二、《甲申》的政治性

對毛澤東敘事語法的考察及其流變，為我們重新回到歷史時刻提供了可能。毛只是在自己的問題域中，對郭沫若的一個脫離上下文的徵引，對他來說，問題的中心不在郭的歷史研究，而是當時的文化與政治鬥爭形勢。那麼接下來的問題是，在四十年代的語境中，《甲申》的政治性到底是什麼？它為何會引起知識分子和各政黨的廣泛關注？要探討這個問題，需要回到《甲申》文本以及它的生產和發表語境。

正如前文所說，紀念甲申部分地是源自士大夫的文化情結，與南渡思往事一樣，民國士大夫也有南明情結。如柳亞子即為典型，而郭沫若的話劇題材也正逐漸轉向南明，在寫《甲申》之前，他已完成的《南冠草》正是以明末詩人夏完淳為原型。然而，在當時的情形中，士大夫情結雖為紀念甲申提供了思古的情感動力，但它並不構成甲申的問題性，這一點「托派」葉青在批判郭沫若時說得尤為清楚：

> 明末大亂造成明亡，從君主政治上說，沒有特殊的意義。它與歷史上很多王朝底滅亡相同。因此，就說明末大亂全由崇禎負責，那亦不過表明他對於明朝來說是一亡國之君，是一不肖子孫而已。這對於我們今日來說，即站在潮流已為民主的世界，和國體已為共和的中國來說，有什麼不合不是之處嗎？一點兒也沒有。那麼《甲申三百年祭》就毫無必要了。所以郭沫若底悼念甲申，其用意當不在於明亡之一點。〔註166〕

在葉青看來，士大夫式的悼亡在共和制的語境中不會帶來新的政治性，這其實就從根本上否定了紀念甲申的意義。既然甲申本身不具有政治的生產性，知識分子的關注點便只能是隱喻式的對位思考，從結構的意義上把握歷史的教訓。甲申又恰好提供了這種可能，它的特殊性在於，較之其它危機時刻的歷史經驗，它與抗戰時期的權力格局更為相似：即明王朝不單要面對外族的入侵，更重要的是農民運動的內憂，這就形成了一個權力的三角關係；這與抗戰時期的權力格局極為相似，連農民運動的根據地都同在陝西地區〔註

〔註166〕葉青：《郭沫若〈甲申三百年祭〉平議》，《關於〈甲申三百年祭〉及其它》，重慶：獨立出版社，1944年8月，第13～14頁。

〔註167〕葉青在《郭沫若〈甲申三百年祭〉平議》一文結尾處就指出：「日寇大兵壓境，政府竭力抗戰已將滿七年，陝北自稱『農民運動領袖』的人必須懸崖勒馬，以促成真正的意志集中，力量集中，切勿口是心非，致蹈明末陝北農民運動

167〕。因此，這極容易建立起一種對位的歷史敘事，郭沫若也自覺地建立了這樣一個結構，如在確認紀念甲申的必要性時，他就認為：

> 然而甲申年總不失為一個值得紀念的歷史年。規模宏大而經歷長久的農民運動，在這一年使明朝最專制的王權統治崩潰了，而由於種種的錯誤卻不幸換了異族的入主，人民的血淚更潛流了二百六十餘年。這無論怎樣說也是值得我們回味的事。〔註168〕

專制王權、農民運動與異族入侵，構成了郭沫若甲申敘事中的三個支點，而他的歷史判斷是農民運動推翻了專制王權，這就為被史家視為「流寇」的農民運動翻了案。但甲申的複雜性在於，與陳勝、吳廣或太平天國不同，它還帶有民族主義的維度，因而必然涉及歷史責任的問題，對此郭沫若的看法是，「從民族的立場上來說，崇禎帝和牛金星所犯的過失最大，他們都可以說是兩位民族的罪人」〔註169〕。郭沫若很大程度上沿襲了舊說，既強調明亡的原因在於明王朝的腐敗，同時讓農民運動也分擔部分責任。

其實最先對此做出反應的並非國民黨，而是中共一方。《新華日報》在連載《甲申》時所配合刊載的文章，其觀點就與郭沫若有差異，集中於明亡的原因到底是內憂還是外患的區別。如在宗顗的敘述中，明王朝是將「封建主義的一切特質」「都表現到了最高度」，農民起義也是在封建勢力投降派如吳三桂和洪承疇勾結外族剿滅的〔註170〕；另一篇則認為農民起義和外族入侵都是明朝的腐敗造成的，因此，「問題只是起義的農民和入侵的滿清，誰先到北京。結果是李自成搶了先」〔註171〕。這篇未署名的文章可算作《新華日報》編者的觀點，那麼，在中共的歷史對位結構中，歷史責任就全落在了明王朝的腐敗這一內部因素上。鑒於郭沫若與他們之間的分歧，在隨後由野草書店出版的《甲申》單行本中，他們不僅將《解放日報》的編者按作為前言，並附上了《新華日報》上配合登載的三篇文章；同時，還附加了一篇《本文大意》，將文章分為三部分，其一是「說明明朝末年，政治腐敗，災荒嚴重，崇

領袖之覆轍，害國家，害自己，徒作民族的罪人！」（葉青：《郭沫若〈甲申三百年祭〉平議》，《關於〈甲申三百年祭〉及其它》，重慶：獨立出版社，1944年8月，第22頁）。
〔註168〕郭沫若：《甲申三百年祭》，《新華日報》，1944年3月19日，第四版。
〔註169〕郭沫若：《甲申三百年祭》。
〔註170〕宗顗：《三百年前》，《新華日報》，1944年3月19日，第四版。
〔註171〕《甲申事變──明末亡國的歷史》，《新華日報》，1944年3月20日，第四版。

禎皇帝，剛愎自用，刻薄自私，不能採納正確意見，不肯改良內政，而一味說漂亮話騙人，結果引起民變，弄出亡國之禍」〔註172〕，側重的是內憂，而且是明王朝自身的政治弊病；而對李自成的總結則是：「李自成佔領北京之後，不聽李岩的主張，而被勝利衝昏頭腦、忽略敵人、不講政策，脫離群眾，妄殺幹部，最後終於失敗。」〔註173〕與毛澤東一致，把李自成的經驗看作革命內部的經驗和教訓。

國民黨的社論也是從明亡的歷史責任出發，但重點是民族主義，故認為歷史的教訓是「內憂外患互為策應，每每演成亡國的慘劇」〔註174〕，既強調外患，也強調內憂，但內憂是指農民起義。這與其說是針對郭沫若，不如說是在批判延安。由此也可看出，政黨介入後，歷史責任問題的實質其實是中共存在的合法性問題，對於歷史研究來說則是如何評價農民運動的政治性問題。在正史中農民運動向來被視為匪徒、流寇，帶來的是生產的破壞，毫無建設性可言。現代不少知識分子也持此看法，如錢穆依舊以「流寇」稱李自成〔註175〕，葉青則從制度建設的層面揭示農民運動不會帶來任何新的政治因素，談不上制度創新。他認為農民運動，「由於農民底生活條件之決定，除開封建割據和君主專制外，不能產生任何新的制度。農民運動底結果。不是分裂國家釀成混亂，就是推翻一王朝後又建立一王朝。中國底歷史全可作為證明」〔註176〕。實際上馬克思也認為小農經濟缺乏真正的集體意識，馬克思視野中農民與革命之間的這種排異性，也被《中央日報》的社論作為反駁郭沫若的理論依據。

但對於中共來說，為農民運動正名正是建構其歷史合法性的方式，這從毛澤東確立由農村包圍城市的戰略時起，便是中共意識形態建構的一個重要組成部分。四十年代，太平天國運動已得到較多學者的關注，有的地方還修建了紀念堂，如廣西桂平的太平天國紀念堂便於 1944 年 4 月 1 日正式開放〔註

〔註172〕《本文大意》，《甲申三百年祭》，北平：野草出版社，1946 年，第 29 頁。按，馬榕認為《本文大意》是到 1949 年的人民出版社版才增加的，（馬榕：《〈甲申三百年祭〉：一篇史學長文的政治意義》，《中華讀書報・文化周刊》，2012 年 7 月 4 日），但據筆者所見的野草版（北平版）已經該附錄。

〔註173〕《本文大意》，《甲申三百年祭》，北平：野草出版社，1946 年，第 29 頁。

〔註174〕《糾正一種思想》，《中央日報》社論，1944 年 3 月 24 日，第二版。

〔註175〕錢穆：《國史大綱》（下冊），上海：商務印書館，1947 年，第 590 頁。

〔註176〕葉青：《郭沫若〈甲申三百年祭〉平議》，《關於〈甲申三百年祭〉及其它》，重慶：獨立出版社，1944 年 8 月，第 20 頁。

〔註177〕《新華日報》「要聞簡報」欄，1944 年 4 月 4 日，第二版。

177〕，並於 4 月 8 日舉行盛大開幕式，學者羅爾剛、梁岵盧作了報告，而且還上演話劇《忠王李秀成》〔註 178〕。除了建築與儀式之外，重慶地區的左翼文化工作者還寫有相關的話劇，如陽翰笙的《天國春秋》；史學家的關注更多，身在延安的范文瀾就寫有《太平天國革命運動》，郭沫若也與此有關。

　　郭沫若在收到延安發行的《甲申》單行本後，曾致信毛澤東予以感謝。毛澤東在回信中說：「你的《甲申三百年祭》，我們把它當做整風文件看待。小勝即驕傲，大勝更驕傲，一次又一次吃虧，如何避免此種毛病，實在值得注意。倘能經過大手筆寫一篇太平軍經驗，會是很有益的；但不敢作正式提議，恐怕太累你。」〔註 179〕雖然郭沫若後來並未寫太平軍經驗方面的著作，但他與毛澤東的歷史意識和鬥爭策略無疑心有靈犀，他此前的翻案文章就多循此思路展開。不過，左翼知識分子對太平天國的翻案，很大程度上還是利用了民族主義話語，太平天國雖然是造反，但既然反叛的對象是滿清，也就獲得了漢族士大夫的部分認可。但甲申故事不同，李自成所針對的主要是大明王朝，這難免使農民運動合法性議題複雜化了，而成為政黨政治角逐的舞臺。

　　明亡歷史責任的內憂是農民起義，還是政治弊端的問題，對國共兩黨來說，是借助民族主義話語爭正統；但對於知識分子來說，則意味著立場問題，背後關聯的是如何建國的問題。指出這一點的，首先是《中央日報》的社論。在批判郭沫若時，社論直接將民族意識轉化為立場問題，「假如他期待內憂的發展，期待外患煎逼，以發洩他一腹牢騷，不是居心難問，就是時代錯誤」〔註 180〕。之所以說是個立場問題，主要是鑒於此時民族問題的退場，這與 1944 年的時局和時代問題的轉變有關。翻看 1944 年的報刊，我們會發現，與前兩年因國共黨爭而造成的沈寂不同，該年知識界又再度活躍了起來，大量的文章在討論民主建國問題。這與 1944 年的國際形勢有關，隨著 1943 年 11 月蘇美英三國首腦在德黑蘭會議中確定次年開闢第二戰場，以及同月中美英三國元首會晤開羅，並於 1943 年 12 月 1 日發表《開羅宣言》，確立了戰後對日本的處置問題，這意味著日本的戰敗已只是時間問題。因此，知識分子的關注

〔註 178〕　《桂平太平天國紀念堂在黃花節舉行開幕，籌備會招待遊金田村遺蹟》，《新
　　　　　　華日報》，1944 年 4 月 10 日，第二版。
〔註 179〕　毛澤東：《致郭沫若》，《毛澤東書信選集》，北京：人民出版社，1983 年，第
　　　　　　241 頁。
〔註 180〕　《糾正一種思想》，《中央日報》社論，1944 年 3 月 24 日，第二版。

點又重新轉向中國向何處去這個問題，具體則包括民主建國和實施憲政等方面。因而，民族主義此時並不是知識分子關注的首要對象，因而，對他們來說，甲申民族主義維度的重要性，逐漸讓位於選擇何種政治前景的問題。而政黨實際上都已描繪出了各自的政治想像，延安是「新民主主義」，重慶則是「中國之命運」。如果從當時的執政黨國民黨的角度出發，知識分子的建國問題實際上連立場問題都不存在，正如國民黨《中央日報》社論《論責任心》所強調的，「一個人要談政治，就要先把自己擱在裏面」〔註181〕，並且認為在前方戰士和後方生產者都在為抗戰建國奮鬥之際，「何地何時容許一個知識分子作無責任的旁觀與清談？何地何時更容許一個知識分子發無責任的怨望和牢騷？我們要求他把自己擱在國家和民族乃至於政治的裏面，油然發生一份責任心」〔註182〕。對清談與旁觀的否定，實際上是否定了其它選擇的可能性。但在建國後的歷史敘述中，郭沫若等國統區的左翼知識分子的歷史選擇又完全是倒向延安一邊。在政黨政治的這種二元敘事中，郭沫若這些國統區的知識分子並沒有多大的選擇空間。但實際情形似乎又不完全如此，如《甲申》的批判者葉青，他便從兩個層面澄清了他的立場：從「政治的立場」上來說，「是同情李自成的」；但「從民族立場」上來說，則「不同情李自成」。從中不難感受到民族與建國問題在遇到政黨問題時的複雜性。那麼，對於無論從民族還是政治立場出發，都同情李自成的郭沫若來說，他是否已完成歷史選擇了呢？從某種程度上說，他可能確實不存在立場上的矛盾，但立場的選擇並不能完全決定革命的道路與方式。

三、「李岩，我對他有無限的同情」

無論是毛澤東在自身問題域中對《甲申》的引用，還是國共之爭中關於甲申的論辯，正如上文的分析，其實都「各有懷抱」，未深入《甲申》文本；而郭沫若在經歷《甲申》事件之後，也並未就此事申辯。這些因素共同促成了關於《甲申》的歷史敘事，但在釐清這個神話的語法結構之後，也為我們提供了回到歷史時刻之不確定性的可能。這種對《甲申》的祛魅工作，學界已有相關成果，如臺灣學者潘光哲就從「《甲申》問世的政治脈絡」、「郭沫若寫作的心路歷程」及《甲申》所激起的社會反響等方面，作

〔註181〕《論責任心》，《中央日報》社論，1944 年 4 月 13 日。
〔註182〕《論責任心》。

了翔實的考論〔註 183〕。然而，郭沫若之所以創作《甲申》，可能並不僅僅是聽將令或「將歷史題材戲劇化」的興趣，而是有他的現實關懷和歷史意識，這除了政黨政治以外，還有他對革命的歷史走向、知識分子與革命之間的關係等問題的思考。

國共關於《甲申》的爭議都是從結構出發的，因此，他們注重的是甲申與當下的權力對位結構，而不是歷史人物。正如葉青所說，「而且我底意思還不注重在人物方面，因爲那是很明白的。我以爲應注重故事方面，我們要從這方面來考察他對於現實的認識和主張」〔註 184〕。但郭沫若此時的研究其實很注重人物。

作爲學者的郭沫若，其研究對象在抗戰時期發生了一些較爲顯著的變化，這就是從蟄居日本時期的甲骨文研究，轉向了歷史人物研究。這除了《十批判書》中對先秦諸子研究，及與話劇《屈原》《高漸離》等相關的人物研究以外，還包括對秦漢以來諸多歷史人物——如詩人曹植、音樂家萬寶常、政治家王安石等人的關注。而創作於 1944 年的《甲申三百年祭》，則與《論曹植》《隋代大音樂家——萬寶常》等一起收入《歷史人物》研究一書，可見，對於郭沫若來說，他研究的雖然是三百年前的明亡故實，但興趣的著眼點則可能是歷史人物。郭沫若對歷史人物的關注，與另一位左翼史學家翦伯贊對他的批評有關。抗戰初期，翦伯贊曾從「客觀條件與主觀創造」的雙重視角，對中國早期的唯物史觀和社會經濟學的方法有所批評，認爲「郭沫若呂振羽都閉口不談個人，這至少是過於偏重了歷史之經濟的動因，而忽視了歷史之主觀的創造的動因」〔註 185〕。而重慶時期翦伯贊與郭沫若過從甚密，雖然這可能不是影響郭沫若的決定性因素，但抗戰時期郭沫若的研究對象確實較爲側重歷史人物。

郭沫若的人物研究往往寄寓著自己的政治意識，如屈原的愛國而不見用、曹丕的文武之才、王安石的經世治國，尤其是他的變法，以及隋代音樂家萬寶常的藝術抱負與尊嚴等，都與郭沫若自身的政治際遇和政治抱負相關。《甲申》也是如此，不過，該文中他在關注李自成和崇禎的同時，對李岩也傾注了頗多的精力。

〔註 183〕潘光哲：《郭沫若與〈甲申三百年祭〉》，《中央研究院近代史研究所集刊》，第30 期，1998 年 12 月。

〔註 184〕葉青：《郭沫若〈甲申三百年祭〉平議》，《關於〈甲申三百年祭〉及其它》，重慶：獨立出版社，1944 年，第 22 頁。

〔註 185〕翦伯贊：《歷史哲學教程》，生活書店，1938 年，第 119 頁。

關於李岩，郭沫若在《歷史人物》的序言中曾一再提醒讀者：「關於李岩，我們對他的重要性實在還敘述得不夠」；對於別人根據《甲申》改編的劇本，他也有所不滿：「不過我還有一種希望，我們應該把注意力的焦點，多放在李岩的悲劇上。這個人我們不要看他只是一位公子哥兒的讀書人，而是應該把他看成人民思想的體驗者、實踐者。雖然關於他的資料已經遭了湮滅，在思想史上也應該有他的卓越的地位的」〔註186〕。而從《甲申》內容著眼，李岩的事蹟也佔了全書一半左右的篇幅，這一點歷史學者早已指出，「當分析到李自成在『作風上也來了一個劃時期的改變』時，郭沫若傾注了相當濃厚的情感來讚揚李岩的參加農民軍。整篇文章差不多有一半是論述李岩其人、其事，併兼而對照牛金星、宋獻策，徵引史籍也最多。《明史》相關傳記、《明亡述略》、《烈皇小識》、《明季北略》以及《剿闖小史》、《甲申傳信錄》、《芝龕記》等，反覆比勘、對照」〔註187〕。然而，建國以來的史家爭論的重點並不是郭沫若如何看待李岩，而是李岩這個人物是否存在的問題，進而質疑郭沫若學術研究的嚴謹性。李岩是否存在的問題本來就是一大學術公案，從清代開始兩種觀點便各有所據，互不相讓，一時難以釐清。但與這個問題同樣重要的，是郭沫若為何如此重視李岩？問題的關鍵或許還在於，他所說的李岩是「人民思想的體驗者、實踐者」這句話的具體內涵，這對於理解郭沫若的政治立場、社會實踐和他對革命前景與方法的設想有何意義？

在寫作《孔雀膽》之後，周恩來曾對郭沫若有委婉的批評。在周恩來看來，《孔雀膽》的政治性無法與《屈原》相媲美。郭沫若對此並不否認，因為他創作《孔雀膽》的初衷，是出於對阿蓋公主這個人物的同情。李岩很大程度上正是郭沫若這種個人意識的延續。郭沫若之寫作《甲申》，並不僅僅是因左翼文化人紀念甲申的政治需要而趕寫的應景文章，實際上，他是從歷史劇創作素材的角度關注甲申的：「在這前後，（1944 年 1 月——引者按）我以偶然的機會得以讀到清初的禁書《剿闖小史》的古抄本。明末農民革命的史實以莫大的力量引起了我們的注意。恰逢這一年又是甲申年，是明朝滅亡的三

〔註186〕郭沫若：《我的歷史研究——序〈歷史人物〉》，《大學》，第 6 卷第 3、4 期合刊，1947 年 8 月 20 日。

〔註187〕謝寶成：《還其本來面目——重讀〈甲申三百年祭〉》，《郭沫若研究》第 12 輯，文化藝術出版社，1998 年。

百週年紀念。我的史劇創作欲又有些蠢動了。」〔註188〕他關注的重心也並非農民運動,而是關於李岩的傳奇故事:「我想把李岩與紅娘子搬上舞臺。」〔註189〕關於紅娘子的傳說,郭沫若在《甲申》中對紅娘子的故事的流傳版本曾有所稽考,認爲是「極好的小說材料」〔註190〕。對歷史題材戲劇化的興趣,可以看出他進入這個研究領域的某種個人化的視角,而與這種創作興趣同樣重要的,是他對李岩的政治性評價。

在郭沫若看來,李岩政治實踐的有效性在於,他將農民運動由單純的造反引入了制度建設:「有了他的入夥,明末的農民運動才走上了正軌。」〔註191〕對知識分子革命作用的這種評價,在解放後曾遭致批評,如六十年代姚雪垠就認爲「且不說不應該把一代波瀾壯闊的階級鬥爭和農民戰爭的發展歸功於一個大地主大官僚家庭出身的知識分子的作用,更不用說從現存許多文獻資料的綜合分析中得不出這個結論,我們只談一個較簡單的問題,過分強調個人的作用就沒法說通。」〔註192〕建國後學界的這些責難,正表明郭沫若四十年代對知識人如何參與歷史的不同想像,在郭沫若的敘述中,李自成的從失敗轉向成功主要有兩個原因:一是天災所促成的大批災民,造反的群眾爲他提供了人力基礎;另一方面則是他作風上「也來了一個劃時期的改變」,這個改變正是因爲有了知識分子的加入,「勢力的轉變固由於多數饑民之參加,而作風的轉變在各種史籍上是認爲由於一位『杞縣舉人李信』的參加。」〔註193〕李信入夥後改名李岩。李岩的加入之所以能改變李自成的作風,既在於他爲李自成出謀劃策,並作文字宣傳,更爲重要的是因爲李岩的觸發,有更多的知識分子加入李自成的隊伍,這樣才能「設官分治,守土不流」,從流寇轉而建設政權,「氣象便迥然不同了」〔註194〕。郭沫若爲知識分子參與革命提供一個極爲大膽的設想,這較之二十年代中後期革命文學論爭中所討論的知識分子爲革命的「同路人」模式,李岩的意義在於,他試圖以知識改變革命的

〔註188〕郭沫若:《我怎樣寫〈青銅時代〉與〈十批判書〉》,《民主與科學》,第1卷第5、6期,1945年。

〔註189〕郭沫若:《我怎樣寫〈青銅時代〉與〈十批判書〉》。

〔註190〕郭沫若:《甲申三百年祭》,《新華日報》,1944年3月20日,第四版。

〔註191〕郭沫若:《甲申三百年祭》。

〔註192〕姚雪垠:《給〈羊城晚報〉編輯同志》,《關於長篇歷史小說〈李自成〉》,上海:上海文藝出版社,1979年。

〔註193〕郭沫若:《甲申三百年祭》。

〔註194〕郭沫若:《甲申三百年祭》。

性質和走向。郭沫若所描述的知識分子與革命道路之間的這種關係模式，與毛澤東彼時所設想並付諸實踐的對知識分子的改造也截然不同。可見抗戰末期郭沫若的歷史設想，既不同於國民黨為中國所劃定的「命運」，與延安的道路也有一定的分歧。從這個角度，我們可以進一步理解郭沫若，及其它國統區知識分子革命理想與方法的獨異性。

此外，對於知識分子與革命者之間的關係，郭沫若通過李岩與李自成的經驗，也勾勒出一種理想模式。這首先是知識分子對革命者和革命隊伍的選擇，李岩當時選擇了李自成而不是張獻忠等其它起義軍，在郭沫若看來這不僅是地理的因素，而是有點「雲龍風虎」的作用。也就是說，李自成與李岩在理想上有一致性，而且能相互為用，「兩人都有知人之明，在岩要算是明珠並非暗投，在自成卻真乃如魚得水」〔註 195〕。在郭沫若看來，李岩既擔任了儒家「王者師」的角色，為李自成進行制度設計，並提供道統上的支持，同時，李岩也通過李自成而實現了「平天下」的功業抱負。還需注意的是，李岩與李自成之間又具有相對的獨立性，從而保持了各自的尊嚴。這表明，此時郭沫若對知識分子參與革命的方式的想像，羼雜了他的儒家事功與實踐的意識，也有傳統士大夫的際遇思想，更有現代知識分子所強調的獨立與尊嚴。在重慶時期，周恩來的禮賢下士確實讓很多知識分子有知遇之感〔註 196〕，而同在政治部工作期間，郭沫若與周恩來雖為上下級，但實為友朋關係，而寫作《甲申》之後，無論是中共將其列為整風文件，還是毛澤東的來信，或許讓郭沫若也難免產生風雲際會之想。

但無論是中共對《甲申》的徵用方式，還是革命的實際走向，都表明郭沫若的設計是知識分子的一廂情願。不過後來他還是試圖重新傳達《甲申》未受到注意的一面。為此，次年他寫了《關於李岩》一文，不僅補充了李岩與紅娘子的材料，並聲言要把李岩和紅娘子寫成劇本；同時他也坦承「特別關於李岩，我對於他有無限的同情」〔註 197〕。並且認為，李岩之參加起義，並非單出於現實原因，而是思想上已有準備。該文也收入《歷史人物》一書。即便如此，在毛澤東的李自成經驗、左翼歷史學者對農民起義合法性的探究中，李岩這個知識分子的悲劇命運始終是被遮蔽的，而他偶而引起學界關注

〔註 195〕郭沫若：《甲申三百年祭》，《新華日報》，1944 年 3 月 20 日，第四版。

〔註 196〕許滌新：《對南方局統戰工作的回憶》，《重慶文史資料》，第 18 輯，中國人民政治協商會議四川省重慶市委員會文史資料研究委員會編，1983 年。

〔註 197〕郭沫若：《關於李岩》，《清明》，創刊號，1946 年。

的原因，也並非是他的政治寓意，而是他的階級屬性問題。因此，郭沫若對於知識分子參與革命方式的想像，也像李岩的存在一樣，先是被其它敘述所忽略，之後更成了不切實際的幻想。

從郭沫若寫作《甲申》的初衷與政黨對《甲申》的闡釋，則可發現他們彼此之間問題意識的差異。當郭沫若還在思考知識分子如何改造革命的問題時，政治卻正在著手改造知識分子，而且將《甲申》作爲整風文件，作爲知識分子自我改造的文本。但即便是面對這個充滿爭議的文件，受眾對它的理解也幾乎一致，都以李自成的驕傲自戒，而它內含的傳奇美學、知識分子的革命情懷、知識分子對於農民起義者的優越感，以及要通過知識和制度改造革命的理想，都相對被遮蔽了。這不僅是學術與政治之間的差異、郭沫若的詩人氣質與職業革命者之間的不同，更爲重要的是，大後方知識分子此時所面對的問題與解放區並不相同，這種差異是解放後知識分子問題進一步突顯的原因。

餘論

一向被視爲保守者的錢穆，在四十年代對新史學有個評價。他先將中國近代史學分爲傳統、革新與科學三派，傳統派也就是「記誦派」，偏材料，重博洽；科學派則承胡適所提倡的「以科學方法整理國故」的潮流而起，大多爲現代的學院派專家，該派與傳統派一樣重材料，但也重新方法。但錢穆二者皆不取，他認爲：「二派之治史，同於缺乏系統，無意義，乃純爲一種書本文字之學，與當身現實無預」〔註198〕。而由「急於功業、有志革新」之士倡於清季的革新派則不同，「其治史爲有意義，能具系統，能努力使史學與當身現實相綰合，能求把握全史，能時時注意及於自己民族國家已往文化成績之評價」〔註199〕。因此，革新派史學往往能「不脛而走，風靡全國」，產生巨大的社會能量。不過，他對革新派史學在材料方面的不足感到遺憾，又對革新派史學對傳統的破壞有所顧忌。因此，錢穆選擇了折衷的方式，即「以記誦、考訂派之工夫，而達宣傳革新派之目的」〔註200〕。錢穆的史學方法提醒我們的是，在評價新史學的學術成就時，不僅要著眼於其學術成就，也要著眼於其社會影響，對於郭沫若這種革新派尤其如此。

〔註198〕錢穆：《國史大綱・引論》，上海：商務印書館，1947年，第3頁。
〔註199〕錢穆：《國史大綱・引論》，第3頁。
〔註200〕錢穆：《國史大綱・引論》，第7頁。

郭沫若在錢穆的描述中，屬於革新派的第三期。他抗戰時期的歷史研究，雖然從社會研究轉向了人物思想研究，但其方法依舊挾帶著「革新派」的餘威，具有較大的社會能量。而《甲申》一定程度上甚至超出了錢穆的劃分範圍，不僅廣泛波及學術、文化與思想領域，更是與政黨政治有著不可分割的聯繫。但如果歷史地看，該文本雖然為政黨徵用，但也發揮了它的歷史效能。如文中所揭露的明王朝的腐敗，對當時國民政府的貪腐現狀形成了有力批判，同時也有效聲援了當時的民主化運動，是知識分子發揮其社會批判性的重要成果。而《甲申》被中共作為戒除驕傲的文件，雖不免誤讀，但從中共革命史的角度，這個文本也在革命工作由農村轉入城市的歷史轉折點，及時提供了歷史和理論的支持。而郭沫若通過李岩對知識分子如何介入革命這一問題的探討，更是豐富了中國現代知識分子參與革命的可能性圖景。

第五章　文學、制度與國家

　　抗戰甫一結束，郭沫若便發表了《天地玄黃》一文，表達了他對時局的看法。他以詩人的敏感這樣說：「有什麼辦法呢！我實在有這樣的感覺──天玄而地黃，要玩點訓詁字義老套的話，『玄黃，病也』，天地的病情還沒有徹底消除」；「我們無疑地是勝利了，但這勝利好像是瘧疾初愈，還沒有斷根，有點保不定什麼時候再發寒熱的形勢」。而「有著這種感覺的，我相信不會只有我這麼一個人，就給迷霧籠罩著了山城的一樣，這種感覺的霧籠罩著了大眾的心。而且不僅重慶，不僅中國，似乎全世界都是這樣」〔註1〕。「天地玄黃」既表明時局尚不明朗，及知識分子的惶惑，同時，也表明這是建國的歷史契機。

　　事實也是如此。抗戰後期，「建國」成為主要的時代問題，且變得日益緊迫。知識分子或入幕、或組黨、或發表宣言，以不同的方式想像、設計、建設「新中國」〔註2〕。郭沫若與身其間，也以各種方式介入了這一歷史進程。前文從他學術研究的視角，探討他如何回應歷史和現實問題，但主要關注的是作為中間勢力的郭沫若，他「建國」主張較之政黨的獨特性。本文則從郭沫若左翼作家的身份出發，進一步探討郭沫若是如何參與「建國」這一歷史進程的；而且與前文從他的歷史研究考察其歷史想像力不同，本文從他的作家身份，考察文學寫作如何作為一種有效的政治實踐，參與到四十年代的歷

〔註1〕郭沫若：《天地玄黃》，《周報》，第8期，1945年10月27日。
〔註2〕「新中國」字樣多見於抗戰後期的輿論界，而不必等到1949年之後才出現。如1946年國民政府教育部就出版了一本名為《戰後新中國》的書，並以之「紀念蔣主席六十壽誕」（教育部編：《戰後新中國》，上海：中華書局，1946年）。

史進程。這不是一個反映論的問題，而是文學與政治在社會實踐層面的相互溝通問題，即文學如何回應政治、政治又是如何通過文學而發揮效用，產生社會影響。

具體來說，問題首先是作為左翼作家，共產主義的文化、政治實踐與革命路線——不僅指延安的中共，也包括蘇聯社會主義建設的經驗和成就，以及它作為影響中國歷史走向的國際勢力——對郭沫若的政治想像產生了哪些影響，這些因素如何具體地介入到他的文學想像和生產環節。如他怎樣回應毛澤東所提出的「民族形式」問題；蘇聯的建設成就，在強化他對共產主義信仰的同時，又如何內化為他文學敘述的烏托邦景象乃至歷史遠景。問題的另一面，是文學如何回應這些政治要求。在四十年代「前冷戰」的歷史語境中，文學對共產主義的政治前途，作了哪些積極的探索和宣傳，在政治目的的實現過程中，文學又如何發揮作用？作為左翼文壇祭酒的郭沫若，他的問題是，如何回應並參與毛澤東文藝思想體系和制度的建構，以及如何以文學的方式，展示蘇聯的政治、經濟和文化成就，以作為社會民眾瞭解蘇聯，並最終轉化為對內問題的解決。這些問題先是和平與內戰，之後則是在國共、臺海之間的抉擇問題。可見，文學尤其是郭沫若的文學，在四十年代中後期已較為深入地參與到了社會歷史的變革內部，成為影響社會心理乃至歷史政治走向的微妙因素。

第一節　制度的風景

> 「文工委」「裁撤」事件
> 制度的風景
> 「主義」的遠景及其形象
> 詩人外交家

抗戰進入尾聲時，郭沫若在蘇聯，他是在異國聽到日本投降的消息的。1945 年 5 月 28 日，郭沫若收到蘇聯科學院的邀請信，邀請他參加蘇聯科學院二百二十週年紀念大會，同被邀請的還有物理科學家丁西林。會後，蘇聯「對外文化協會」為他安排一個多月的文化參訪計劃，因而郭沫若在蘇聯一直滯留到抗戰結束，8 月 16 日才動身歸國。郭沫若這次旅蘇經歷，對於我們理解他四十年代後期的歷史選擇具有非同尋常的意義。

作爲國統區左翼知識分子的「文化班頭」，郭沫若的革命理論和實踐資源既來自於日本的轉譯及馬克思的原典，但也部分地來自蘇聯，這不僅包括列寧主義理論，也包括蘇聯的革命鬥爭和現實成就。尤其是蘇聯的社會主義建設，它以實際存在的方式，爲中國的左翼知識分子提供了歷史的前景，爲他們的歷史想像和宏大敘事提供動力。而四十年代中期的歷史語境，又爲郭沫若等左翼知識分子的這種想像和敘事提供了現實化的契機。

同時，蘇聯的積極輸出革命，也使蘇聯作爲一種現實力量，參與到了中國歷史轉折的進程之中。尤其是在四十年代中期「前冷戰」的格局下，美、蘇作爲兩個超級大國的世界政治格局已初步形成，中國作爲東方最後一個等待打掃的戰場，也成爲二者勢力角逐的場所。而中國內部的國共之爭，也爲美、蘇間的意識形態分歧，提供了理想的接口。因此，我們在考察四十年知識分子的建國設想及其政治抉擇時，便不僅要結合國共政爭的格局，還要考慮「前冷戰」時代，美、蘇的地緣政治博弈。

當然，蘇聯與中國現代的歷史走向，或與知識分子的歷史選擇，都是較大的話題。本文僅從 1945 年郭沫若的蘇聯之行這件小事出發，考察蘇聯對他的文化和政治誘惑和誘導，及郭沫若此行對他歷史抉擇的影響。具體來說，問題包括郭沫若在旅蘇期間，是帶著哪些時代問題、以何種眼光觀看蘇聯的，而這一行爲在他之後的一系列社會行爲，如旅蘇日記《蘇聯紀行》的發表、關於蘇聯的演說等過程中又如何塑造蘇聯形象，這對於轉折時代的知識分子有何意義等。

一、「文工委」「裁撤」事件

郭沫若之所以赴蘇聯，與他抗戰後期的處境有關；而他觀看蘇聯的方式，則與彼時國內知識界思考的問題密切相聯。

1945 年 3 月 30 日，政治部部長張治中下達訓令，「裁撤」文化工作委員會。文工委成立於 1940 年，原是政治部改組時，因左翼知識分子不願接受黨化統治，政治部另設文化工作委員會，以安置這批左翼文人。該會直屬部長，郭沫若任主任，這是他抗戰後期的公開身份。文工委主要從事的是文化工作，郭沫若的話劇和學術研究基本上都產生於其間。此外，他還經常邀請翦伯贊、侯外廬、馮玉祥、老舍等政治文化名人到此演講，文工委的學術氛圍一度較爲濃厚。而「文工委」被解散的直接誘因，則是郭沫若發起的「文化界時局進言」。

　　《文化界時局進言》由郭沫若起草，得到了 312 位知名文化人的簽名支持，刊發於 1945 年 2 月 22 日的《新華日報》。「進言」從「目前全世界戰略接近勝利的階段」的時局出發，歷陳國內不團結、政治腐敗、「文化教育受著重重扼制」等弊端，提出了六項具體主張，包括廢除「審查檢閱制度」，「取消一切黨化教育之設施」，「停止特務活動」，「採取對英、美、蘇平行外交」等〔註 3〕。此時周恩來應美國赫爾利之邀，前往重慶談判，商討組織聯合政府。郭沫若所組織的進言，可以看作是文化界對成立聯合政府議案的聲援。但如果從當時的民主運動來看，這個進言也呼應了當時的民主化潮流。正如郭沫若所說，「三十四年是民主運動公開化的一年」〔註 4〕，該年一月，民主同盟發表了對時局的進言，不久海外團體如北美十家華僑報紙通電全國，呼籲建立聯合政府；郭沫若等人雖不用「宣言」，而用「進言」，但還是引起當局的不滿，據陽翰笙 1945 年 2 月 25 日日記所載：「自《文化界對時局進言》發表後，連日來，弄得滿城風雨。有許多朋友都受到警告，大有大禍即將臨頭的樣子」。〔註 5〕國民黨宣傳人員曾動員簽名者自行登報否認，還發起了另一個《文化界宣言》，都未能奏效。不久，郭沫若所主持的「文工委」被「裁撤」。

　　「文工委」被解散後，《新華日報》發表消息，稱「該會在郭先生領導下，對於抗戰文化，貢獻宏偉，馳譽友邦朝野，這次突被解散，聞者頗感驚異」〔註 6〕。除此之外，「文工委」被裁撤的事件，也受到了社會各界的關注。除「文協」等文化組織的聲援外，重慶各黨派及文化界人士還集體宴請郭沫若及「文工委」成員，以示慰問。青年黨領袖左舜生表示，「郭先生過去的自由天地太狹，現在我們歡迎文化界的鬥士回到更大的自由天地中來」〔註 7〕；侯外廬在申述郭沫若的學術成就之後，提倡另外設立民間研究所，這項提議得到了陶行知的支持，他希望郭沫若籌備一個「民主的研究院，或辦一個新世界研究

〔註 3〕　《文化界發表對時局進言　要求召開臨時緊急會議》，《新華日報》，1945 年 2 月 22 日，第二版。

〔註 4〕　郭沫若：《民主運動中的二三事》，《天地玄黃》，大連：大眾書店，1948 年，第 188 頁。

〔註 5〕　陽翰笙：《陽翰笙日記選》，成都：四川文藝出版社，1985 年，第 353 頁。

〔註 6〕　《文化工作委員會昨日奉令解散》，《新華日報》，1945 年 3 月 31 日，第二版。

〔註 7〕　《在不自由的狹小天地中歡宴文化戰士郭沫若》，《新華日報》，1945 年 4 月 9 日，第二版。

院」〔註 8〕。鄧初民、馬寅初、柳亞子等人也都紛紛譴責當局「裁撤」「文工委」的舉措，鄧初民認為這「是要統制文化」〔註 9〕，柳亞子認為此舉是「黃鐘毀棄，瓦釜雷鳴」，馬寅初則說「那解散文工委的是眞空管！」〔註 10〕而與郭沫若多有詩詞來往的黃炎培雖然缺席，卻託人朗誦了他寫給郭沫若的文化詩三章，其一爲：「天地不滅，文化不滅，人類不絕，文化不絕。或箝之口，或奪之筆，人削其名，我勝其實」〔註 11〕。

除民主黨派和文化名人之外，共產黨自然也不會放過這個譴責國民政府「迫害」文化人的機會。此時中共南方局的負責人王若飛在致辭中，先是建議國民政府派郭沫若出任舊金山聯合國會議中國代表團顧問，如果這難以實現，則歡迎郭沫若到解放區。王若飛尤其強調這一提議的重要性，因爲「中共領導的解放區現已有一萬萬人口，九十萬軍隊，二百五十萬民兵，一百二十萬黨員，這樣大的地區和人民希望郭先生當我國出席聯合國會議代表團的顧問，政府應該能接受」〔註 12〕。可見，在一九四五年的民主運動中，中共已毫不掩飾自己的實力，以爭取文化人，並向當局施壓，以在民主運動中佔據主動。

「文工委」被裁撤後，除重慶地區文化人和民主人士的慰問之外，還得到了昆明文化界的關注，聞一多、吳晗、李廣田、羅隆基、李公樸乃至沈從文等五十餘人，聯名致信郭沫若以表慰問。在信中，他們認爲「文工委」被解散，「是中國反民主勢力又一政治罪惡的表演」，「它使這荒淫無恥的大後方僅有的幾個莊嚴工作據點，又受到嚴重打擊而停止」，但在當時民主之聲高漲的熱潮中，他們看到的是新的希望：「『霧重慶』時代已經過去，光明與黑暗的陣營漸漸分明了。讓你和你的朋友堅持著我們文化界嚴肅工作的堡壘，緊擁著我們文化界莊嚴的大纛，來爭取我們國家民族的生命線──民主政權」〔註 13〕。「文

〔註 8〕　《陶行知希望郭先生籌辦民主研究院》，《新華日報》，1945 年 4 月 9 日，第二版。

〔註 9〕　《安慰是不夠的　要爭取民主自由　鄧初民先生致辭》，《新華日報》，1945 年 4 月 9 日，第二版。

〔註 10〕　《柳亞子憤慨的說：黃鐘毀棄瓦釜雷鳴　馬寅初的一句話　那解散文工委的是眞空管！》，《新華日報》，1945 年 4 月 9 日，第二版。

〔註 11〕　《在不自由的狹小天地中歡宴文化戰士郭沫若》，《新華日報》，1945 年 4 月 9 日，第二版。

〔註 12〕　《王若飛同志致辭：中國人民需要郭先生》，《新華日報》，1945 年 4 月 9 日，第二版。

〔註 13〕　《昆明文化界慰問郭沫若先生的信》，《新華日報》，1945 年 5 月 14 日，第二版。

工委」被裁撤這一政府行為，從而演變為各黨派藉以爭取民主的社會運動。

郭沫若並未如王若飛所建議的去解放區，而是繼續留在重慶，其主要身份是中蘇文化協會研究委員會主任委員。中蘇文化協會成立於 1935 年，主要是由國民黨左派張西曼、王崑崙等人推動，在孫科的支持下組建的〔註 14〕。孫科是國民黨內「親蘇派」代表，抗戰初期他曾三度訪蘇，爭取蘇聯的軍事援助。而孫科爭取軍援的成功，則不僅提高了他在國民黨內的地位和社會聲望，也使他「親蘇」的姿態進一步極端化，成了蘇聯的義務宣傳者〔註 15〕。而「太子」孫科的政治野心，又促使他將中蘇文化協會作為培育自己勢力的地盤，因此，該會吸納了較多的知名文化人。1940 年孫科任命王崑崙代他主持會務工作，王崑崙借機對協會進行了改組，新設研究委員會與編譯委員會，前者由郭沫若任主任委員，副主任為陽翰笙，後者主任委員為西門宗華，副主任曹靖華。不過，孫科也不無顧慮，他雖然是親蘇派，但他主張效法的是蘇聯的體制，而非「主義」，主義方面他依舊堅持「三民主義」。據在「中蘇文協」擔任《中蘇文化》主編的侯外廬回憶，「當時的孫科，一方面想和共產黨和蘇聯拉關係，另一方面又怕他中蘇文協手下的人都被共產黨拉過去」〔註 16〕。郭沫若本來就與國民黨左派關係密切，他歸國之初在南京時，曾遍會當時的左派政要如汪精衛、孫科等人。不過，他雖然 1940 年起便開始擔任中蘇文協研究委員會主任，但實際上直到「文工委」解散，他才開始履職〔註 17〕。

加入中蘇文化協會，這無疑為郭沫若從事文化運動提供了較有利的身份，這也是當時左翼文化人的策略，即利用國民黨的派系矛盾開展民主運動。郭沫若任職研究委員會，也非徒具虛名，如為紀念高爾基逝世紀念日（6 月18 日），他特請茅盾、戈寶權、郁文哉和葛一虹擔綱，合作翻譯蘇聯作家羅斯金的《高爾基傳》，但高爾基的紀念日尚未到，他便已出發去了蘇聯。但他任職中蘇文協的身份，不僅為他前往蘇聯提供了便利，同時，中蘇文協向來親蘇的立場，也與他日後的蘇聯觀感有內在一致性。無論是中蘇文協的機構特

〔註14〕 張震：《中蘇文化協會始末》，載中共中央黨史研究室編：《中共黨史資料》，第 42 輯，北京：中共黨史出版社，1992 年，第 27 頁。

〔註15〕 參考高華：《孫科與國民政府的對蘇外交（1932～1945）》，載《革命年代》，廣州：廣東人民出版社，2010 年，第 86 頁。

〔註16〕 侯外廬：《韌的追求》，北京：三聯書店，1985 年，第 165 頁。

〔註17〕 他在寫於 1945 年 6 月 4 日的《〈高爾基〉序》一文中，稱「中蘇文化協會研究委員會開始工作僅僅一兩個月」（郭沫若：《〈高爾基〉序》，載《高爾基》，北門出版社，1945 年）。

徵，還是 1945 年初的民主運動，都是郭沫若旅蘇的背景，也是我們考察郭沫若蘇聯之行的前提。

二、制度的風景

　　旅蘇期間，郭沫若記有詳細的日記，以《蘇聯紀行》爲題結集發表。據日記載，郭沫若與蘇聯駐華大使館工作人員邵魯諾夫同行，他們經昆明，取道印度、巴基斯坦、伊朗轉莫斯科，因邵氏行李超重，每一次轉機都要停留甚久，因而當郭沫若抵達蘇聯時，只趕上了紀念大會的閉幕式。在蘇聯的前十天，他作爲科學院的客人，參加了科學院安排的文化考察活動，這包括參觀列寧格勒郊區的戰場、普希金宮，觀賞歌舞和芭蕾舞劇《胡桃夾子》等。還參加了斯大林在克里姆林宮爲各國學者舉辦的招待宴會。因科學院的活動傾向自然科學方面，郭沫若屬社會科學，於是，自 7 月 4 日起，郭沫若便轉由蘇聯對外文化協會（V.O.K.S.）招待。對外文化協會特爲他和其它幾位學者，如著名的「紅色主教」英國坎特伯雷主教約翰孫博士（Dr. H. Johnson，Dean of Canterbury）等，制定了一個月的參觀計劃，除莫斯科市區的博物館以外，主要是到斯大林格勒和中亞的塔什干，參觀蘇聯的工廠和集體農莊。那麼，蘇聯在郭沫若的觀感中，呈現出的是何種形象呢？

　　因戰爭剛剛結束，此次參觀的很大部分便是蘇聯的戰場，如列寧格勒郊外的戰場、斯大林保衛戰戰場等等。看著舊戰場的焦土，聽著導遊的介紹，郭沫若除了讚歎紅軍的英勇外，感受到的還有一重焦慮，如在列寧格勒郊外的普爾珂夫山，郭沫若想到的卻是中國的江南：「山川草木和我的故國很相彷彿，尤其是彷彿江南的風光。我到了這兒，也就彷彿到了江南。像這樣戰鬥激烈的地方，在江南也有不少，但到今八年了，我們還沒有把日寇趕走，我們的同胞還在過著牛馬不如的生活。因此在我欽佩蘇聯的人民和紅軍的另一面，我深深感覺著慚愧」〔註 18〕。這種心態，表明郭沫若在觀看蘇聯時，問題意識卻是本國的出路問題，但無論是他的心態，還是文化地位，都是失衡的，這對他的觀感起著潛在的制約作用。

　　觀光初期，郭沫若主要在列寧格勒和莫斯科市區，參觀名勝古蹟或觀賞戲劇。但他對普希金宮，也就是俄皇亞歷山大一世的夏宮，這類古蹟並未表

〔註18〕郭沫若：《蘇聯紀行》，《新華日報》，1945 年 10 月 31 日，第四版。

現出多大的興趣，反而對一些小事印象較深。如 7 月 3 日晚，他應邀去藝術劇院觀劇，當他們到達戲院附近，發現「院外簇擁著不少的人」，而「一位中年婦人」看見他們手中的票，以爲他們是倒票的，因而便向他們買票；而他們進門時，「又有工人模樣的人也要搶買」；後來他們因走錯路而誤入一家食品店，那裡的「一位紅軍軍官」也要買票。陪同他遊覽的蘇太太，後來告訴他：「我們蘇聯人是極喜歡看戲的，莫斯科的劇場儘管多，但依然不夠分配」。這對郭沫若觸動很大，在他看來，蘇聯國民的生活簡直達到了理想化的狀態：

> 我眞是很愛慕這樣的國民，他們眞正瞭解對於人生必要的愉樂。這自然也是物質條件使他們這樣的，他們的生活有保障，工作有保障，做了好多工便有好多報酬，醫療助產是官費，用不著有了今天愁明天，得到甘肅望西蜀，他們所得到的報酬自然便會求正當的享受了。樂天氏之民歟？無懷氏之民歟？這是古人的烏托邦式的想像，而在蘇聯只是現實。〔註19〕

蘇聯一開始給郭沫若的印象，就是一個富裕、自由的烏托邦景觀，這種形象在此後的行程中變得更爲完滿，以更爲細緻的方式體現出來。而蘇聯最重要的「物質條件」無疑是它的工業成就和集體農莊，這也是郭重點記述的部分。

參觀蘇聯的工業成就，是整個旅程的中心。他們的第一站便是工業重鎮斯大林格勒，首先參觀的景點是拖拉機工廠和紅色十月工廠，前者在戰時改爲了坦克修理廠，後者是煉鋼廠。郭沫若記錄最爲詳盡的，則是斯大林紡織工場。他不僅記述了該廠的規模，各附屬工場的結構和功能，工人的工作時間和流程，還記下了紡織機的新功能，如「紗線如斷，電機即自行停止，有小紅電球發光指示斷處，結上，電機又自動運轉」〔註 20〕，對蘇聯的技術創新給予了很高的評價。在觀賞了生產車間之後，他們還去參觀了「工人村落」，郭沫若的觀感是「工人的福利是照顧得很周到的」：「工廠之外有花園設備，樹木繁茂，渾如公園」。同行的約翰孫博士也說：「工場內的設備，英美人可能辦到，或許有的還要更加完善；工人村的設備便爲英美人所無法企及」〔註21〕。或許是意猶未盡，在離開蘇聯前夕，郭沫若還曾去參觀莫斯科郊外的斯大林汽車工場。這可能是郭沫若所見規模最大的工廠，該廠共有三十二個部

〔註19〕 郭沫若：《蘇聯紀行》，《新華日報》，1945 年 11 月 15 日，第四版。
〔註20〕 郭沫若：《蘇聯紀行》，《新華日報》，1945 年 11 月 30 日，第四版。
〔註21〕 郭沫若：《蘇聯紀行》，《新華日報》，1945 年 11 月 30 日，第四版。

門，各自獨立生產汽車零件，然後統一組裝；而這裡的工人村落設備也「甚為完善」，「有醫院、戲院、電影院、音樂堂、浴池等」〔註 22〕，各類設備無不自成一體。正因規模太大，郭沫若只參觀了其中的三個部門，最後由該廠自產的小汽車送回，郭沫若也不忘描述他的乘車體驗：「車頗結實，且亦十分新穎，比起美國汽車來並無遜色」〔註 23〕。

工業是蘇聯的立國之基，而集體農莊則是蘇聯獨有的景觀。郭沫若一行參觀的是塔什干的一處集體農場，名為「第十八屆共產黨代表集體農場」。據引導參觀的領導介紹，「該農場係一九三一年成立。共有一千二百人」，而「戰時生產均超過了戰前生產」，「今年計劃已經完成了百分之三百（即僅僅半年，已超過了一年計劃的三倍）」〔註 24〕。這裡的物產較為豐盛，農民也很好客。他們在「棉田旁一座小亭中休息」時，「農主們從田中摘取了無數的黃瓜和番茄送來，請客人食用解渴」，而當他們回到農場管理中心時，工作人員還送來家釀的葡萄酒，「用著大碗當茶喝」〔註 25〕。在郭沫若看來，這無不顯示出蘇聯的富足，以及集體農莊的優越性。這也激發了他的詩興。在約翰孫發言之後，他朗誦了一首即興詩：

> 黨代表的集體農場，
> 真個是人間的天堂！
> 親愛的人們
> 一個個和天神一樣。
> 世界上再沒有
> 這樣好的地方！
> …… ……
> 烏拉，蘇維埃人民！
> 烏拉，斯大林！〔註 26〕

口號式的頌詞，大大激起了農人的好感。「大家都狂熱起來了，同聲高喊著『烏拉，斯大林！』」大家把郭沫若簇擁著，一位大漢還將郭沫若舉到了空中。他們因此受到了前所未有的禮遇，農人甚至邀請他們在那兒過夜。當他們分乘

〔註 22〕郭沫若：《蘇聯紀行》，《新華日報》，1946 年 1 月 21 日，第四版。
〔註 23〕郭沫若：《蘇聯紀行》，《新華日報》，1946 年 1 月 21 日，第四版。
〔註 24〕郭沫若：《蘇聯紀行》，《新華日報》，1945 年 12 月 4 日，第四版。
〔註 25〕郭沫若：《蘇聯紀行》，《新華日報》，1945 年 12 月 4 日，第四版。
〔註 26〕郭沫若：《蘇聯紀行》，《新華日報》，1945 年 12 月 4 日，第四版。

三輛汽車離開時，人們多湧到郭沫若處，「依然翹舉起大拇指」〔註27〕。故事的餘聲是，他們當晚在國立劇場聽音樂演奏時，發現他們剛在集體農場見到過的一些主人，「差不多都在場欣賞」，這再度印證了郭沫若最初「樂天氏之民」的觀感。

郭沫若從工業和農業看到的是經濟的發達，這是馬克思所說的經濟基礎；同時也看到了平等，尤其是工人農民所享受的平等，這是蘇聯的「主義」。這些政治理念都以制度和物質形態，進一步體現在他隨後參觀的醫療和教育機構領域。郭沫若參觀了多所醫院，除工廠的附屬醫院外，還有斯大林格勒的市立醫院。在這裡，郭沫若看到了蘇聯對女性的尊重，不僅因為這裡的醫生多為女性，還在於女性的醫療福利：「蘇聯的醫藥治療本來一律都是公費，而產婦入院尤其有優先權，這是母性保護的絕好的善政。」〔註28〕除醫療外，郭沫若對蘇聯的教育印象更深。教育是勞動力再生產的主要工具，對於革命者來說，教育更是培養「新人」的主要渠道，其重要性不言而喻，因此，中國現代赴蘇旅行的人，在他們的遊記中，都花費了大量的筆墨介紹蘇聯的教育，如胡愈之、鄒韜奮、戈公振等，莫不如此。

郭沫若在蘇聯看到了社會主義新人培育的全過程。首先是幼兒園。8月3日他由莫斯科市教育局人員陪同，前往電車工人幼稚園參觀。這是戰爭期間新建的一所幼兒園，「園舍甚為整潔，一切設備也很周到」，學費低廉，「軍人及兒女多者取費少」，「有病時全由公家療養」，先生則教小孩勞動、遊戲，秩序井然〔註29〕。郭沫若對蘇聯的小孩有著極好的印象，他在街頭曾遇到一群小孩，發現這些孩子都非常天真，「對於外來的人並不感覺生疏」，郭沫若也將這種現象與蘇聯的社會環境作了勾連，將他們看作真正的「新人」：「他們真好好像是生在樂園裏的天使一樣。我愛他們。像這樣在自由的天地中所陶養出來的第二代，應該可以說是真正的人類的開始吧」〔註30〕。此外，他還參觀了女子中學和莫斯科大學，但彼時正值暑假，所以他記載的多為學校規模和設備概況，相關信息也多得自校長等陪同人員的介紹。如他參觀莫斯科大學時，便詳細記載了他們的課程設置及獎學金等情況，無不展現出蘇聯對教育的重視。

〔註27〕郭沫若：《蘇聯紀行》，《新華日報》，1945年12月5日，第四版。
〔註28〕郭沫若：《蘇聯紀行》，《新華日報》，1945年11月22日，第四版。
〔註29〕郭沫若：《蘇聯紀行》，《新華日報》，1945年12月29日，第四版。
〔註30〕郭沫若：《蘇聯紀行》，《新華日報》，1945年11月7日，第四版。

　　郭沫若在蘇聯的參觀時間並不算長，工廠、農場、醫院和學校等機構基本上佔據了大半時間，成了他整個行程的中心。如果從「紀行」的文體譜系來看，無論是行程安排，還是郭沫若對這些制度機構的詳細記述，都顯得有些「破格」。較之傳統的遊記多爲自然風景，他對社會機構的記錄難免枯燥；較之旅歐行記多側重人文景觀，他對現代工業的興趣，更是缺乏「詩意」。但無論是主辦方，還是觀察者郭沫若，卻都將這些視爲必然要觀賞的對象，對他們來說這才是眞正值得觀賞的風景。將工廠、農場和學校等社會機構視爲風景，並不是指觀賞者將其風景化，正如威廉斯所批判的田園觀光者對鄉村的風景化一樣〔註31〕，而是說，在蘇聯這些制度本身就是風景。無論是工廠還是學校，這都是蘇維埃制度的具體承載者和體現者，它們既構成了展示的場地，同時自身也成爲觀賞的對象。使之成爲風景的，不僅在於設備、操作流程的美，更在於其背後的意識形態，以及它們所召喚出來的烏托邦視景，這都無不賦予機械設備以「靈韻」，只是這不是本雅明所懷念的帶有手工痕跡的「靈韻」〔註32〕，而是共產主義的「幽靈」。這在其它風景如博物館和集體儀式中體現得更爲隱晦，也更爲到位。

　　博物館展示的是民族的歷史記憶，但在蘇聯，博物館不是悼亡的場所，而是展示制度和主義、甚至是教育和傳播主義的地方，因此，蘇聯在莫斯科等地區新設了各類博物館。據鄒韜奮記載，在三十年代初，僅莫斯科這一處「已有一百七十七個博物館了」。他還指出了博物館與蘇聯體制的關聯：

> 　　博物館在蘇聯也是遊歷者所必看的一類重要的東西——比其它
> 各國的更重要，這是因爲其它各國的博物館多爲古文化的墳墓，而
> 在蘇聯的博物館卻多和他們的現代生活——和現代生活有關係的歷
> 史的、經濟的、和政治的種種意義——聯絡起來。〔註33〕

在對外文化協會的安排下，郭沫若參觀了各類博物館，這包括列寧博物館、歷史博物館、革命博物館；還有俄國作家萊蒙托夫、托爾斯泰等人的博物館和故居。在列寧博物館等場所，郭沫若直觀地感受到了俄國革命的歷程；而對於這類歷史博物館的教育意義，他更是心領神會：「這是絕好的歷史教育。

〔註31〕參考威廉斯：《鄉村與城市》，韓子滿等譯，上海：商務印書館，2013年，第27頁。

〔註32〕本雅明：《論波德萊爾的幾個母題》，載《啓迪》，張旭東　王斑譯，北京：三聯書店，2008年，第205頁。

〔註33〕韜奮：《萍蹤寄語　三集》，生活書店，1935年，第121頁。

只須在半天之內，談笑之間，便可以溫習一遍國史或甚至人類史，蘇聯新愛國主義之蓬勃發展，不是偶然的」〔註34〕。較之革命博物館對制度赤裸裸的展示，作家紀念館要間接得多。但郭沫若還是從他詩人的敏銳和泛政治的閱讀中，自覺構建了一種歷史敘事。如 7 月 31 日他參觀的是萊蒙托夫博物館，翌日參觀的是奧斯特洛夫斯基博物館，前者在他看來，「是專制魔鬼們，摧殘文化的一個標本」〔註35〕，後者則是「一切苦難的征服者」，郭沫若將這兩人的遭遇作了歷史對比：

> 接連兩天，看了兩位作家的博物館，眞是絕好的對照。尤其是
> 兩種政治對於文藝家的態度，一種是唯恐文藝家不早死，一種是用
> 盡各種方法，要使他多活一天。「不怕不識貨，只怕貨比貨」，儘管
> 有些沙皇的惡流，還昧著良心，倒黑爲白。〔註36〕

雖然是極爲樸素的方式，但郭沫若毫不掩飾地表達了他對制度的好惡、他的歷史選擇，更作出了歷史判斷。與參觀工廠、農場等地不同，作家紀念館與郭沫若自身的問題聯繫更爲密切，它直接關係到制度選擇與文人的出路問題，而奧斯特洛夫斯基的際會，蘇聯對文化人的尊重，讓他看到了潛在的希望。蘇聯對文化人的尊重，還體現在他所參加的克里姆林宮的招待宴會上。在這次蘇共高層參加的晚宴上，郭沫若詳細觀察並描述了斯大林、莫洛托夫和加里寧等人的言行。在宴會開始不久，與郭沫若同席的尼德罕便預言，斯大林「恐怕坐不了好一會就要退席的」，但結果是「斯大林和其它的領袖們，一直陪坐到了席散」，而此時已是深夜十二點過後；此外，莫洛托夫的致辭極爲簡短，「絕無長篇大套的『訓辭』」，「斯大林卻一句話也沒有說」，在郭沫若看來，「這是很愉快的事。一位大領袖倒不在乎每宴一次客，一定要來一套大演說的。誠信已孚，思想已移諸實踐，不說話比說話還要偉大」；而斯大林雖然保持沉默，但對藝術表演卻「似乎特別感覺興趣」〔註37〕。除宴會的儀式以外，他還參觀了 8 月 12 日在莫斯科紅場舉行的體育節，這次「蘇聯人民的大檢閱」。這類盛大的群眾場面，郭沫若在抗戰初期曾親自組織過，因此也格外有好感。在他的描述中，這完全是一首未來派的詩作，「一切都在流動」，他再度賦詩一首，風格與他此前參觀集體農莊的即興詩一樣。經過儀式的修

〔註34〕郭沫若：《蘇聯紀行》，《新華日報》，1945 年 12 月 11 日，第四版。
〔註35〕郭沫若：《蘇聯紀行》，《新華日報》，1945 年 12 月 24 日，第四版。
〔註36〕郭沫若：《蘇聯紀行》，《新華日報》，1945 年 12 月 26 日，第四版。
〔註37〕郭沫若：《蘇聯紀行》，《新華日報》，1945 年 11 月 11 日，第四版。

辭術，制度具有了美學外觀。在紅場盛大的群眾遊行中，詩人郭沫若發現了與他氣質最貼合的風景。

三、「主義」的遠景及其形象

　　在郭沫若的記述中，蘇聯呈現的是一個富強、平等、尊重文化、熱愛藝術的形象。但這並不是俄羅斯的民族形象，而是制度和主義的形象。這就是蘇聯的蘇維埃制度，這種新制度不僅對於中國知識分子來說是一種歷史遠景，從世界範圍來看也是如此。自蘇聯建國之後，全世界範圍的知識分子便紛紛前往參觀。三十年代之後尤其如此，正如蔣廷黻所說的，「現在的旅行者誰不想到蘇聯去看個究竟？」〔註 38〕他在《歐遊隨筆》中還轉述了一位美國教授的話：「現在只有蘇俄值得一看。別國，連美國在內，都是束手無策。唯獨蘇俄一往直前」〔註 39〕。這種現象是有具體的歷史背景的。上世紀二十年代末三十年代初資本主義世界的經濟危機，讓不少知識分子將注意力轉向了蘇聯，這也是「紅色三十年代」的社會成因。中國文化界三十年代重點介紹的國際旅蘇人物，便有紀德、巴比塞、藏原惟人和秋田雨雀等人。而中國前往蘇聯參觀者，更是絡繹不絕。二十年代影響較著者便有瞿秋白、俞頌華、李仲武、抱樸、胡適、徐志摩等人，三十年代的社會名流就更多，如胡愈之、鄒韜奮、曹冰谷、丁文江、蔣廷黻、林克多、戈公振等人都有旅蘇遊記，抗戰之後則有邵力子、郭沫若及其後的茅盾等。因此，郭沫若的旅蘇遊記，需要置於這個譜系之內考察。也就是說，在考察郭沫若遊記的特殊性之前，需要先考察他所述形象的文化來源。正如法國形象學理論家巴柔所指出的，「異國形象應被作為一個廣泛且複雜的總體——想像物的一部分來研究。更確切地說，它是社會集體想像物（這是從史學家們那裡借用來的詞）的一種特殊表現形態：對他者的描述（représentation）」〔註 40〕。通過集體想像這個文化坐標，我們才能最終看清郭沫若所描述的蘇聯形象，在中國現代所呈現出的新特徵，以及它的歷史意義。

　　蘇維埃政權作為一種新制度，其形象難免與描述者的立場相關，因而

〔註38〕蔣廷黻：《歐遊隨筆（一）》，《獨立評論》，第 123 號。
〔註39〕蔣廷黻：《歐遊隨筆（一）》。
〔註40〕達尼埃爾－亨利・巴柔著，孟華譯：《從文化形象到集體想像物》，載孟華編：《比較文學形象學》，北京：北京大學出版社，2001 年。

一開始就呈現出截然相反的形象。對此，魯迅在給林克多《蘇聯聞見錄》作序時，便已指出：「看了幾個西洋人的旅行記，有的說是怎樣好，有的又說是怎樣壞，這才莫名其妙起來。」〔註41〕《蘇聯聞見錄》從一個五金工人的視角〔註42〕，講述了他在經濟危機之後，從法國前往蘇聯、及其在蘇聯的工作經歷，較爲正面地展現了五年計劃之後蘇聯的建設成就。在魯迅看來，較之歐美的諷刺漫畫，這毋寧是更爲眞實的，「爲什麼呢？因爲不但共妻，殺父，裸體遊行等類的『不平常的事』，確然沒有而已，倒是有了許多極平常的事實」〔註43〕。魯迅從這些平常的事實中，看到的是一個新生的社會圖景：

> 一個簇新的，眞正空前的社會制度從地獄底裏湧現而出，幾萬
> 萬的群眾自己做了支配自己命運的人。〔註44〕

魯迅在袪除歐美諷刺漫畫的謎魅之後，看到的是另一種歷史魅力，這是蘇聯的共產主義圖景：它是「簇新的」，也是尙未完成的烏托邦。十年之後，郭沫若筆下的蘇聯，則變成一個已經完成的烏托邦。他所描述的工業設備、機器生產、教育機構、革命博物館的陳列等，也只有在烏托邦的投射下，才具有觀賞價值。烏托邦形象，正是中國知識分子對蘇聯的集體想像。不過，中國文化語境中的蘇聯形象，也經歷了一個歷史的演化過程〔註45〕。在二十年代的中國，蘇俄呈現的基本上是反烏托邦形象，如徐志摩、胡適等人筆下的蘇俄，基本特徵是貧窮與專制，即便是後來受到學界青睞的瞿秋白的《餓鄉紀

〔註41〕 魯迅：《蘇聯聞見錄序》，載林克多：《蘇聯聞見錄》，上海大光書局，1936年，
　　　　 第1頁。

〔註42〕 林克多在文中自稱爲一個五金工人，但這只是敘述視角，是虛擬的敘述者。
　　　　 作者本人實際上是一個革命者。魯迅的觀感，部分地來自於他將林克多的描
　　　　 述當作了「不搽粉墨的眞相」，因而「不必用心戒備」就看完了。此處感謝李
　　　　 今老師的提醒，對林克多身份的相關考論可參考伍忠蓮：《1920～1932年旅蘇
　　　　 遊記中的「蘇俄」話語建構》第五部分（中國人民大學碩士畢業論文，李今
　　　　 指導，2009年）。革命者旅行遊記中的眞實與虛構，無疑增添了旅蘇遊記的複
　　　　 雜性。

〔註43〕 魯迅：《蘇聯聞見錄序》，載林克多：《蘇聯聞見錄》，上海大光書局，1936年，
　　　　 第4頁。

〔註44〕 魯迅：《蘇聯聞見錄序》，載林克多：《蘇聯聞見錄》，第4～5頁。

〔註45〕 參考陳曉蘭：《20世紀20～30年代中國旅蘇遊記中蘇聯形象》，載陳曉蘭編：
　　　　 《想像異國：現代中國海外旅行與寫作研究》，合肥：安徽人民出版社，2012
　　　　 年，第52～80頁。

程》，描述的也都是蘇聯的匱乏，只是他賦予「餓鄉」以道德和精神價值而已
〔註46〕；更值得注意的是，一位名為抱樸的共產主義信徒，在前往莫斯科、
留學蘇聯之後，反而極度失望，因而轉向了無政府主義。他在《赤俄遊記》
中，對蘇共的專制，以及留蘇的中國學生作了較多的批評〔註47〕。

　　三十年代，中國的蘇聯形象，便全面轉向積極一面，這既與蘇聯第一個
五年計劃的建設成就有關，也離不開「紅色三十年代」的全球語境。三十年
代中國第一部影響較大的旅俄遊記，是胡愈之的《莫斯科印象記》。胡愈之於
1930 年取道蘇聯歸國時，經莫斯科幾位世界語同志的幫助，得到停留一周的
許可。因蘇聯世界語同盟的總書記，也是對外文化協會的委員，胡愈之的行
程也基本上由該協會安排，參觀對象包括工人住宅、國立醫院、紡織工廠、
汽車工廠、各類學校等。應該說，胡愈之對蘇聯的描述還是較為客觀的，他
除了展示這些官方的成就外，還就他經驗所及，描述了莫斯科的住宅荒，以
及日用物資的匱乏。如他在街頭就經常看到「每家店鋪門內都擠滿了人」，「有
幾家門外排成很長的『尾巴』」〔註48〕。但他參觀時的整體視野，是將蘇維埃
作為新制度的試驗場而給予理解的，因而也不乏烏托邦想像的成分。如在序
言中，他便先引用日本左翼作家秋田雨雀《青年蘇維埃俄羅斯》中的話——
「知道蘇俄的將來的，便知道了全人類的將來」，從而奠定了該遊記的基調。
而他自己的參觀也印證了秋田雨雀的觀點，在胡愈之看來，「蘇維埃聯邦正在
改造的途程中，它的將來，還沒有人能知道。但是就目前說，十月革命卻已
產生了許多奇蹟」〔註49〕。他筆下的蘇聯，呈現出了平等、民主的正面形象，
成為此後中國知識分子描摹蘇聯成就的先河。

　　此後有天津《大公報》特派記者曹谷冰，他是與中國外事人員一道前往，
不僅參觀了蘇聯的工業建設，而且還前往波羅的海等地遊歷，考察的範圍較
廣。他的《蘇俄視察記》先發表於《大公報》，後結集出版，由于右任題簽，
吳鼎昌、張季鸞等人作序，發行後一月之內便再版，影響較大。與胡愈之一
樣，他對蘇聯的工業建設、工人福利等都讚不絕口，但他對計劃經濟這種方
式卻頗有微詞，對集體化的態度也有所保留，認為是「政治的強制之故」〔註

〔註46〕瞿秋白：《瞿秋白遊記》，北京：東方出版社，2007 年。
〔註47〕抱樸：《赤俄遊記》，上海：北新書局，1926 年。
〔註48〕胡愈之：《莫斯科印象記》，上海：新生命書局，1931 年，第 45 頁。
〔註49〕胡愈之：《莫斯科印象記》，上海：新生命書局，1931 年，第 5 頁。
〔註50〕曹谷冰：《蘇俄視察記》，天津大公報館出版社，1931 年，第 59 頁。

50）。因此，他自認爲「記述完全是客觀的、忠實的」〔註51〕。但他忽略的是，他雖然看到了蘇聯的不足，但他所看到的「風景」，整體上仍是蘇聯對外文化協會的安排。胡愈之是如此，其後的戈公振、郭沫若與茅盾，以及羅曼‧羅蘭和紀德都是如此，他們的行程均由該協會安排。蘇聯對外文化協會（V.O.K.S.）是專門負責對外文化交流的機構，胡愈之對此有所介紹：

> V.O.K.S.是『蘇聯對外文化聯絡會』這幾個字的縮寫，這會的目的是謀蘇聯和外國學術文化界的聯絡合作。主要的工作是向國外交換學術書籍雜誌，並已用英法德世界語發行一種介紹蘇維埃文化生活的月刊雜誌。此外是招待來遊蘇俄的一切外國文化工作者。〔註52〕

張季鸞在爲《蘇俄視察記》所撰序言中，特意提及于右任的告誡：

> 谷冰視察記，須詳加考慮。少年人總有不能割愛處，陸一不刪吾詩，即其一例。俄人招待遊客與新聞記者，皆其黨中經專門訓練之能者任之。得材料於此輩手中口中，自己引爲得意，而不知彼亦得意，或更過我也。〔註53〕

在張季鸞看來，「此誠閱歷有得之言」，因爲他從其它途徑得到的印象與「視察記」所載相差甚遠。這增加了蘇聯形象的複雜性。異國形象往往是觀察者對他國的誤讀，這且不說西方視野中的東方形象〔註54〕，就連本國形象也往往受到意識形態的干擾〔註55〕，因而有論者認爲，「形象是神話和海市蜃樓」〔註56〕，此說不無道理。因而比較文學形象學的研究，近來已從形象是否眞實的問題，轉向了觀察者的主體和文化語境問題，因爲「形象是加入了文化的和情感的、客觀的和主觀的因素的個人的或集體的表現。任何一個外國人對一個國家永遠也看不到像當地人希望他看到的那樣。這就是說情感因素勝過客觀因素」〔註57〕。這對我們考察現代中國知識分子筆

〔註51〕 曹谷冰：《蘇俄視察記》，第258頁。

〔註52〕 胡愈之：《莫斯科印象記》，上海：新生命書局，1931年，第60頁。

〔註53〕 張季鸞：《蘇俄視察記‧序四》，天津大公報館出版社，1931年，第3頁。

〔註54〕 可參考薩義德：《東方學》，王宇根譯，北京：三聯書店，2007年。

〔註55〕 W.J.T.米切爾：《帝國的風景》，載米切爾編：《風景與權力》，南京：譯林出版社，2014年，第19頁。

〔註56〕 布呂奈爾等著，張聯奎譯：《形象與人民心理學》，載孟華主編：《比較文學形象學》，北京：北京大學出版社，2001年，第114頁。

〔註57〕 布呂奈爾等著，張聯奎譯：《形象與人民心理學》，載孟華主編：《比較文學形象學》，第114頁。

下的蘇聯形象是不無啓發的，旅行者的情感因素，如爲中國尋找出路的焦慮，往往干預他們的觀看對象，從而導致他們對描述對象的選擇或變形處理。但蘇聯形象的特殊性還在於，它不是一處靜止的風景，被動地等待遊客觀覽，相反，它本身便積極地參與到了自我形象的設計、規劃與宣傳之中，這是 V.O.K.S.以及蘇聯國際旅行社的主要功能，都是要向外界輸出一個理想國形象。因此，胡愈之、曹冰谷、鄒韜奮、郭沫若和茅盾等人，所參觀的「景點」幾乎差不多，都是工廠、農場、醫院和學校等，而且連具體地點也往往一樣。而從對方的接待來看，也確實如于右任所說，是「經專門訓練之能者」。胡愈之、郭沫若等人，在走馬觀花之餘，便對這些成就大加表彰，只能說他們是最爲理想的觀眾。而觀者與被觀者的這種高度契合性，主要原因在於他們有著一致的訴求，這就是將蘇聯的制度，視爲解決中國貧弱問題的一個備選方案。這種心態不僅見於左翼知識分子，蔣廷黻和丁文江的旅蘇觀感也同樣如此。蔣廷黻對蘇聯的整體觀感，是「人民都是足衣足食的。這個普羅的世界是樸實，平等的。其空氣是十分奮發的」〔註 58〕；丁文江所考察的多是蘇聯的地質與科研機構，記述較爲樸實，但當他在劇院看到工人時，也較爲驚異〔註 59〕；同時，他對蘇聯藝術也有所批判，不過，他的批判並非針對藝術的意識形態化，相反，他批判的是蘇聯的藝術還不夠革命。如他在看過《歐根·奧涅金》之後，便認爲這是一齣封建的舊劇，而這讓他「覺得蘇俄美術和文學的革命距成功還遠，要不然何以還須靠這種一百年前的劇本來做普羅群眾的娛樂？」〔註 60〕

　　烏托邦視景對於我們理解中國知識分子的蘇聯印象尤爲必要。與郭沫若在列寧格勒郊外的戰場，想到的卻是中國的弱小一樣，胡愈之、鄒韜奮等人思考的，也都是中國的歷史前途問題。鄒韜奮在他的遊記《萍蹤寄語》的前言中，便坦誠他遊歷西方是想解決兩個問題，「第一個是世界大勢怎樣？第二個是中華民族的出路怎樣？」〔註 61〕尙深陷抗戰泥淖的郭沫若，更有著民族前景的焦慮，因而去蘇聯也是一個尋求民族出路、爲國內的民主建國運動尋找資源的過程，正如他所說，「自己是抱著唐僧取經到西天去

〔註58〕蔣廷黻：《歐遊隨筆（三）》，《獨立評論》，第 125 號。
〔註59〕丁文江：《蘇俄旅行記（十）》，《獨立評論》，第 122 號。
〔註60〕丁文江：《蘇俄旅行記（十二）》，《獨立評論》，第 134 號。
〔註61〕韜奮：《萍蹤寄語第三集弁言》，生活書店，1935 年，第 2～3 頁。

的精神到蘇聯去的」〔註 62〕。誠則誠矣，卻也因此喪失了主體性和自省能力。以至在熱情與感奮中，他們在將注意力多集中於蘇聯的經驗與成就，卻相對忽略了眞實性問題。如鄒韜奮在參觀莫斯科郊外一處幼兒園時，便記下了這樣一個場景：

> 有一處用粗的竹竿在草地上造成一種疊羅漢式的架子，地下的一層特廣，向上漸少漸尖上去，數十兒童可爬上這個架子，在各層上分開立著或坐著，成爲疊羅漢的式子，……我們來時，這個架子正空著，有三四十個兒童看見我們來了，臨時自動地聚攏來，很迅速靈敏地爬上架子上面去，好像一群猴子爬樹似的，剎那間造成一個疊羅漢的形式，在頂上中央的一個還拿著一面小紅旗揮著，全體笑著揮手向我們歡呼。〔註63〕

從這個場景來看，這群幼兒園的孩子，並不是在做遊戲，而是在爲遊客表演，而且極爲熟練，在頂上還揮著小紅旗。鄒韜奮在之前就看出了幼兒園對孩子的培養是基於「技術心理」，但面對這些孩子的表演，他並未揭露蘇聯對兒童的「訓練」，反而被深深打動了：「當時這一大群小弟弟小妹妹們的那樣起勁的樣子，熱烈的神情，活潑潑的舉動，都深深地永遠鐫印在我們腦袋裏」〔註64〕。他們在觀看風景時的烏托邦熱情，讓他們自動屏蔽了其後的另一面。郭沫若亦是如此，他歸國前曾想買一個皮箱，卻四處尋找而不得，他自然瞭解這是物資匱乏所致，但他卻主動爲之辯解：「這些現象並不表示著蘇聯物資的徹底缺乏，而是表示著生產計劃和管制的徹底嚴密。這是值得注意的。」〔註65〕從而將匱乏轉變成了計劃和管制的嚴密性，其策略正與瞿秋白從匱乏看到的希望一致。只是，郭沫若將「生產計劃和管制的徹底嚴密」也當作制度優勢，則難免透露出他對集權缺乏警惕和批判。如果與前不久前往蘇聯的羅曼·羅蘭和紀德等人的觀感對照，郭沫若等人的烏托邦熱情便表現得更爲明顯。

　　羅曼·羅蘭是中國三四十年代介紹較多的作家，他於 1936 年 6 月前往蘇聯。此行的目的，一是《法蘇互助條約》的簽訂，讓西方左翼知識分子陷入了迷惘，因爲這意味著蘇聯也和資本主義法國結盟了；二是蘇聯在基羅夫被

〔註62〕 郭沫若：《蘇聯紀行·前記》，載《蘇聯紀行》，中外出版社，1946 年，第 2 頁。
〔註63〕 韜奮：《萍蹤寄語 三集》，生活書店，1935 年，第 133～134 頁。
〔註64〕 韜奮：《萍蹤寄語 三集》，第 134 頁。
〔註65〕 郭沫若：《蘇聯紀行》，《新華日報》，1946 年 1 月 22 日。

刺殺之後的大清洗運動，受到了西方知識分子的廣泛質疑和批判〔註66〕。羅曼·羅蘭自認為是「蘇聯的老朋友和同路人」，「又是西方的見證人、觀察家」〔註67〕，有義務向蘇聯反映西方知識界的情況，並希望蘇聯對此作出解答。面對這位世界級的文學大師，蘇聯給予了極高的接待規格，對外文化協會會長阿洛塞夫親自到華沙迎接，斯大林接見並回答了他的疑問。雖然羅曼·羅蘭被蘇聯高層包圍，但他對蘇聯的觀感並不見佳。如對於莫斯科，他認為它「正成為歐洲平庸的大都市」，並對「那些平庸的建築感到震驚」〔註68〕；當看到軍政高層擁有的特權時，他不得不懷疑「現在是否又在形成一個無產階級貴族呢」〔註69〕？他尤其對體育盛會不滿，因為斯大林在主席臺上公開接受群眾的崇拜，「裝飾著各種邊緣的巨幅斯大林畫像，人們一幅幅地將其扛在肩膀上，行進在遊行隊伍中」，羅蘭因此認為斯大林就像個「羅馬皇帝」〔註70〕。時隔九年，郭沫若參觀的正是同樣的體育盛會，他卻是興奮地賦詩，差距不言而喻。但羅曼·羅蘭畢竟還是蘇聯的支持者，同時他發表日記的要求也未得到斯大林的同意，因此，他便決定將日記封存五十年。

　　隨後前往蘇聯考察的有紀德。相對而言，他的做法更為直接。他回到法國後，便寫下《訪蘇聯歸來》，對蘇聯進行了有力的批判，其態度轉變讓西方知識界震驚，連中國文化界也以「卷起狂濤的《從蘇聯歸來》」為題報導該事件〔註71〕。紀德毫不諱言他此前對蘇聯的公開支持，但他認為有好些事比他自己，比蘇聯更為重要，「那便是人類，便是他的命運，便是他的文化」〔註72〕。他主要披露的是蘇聯的專制、集權、個人崇拜以及物資的匱乏等現象。他在街上看到排隊購物的人多達一千左右，而店內的物品則僅有四五百件，在他看來，「需要是那麼地大而購客又那麼地多」，「即在將來長久，求也還會超過供，而且超過得很遠」〔註73〕。此類經歷，旅蘇的中國知識分子大都經歷過，如胡愈之、鄒韜奮等找不到住處，郭沫若買不到皮箱等，但他們都未將其當作一回事。

〔註66〕參考聞一：《封存日記五十年的神話》，《讀書》，1999年第4期。

〔註67〕羅曼·羅蘭著，袁俊生譯：《莫斯科日記》，桂林：廣西師範大學出版社，2003年，第32頁。

〔註68〕羅曼·羅蘭著，袁俊生譯：《莫斯科日記》，第24頁。

〔註69〕羅曼·羅蘭著，袁俊生譯：《莫斯科日記》，第110頁。

〔註70〕羅曼·羅蘭著，袁俊生譯：《莫斯科日記》，第57頁。

〔註71〕《卷起狂濤的〈從蘇聯歸來〉》，《文摘》，1937年第1卷第4期。

〔註72〕紀德著，戴望舒譯：《從蘇聯回來》，《宇宙風》，第39期。

〔註73〕紀德著，戴望舒譯：《從蘇聯回來》，《宇宙風》，第41期。

其次是集體農莊，這是郭沫若所極力頌揚的，但紀德看到的卻是非個人化：「在每一個室內，有著同樣的惡劣的傢具，同樣的史太林的肖像，此外就絕對什麼東西也沒有；一點器物也沒有，一點個人的紀念品也沒有」，「大家的幸福是只在把每個人非個人化的時候才獲得的。大家的幸福是只在損害了每個人的時候才獲得的」〔註74〕。與非個人化一致的，是毫無言論和思想自由，「《眞理報》把宜於知道，思想，相信的事指教他們」〔註75〕；而最爲左翼知識分子看重的平等也是假象，紀德看到的是新的「勞工資產階級」〔註76〕，這與羅曼・羅蘭所觀察到的「無產階級貴族」一致；此外就是人民對斯大林的個人崇拜，除了到處可見的斯大林頭像外，紀德還體驗到一件「怪事」，他在給斯大林發電報時，業務員居然因他不願在斯大林的名字前加上「領袖」和「導師」字樣而拒絕發報，對紀德來說，這簡直是「笑話」〔註77〕。因此，他對蘇聯的總體印象是：「人們答應我們『無產階級獨裁』（即無產階級專政——引者按）。我們還差得很遠呢。是的；獨裁，不用說；但卻是一個人的獨裁，不復是聯合起來的無產者底，蘇維埃底獨裁」〔註78〕。即便如此，紀德批判的初衷還是「爲了治癒他」，因爲蘇聯對他來說依舊意味著希望：

> 誰會說蘇聯對於我們曾是什麼呢？不僅是一個理想的國家而已：一個例範，一個引導。我們所夢想的，我們所不大敢希望但我們的意志我們的力量卻傾向過去的事，在那邊是已經有了。一個地方已經存在了，在那裡，烏托邦正要變成現實。許多巨大的成就已經使我們的心充滿了要求了。最困難的事似乎也已經做成，於是我們便欣然敢於參加這種憑著一切受苦痛的民眾的名義和他一起接受的約束。〔註79〕

〔註74〕 紀德著，戴望舒譯：《從蘇聯回來》，《宇宙風》，第41期。
〔註75〕 紀德著，戴望舒譯：《從蘇聯回來》，《宇宙風》，第42期。
〔註76〕 紀德著，戴望舒譯：《從蘇聯回來》，《宇宙風》，第42期。
〔註77〕 紀德著，戴望舒譯：《從蘇聯回來》，《宇宙風》，第43期。
〔註78〕 紀德著，戴望舒譯：《從蘇聯回來》，《宇宙風》，第43期。
〔註79〕 紀德著，戴望舒譯：《從蘇聯回來》，《宇宙風》，第39期。按，《紀德文集》譯爲：誰來說明蘇聯對我們究竟意味著什麼？它不僅僅是一個人們選擇的國家：它是一個榜樣，一個嚮導。我們所夢想的，我們幾乎不敢希望的，爲之我們努力追求的在那裡發生了。烏托邦的理想在它的土地上即將變成現實。它所取得的輝煌成就使我們內心充滿嚮往。最困難的事情似乎已經做了。我們以所有受苦難的人民的名義高高興興地冒險支持它並介入這場革命。見《紀德文集・遊記卷》，由權 朱靜譯，廣州：花城出版社，2001年，第5頁。

對於左翼知識分子來說，蘇聯是一個地上的天堂，它孕育了新的世界史圖景。紀德顧慮的是失敗的代價，因而他要加以批判。或許是出於同樣的烏托邦憧憬，羅曼・羅蘭在看到紀德的文字，還曾撰文予以反駁〔註 80〕。值得留意的是，紀德的《訪蘇聯歸來》非常及時地被譯介到了中國，就筆者所見便有三個譯本，一爲戴望舒的譯本，連載於《宇宙風》，後收入陶亢德編的《蘇聯見聞》一書中〔註 81〕；其次鄭超麟（即林伊文）也譯介了此書，由亞東圖書館發行〔註 82〕；另一個是袁承斌的節譯本，載於《新北辰》〔註 83〕。雖然譯本較多，但在戰後蘇聯形象的塑造中，紀德的批判並未受到中國知識界的足夠重視。

四、詩人外交家

　　無論是從蘇聯形象的塑造，還是旅俄遊記的譜系出發，郭沫若的《蘇聯紀行》似乎都並無新意。如果說有的話，就是他以更爲誇張的方式，傳達了三十年代以來蘇聯在中國知識界的烏托邦形象。那麼，郭沫若的《蘇聯紀行》又有何獨特之處呢？這或許在於這個文本生產與流通的歷史語境，以及它所具體回應和參與的時代問題。從烏托邦的視角出發，郭沫若與三十年代胡愈之、蔣廷黻、鄒韜奮及戈公振等人，所面對問題的不同處在於，此時談論蘇聯的道路，不再是純粹理論的探討，而是極爲現實的路線選擇。

　　1944～1946 年是 20 世紀中國最有可能走向民主政治的時段。此時第三方面正式成長爲一種政治力量，與國共兩黨一同參與到了未來國家的設計之中。正如史家所指出的，這是「自國民黨推行一黨訓政以來，中國政局呈現出少見的多元化的政治現象」，「是一個任何一方都缺乏足夠的穩定力量的時代」，因此，「是一段少見的歷史的活躍時期」〔註 84〕。本文開篇也指出，這是一個民主黨派和各文化團體紛紛發表「進言」或「宣言」的時代，建國問

〔註80〕　《羅曼・羅蘭論紀德的蘇聯觀》，《華美晚報》，1937 年 3 月 17 日。
〔註81〕　陶亢德編：《蘇聯見聞》，宇宙風社，1938 年。
〔註82〕　安德烈・紀德：《從蘇聯歸來》，林伊文譯，亞東圖書館，1937 年。
〔註83〕　Andre Gide 著，袁承斌節譯：《從蘇俄歸來》，《新北辰》，1937 年第 3 卷第 3 期。
〔註84〕　鄧野：《聯合政府與一黨訓政：1944～1946 年間國共政爭》（修訂本），北京：社會科學文獻出版社，2011 年，第 6～7 頁。

題呈現出前所未有的開放性。而此時的國際環境，其實是一個「前冷戰」時代，蘇聯模式還是美國模式，聯合政府又該如何聯合等，都成了知識分子必須面對的現實問題。因此，蘇聯在中國的形象如何，便不再如三十年代那樣，只是局限於文化界的想像，或是一種文化政治策略，只是遙不可及的烏托邦；而是說它本身已轉化爲一個現實方案，是中共和左翼知識分子建國藍圖的歷史遠景，其形象如何，便直接決定了這個方案的可行性，及其對知識圈或整個社會的吸引力。因此，作爲文化名人的郭沫若，他適時拋出的蘇聯形象，其歷史影響便極其重要。

　　正因如此，郭沫若此時訪蘇，雖然僅僅是一次詩人外交〔註85〕，卻受到了社會各界的關注。在出發之前，便有各種團體爲他餞行。自 1945 年 6 月 5 日蔣介石召見並准予赴蘇之後，連日均有歡送會，7 日爲中共的歡送會，8 日爲馬寅初、柳亞子、陶行知、鄧初民等人組織的送別宴會；9 日爲「中蘇文協」、「文協」、「劇協」等組織的歡送大會，邵力子、茅盾等人均出席致辭。其間他還婉拒了馮玉祥的餞行宴會。據郭沫若的說法，「開會歡送，設宴餞別，整整繁忙了十天」〔註86〕。蔣介石之所以讓這個老左派去蘇聯，或許也是無奈之舉。因爲此時蘇聯已打算出兵東北，蔣介石正與之就主權問題及中共問題進行談判，以決定戰後國內政治問題。郭沫若抵達蘇聯不久，宋子文一行也抵達莫斯科，郭沫若等人還前往機場迎接，而他歸國更是與中國外交使團同機，當時由王世杰等人前去進行第二輪談判，並簽訂《中蘇友好同盟條約》。

　　郭沫若 8 月 20 日回到重慶，但因毛澤東於同月 28 日抵達重慶參加和談，這相對削弱了郭沫若歸國的新聞價值和社會影響。即便如此，他還是出席了一系列的歡迎會，做了多次報告。如他歸國三月之內，參加活動與蘇聯相關者，便有以下諸項：

　　　　1945 年 8 月 20 日，《新華日報》記者的專訪。首談蘇聯的科學
　　　　成就，除介紹蘇聯醫學等方面的創新外，尤其強調「蘇聯當局非常
　　　　重視科學家和文化工作者」；次談他的旅程和觀感；〔註87〕

〔註85〕郭沫若在《蘇聯紀行》中曾引馬雅可夫斯基的說法「詩人大使」。另外，在郭
　　　　沫若出發赴蘇當天，《新華日報》也發表「時評」《歡送郭沫若先生赴蘇聯》，
　　　　文中將郭沫若稱爲「人民的使者」、「文化的使者」（《歡送郭沫若先生赴蘇聯》，
　　　　《新華日報》，1945 年 6 月 9 日，第二版）。
〔註86〕郭沫若：《蘇聯紀行·前記》，中外出版社，1946 年，第 1 頁。
〔註87〕《郭沫若先生返渝 暢談旅蘇印象》，《新華日報》，1945 年 8 月 21 日，第三版。

8 月 21 日，在自家客廳與大家談旅蘇觀感；〔註 88〕

8 月 29 日，出席中蘇文化協會為他和丁西林舉行的茶會，作報告。介紹蘇聯婦女的地位，「婦女在社會上服務，超過了男子」；並介紹蘇聯的建設成就和科學上「驚人」的發明；〔註 89〕

8 月 30 日，出席「文協」與「劇協」的茶會，作報告。郭沫若指出文藝工作者在蘇聯反法西斯戰爭中的作用，強調了「蘇聯政府對於文化工作者的愛護，重視」，「是不遺餘力」的；〔註 90〕

9 月 5 日，出席中國民主同盟的慶祝會，發表講話。舉例說明「蘇聯的民主與自由及復原工作的切實」；〔註 91〕

9 月 14 日，在星五聚餐會上發表演說，題為《蘇聯工業現狀及其成功之關鍵》。星五聚餐會是中國實業界的定期聚會，多邀請商界、學界名人或社會名流演講。郭沫若在演講中重點介紹了蘇聯的工業成就，對於取得這些成就的原因，在他看來主要應歸功於蘇聯的社會主義制度、「農業生產的工業化」以及「學術研究與生產配合」三大因素。〔註 92〕

10 月 10 日～1946 年 1 月 22 日，《蘇聯紀行》連載於《新華日報》；1946 年 3 月發行單行本；

1945 年 10 月 21 日，應中蘇文化協會婦委會之邀演講，題為《蘇聯婦女漫談》。指出蘇聯「沒有婦女問題」，「蘇聯婦女確與男子站在平等的地位，無論社會工作，文化建設等都是與男子一樣的創造，甚至有時超過男子」；〔註 93〕

10 月 29 日，作《應有的結論》，評價《中蘇友好同盟條約》的

〔註 88〕 陽翰笙：《陽翰笙日記選》，第 413 頁。
〔註 89〕 《中蘇文協昨舉行茶會 歡迎郭沫若丁燮林》，《新華日報》，1945 年 8 月 30 日，第二版。
〔註 90〕 《迎郭沫若丁燮林 文協劇協昨舉行茶會》，《新華日報》，1945 年 8 月 31 日，第三版。
〔註 91〕 《中國民主同盟開會慶祝勝利 並歡迎郭沫若先生訪蘇歸來》，《新華日報》，1945 年 9 月 6 日。
〔註 92〕 郭沫若先生講：《蘇聯工業現狀及其成功之關鍵》，《西南實業通訊》，第 12 卷第 1～2 期。
〔註 93〕 郭沫若先生講：《蘇聯婦女漫談》，《中蘇文化》，1945 年第 16 卷第 11 期。

簽訂。他認爲「條約的內容」，「無須乎多事咀嚼」，關鍵在於信守；對於輿論界指責蘇俄唆使外蒙獨立，他認爲這是「最不長進的一種想法」；〔註94〕

11 月 4 日，應中央大學學生自治會之邀，演講《蘇聯觀感》。尤其強調蘇聯的復員工作「是有計劃，有組織，有管理的在作，所以很快的把戰時生產改爲和平時期的建設」〔註95〕；同日，作《蘇聯問題二三事》；

11 月 7 日，出席蘇聯大使館爲慶祝十月革命二十八週年酒會；同日，出席中蘇文協舉行的十月革命節紀念大會，發表演講。指出「蘇聯的成功」，是「由於和平建設及各民族在民主基礎上鐵一般地團結」，並再度強調蘇聯對科學文化的重視，認爲「中國應效法蘇聯」〔註96〕。

歸國之初，很多人都希望郭沫若介紹旅蘇情況，正如郭沫若所說的，「朋友們很關切，在種種場合要我作報告。我作過了，而且翻來覆去地作過了。朋友們不能滿足——事實上是我不能使他們滿足，還望我寫些東西出來」〔註 97〕。這便是他整理髮表旅蘇日記的原因之一。這也是此後不久茅盾的遭際。茅盾在他的《蘇聯見聞錄》的序言中，曾描述了他歸國後的一件小事。他昔日的一位同學，極爲嚴肅地說要向他請教一個關於蘇聯的問題，躊躇半天之後，提出的問題卻是：「蘇聯有沒有我這樣的人？」〔註 98〕可見，人們此時關注蘇聯，關注的其實是切身利益問題。文化語境中的蘇聯形象，也成爲人們政治選擇的重要參考，而到四十年代末期，則關係到人們的去留問題。

歸國之後，郭沫若除在各種活動中介紹旅蘇觀感以外，還主動承擔起了介紹蘇聯、爲蘇聯辯護的義務。如他所寫的《蘇聯問題二三事》，便直接回答了當時知識界最關心的兩個問題，一是「蘇聯是不是民主」，其次爲「蘇聯究

〔註94〕郭沫若：《應有的結論》，《中蘇文化》，1945 年第 16 卷第 11 期。
〔註95〕W・予：《「蘇聯觀感」郭沫若先生昨在中大演講》，《新華日報》，1945 年 11 月 5 日，第三版。
〔註96〕本報特寫：《慶祝十月革命節廿八週年 蘇大使館舉行盛大酒會 中蘇文化協會舉辦慶祝大會》，《新華日報》，1945 年 11 月 8 日，第二版。
〔註97〕郭沫若：《蘇聯紀行・前記》，中外出版社，1946 年，第 3 頁。
〔註98〕茅盾：《蘇聯見聞錄・序》，上海：開明書店，1948 年，第 3 頁。

竟有沒有領土野心」〔註99〕。對於前者，郭沫若先重新定義了民主的意義：「假使說一個國度裏面一切的人民都得到經濟上的平等，因而也保障著政治上的平等，要這樣才算是『民主』，那嗎蘇聯正好是民主國家，像英美便還不夠民主」〔註100〕。通過將自由置換爲平等，並將平等作爲自由的前提，從而肯定了蘇聯是一個民主國家；而實際上，自由與平等並不必然相關。對於蘇聯是否有領土野心的問題，因爲蘇聯出兵東北，當時也是中國知識分子普遍關注的問題。對此，郭沫若的回答是否定的，理由是「蘇聯的領土已經夠大了」〔註101〕。如果聯繫到雅爾塔會議期間，美蘇以中國領土作爲談判的籌碼，蔣介石與蘇聯談判中的外蒙問題，蘇聯欲經營中東鐵路、南滿鐵路，以及租借大連、旅順港的問題〔註102〕，便可見郭沫若的辯護純屬個人臆斷，只是詩人想像，是缺乏歷史責任的說法。但這種言論卻見於報端成爲社會輿論。此後他還寫了十餘篇介紹蘇聯政治和文化的文章，後結集爲《中蘇文化之交流》出版〔註103〕。正因郭沫若對蘇聯的大力鼓吹，他的《蘇聯紀行》很快便被譯爲俄文，在蘇聯發行；而蘇聯也看到了中國左翼文化人旅蘇的效益，第二年便邀請茅盾旅蘇，同樣由對外文化協會安排考察。茅盾也不負眾望，不僅邊行邊寄回通訊稿，而且還整理出版了日記和通訊，這就是《蘇聯見聞錄》，在美蘇的冷戰格局中爲蘇聯極力辯白〔註104〕，充分發揮了詩人外交家的職能。而政治目的也經由文學實踐而達成。

第二節　有經有權（一）：郭沫若對毛澤東文藝的評介

「先去看郭老」

「有經有權」

以權爲經

　　蘇聯的革命理論、鬥爭經驗和建設成就，爲郭沫若提供了社會主義的烏

〔註99〕郭沫若：《蘇聯問題二三事》，《新華日報》，1945 年 11 月 7 日，第四版。

〔註100〕郭沫若：《蘇聯問題二三事》。

〔註101〕郭沫若：《蘇聯問題二三事》。

〔註102〕參考鄧野：《中蘇談判與中蘇條約》，載《聯合政府與一黨訓政》第 113～160 頁。

〔註103〕郭沫若：《中蘇文化之交流》，北京：三聯書店，1949 年。

〔註104〕茅盾：《蘇聯見聞錄》，上海：開明書店，1948 年。

托邦遠景，並爲他的歷史選擇提供了參照；相對而言，本土的革命實踐則以更爲直接的形式，決定了他的歷史命運。當然，郭沫若作爲國統區的無黨派人士，他與延安政權的關係也決非單方面的影響這麼簡單，而是基於不同時代問題的相互倚重。因而，本文試圖從郭沫若與毛澤東文藝體系建立的關係這一歷史角度，考察郭沫若與延安之間的複雜關係。問題既在於進一步追問他與政黨政治間的密切聯繫，也是爲了探討他與新的國家文藝體系之間的博弈。

據毛澤東的秘書胡喬木回憶，在「座談會講話正式發表不久」，毛澤東對他說，「郭沫若和茅盾發表意見了，郭說『凡事有經有權』」〔註105〕。胡喬木強調說：「這話是毛主席直接跟我講的，他對『有經有權』的說法很欣賞，覺得得到了知音。郭沫若的意思是說文藝本身『有經有權』，當然可以引申一下，說講話本身也是有經常的道理和權宜之計的。比如毛主席講普及與提高的關係問題時，說作家藝術家要收集老百姓寫的什麼黑板報、什麼歌謠、畫的簡單的畫，幫助修改，音樂也是要幫，這樣的事是不可能經常做的」〔註106〕。從經權的角度分析毛澤東的《在延安文藝座談會上的講話》（後文簡稱《講話》，引文照錄），學界已所在多有，但問題意識大多是「講話」在當代的適用性問題，至於毛澤東爲何如此重視郭沫若與茅盾的意見，以及郭沫若是在何種語境下談論這個問題的，學界關注不多。因此，本文將從郭沫若的視角出發，探討他在毛澤東文藝的確立、傳播，以及毛澤東文藝制度的建設過程中所扮演的角色，以及郭沫若「經權」論生成的語境和歷史意義。

一、「先去看郭老」

毛澤東的文藝思想主要體現在《講話》中。《講話》是毛澤東於 1942 年 5 月在延安文藝座談會上的兩次發言稿，於翌年 10 月 19 日（魯迅逝世七週年紀念日），正式發表於《解放日報》。從中共的角度看，這是毛澤東在確立其政治領導權之後，進一步確立其意識形態領導權的方式，是整個「整風」運動的一環。因此，《講話》甫一發表，中共中央總學委就發出通知，指出「講話」「是中國共產黨在思想建設理論建設的事業上最重要的文獻之一，是毛澤東同志用通俗語言所寫成的馬列主義中國化的教科書」，並進而提升到世界觀

〔註105〕胡喬木：《胡喬木回憶毛澤東》，北京：人民出版社，1994 年，第 60 頁。
〔註106〕胡喬木：《胡喬木回憶毛澤東》，第 60 頁。

與認識論的高度，指出「此文件決不是單純的文藝理論問題，而是馬列主義普遍真理的具體化，是每個共產黨員對待任何事物應具有的階級立場，與解決任何問題應具有的辯證唯物主義歷史唯物主義思想的典型示範」〔註107〕。因此，「各地黨收到這一文章後，必須當作整風必讀的文件，找出適當的時間，在幹部和黨員中進行深刻的學習和研究，規定爲今後幹部學校與在職幹部必修的一課，並盡量印成小冊子發送到廣大的學生群眾和文化界知識界的黨外人士中去」〔註108〕。相距不到一月，中宣部也下發文件，要求黨員以「講話」精神爲指導改造其小資產階級習性，「無論是在前方後方，也無論已否參加實際工作，都應該找適當和充分的時間，召集一定的會議，討論毛澤東同志的指示，聯繫各地區各個人的實際，展開嚴格的批評與自我批評」〔註109〕。可見，《講話》的傳達過程，並不僅僅關乎文藝問題，而是中共此時大規模展開的整風運動的深化。那麼，郭沫若這個「黨外人士」在其中扮演著什麼角色呢？

從郭沫若所處國統區對《講話》的接受來看，在《解放日報》（1943 年10 月19 日）正式發表以後，《新華日報》並未及時跟進，直到1944 年1 月1 日才以「概述」的方式發表。據《新華日報》的工作人員回憶，他們在接到《講話》以後，「副刊編輯室立即開會研究如何才能發表出去」，但鑒於「當時檢查『行情』」，「如果照原文把《講話》抄送檢查，不僅不能過關，而且完全可能把稿子扣押不還，作爲他們檢查的資料」，因此，他們「決定採用『化整爲零』的戰術」，「由副刊編輯室的三位同志把全文『化』作三篇文章，採取能摘取原文盡量摘取原文，否則就用概述的辦法來『化』」〔註110〕。這便是以《毛澤東同志對文藝問題的意見》爲總標題的三篇文章——《文藝上的爲群眾和如何爲群眾的問題》《文藝的普及和提高》與《文藝和政治》〔註111〕。較爲完整地傳達了《講話》的「工農兵」文藝、強調文藝的大眾化、文藝從

〔註107〕《中央總學委通知——一九四三年十月二十日》，《解放日報》，1943 年10 月22 日，第一版。
〔註108〕《中央總學委通知——一九四三年十月二十日》。
〔註109〕《中央宣傳部關於執行黨的文藝政策的決定》，《解放日報》，1943 年11 月8 日。
〔註110〕鄭之東：《回憶〈新華副刊〉》，《新華日報的回憶》，成都：四川人民出版社，1979 年，第219～220 頁。
〔註111〕《文藝上的爲群眾和如何爲群眾的問題》《文藝的普及和提高》《文藝和政治》，均載《新華日報》，1944 年1 月1 日，第六版。

屬於政治以及知識分子改造等核心問題。此外，當時重慶也有《講話》的單行本，這是一本題為《文藝問題》的小冊子，實際上就是《講話》〔註112〕。當《講話》在重慶傳播開了之後，由郭沫若所主持的文化工作委員會曾兩度組織學習。據胡風后來在《三十萬言書》中所述：

> 一九四四年三月十八日十九日，郭沫若先生主持的「文化工作委員會」裏的一部分同仁在鄉下開過兩次座談會，討論《在延安文藝座談會上的講話》。馮乃超同志主持。第一次要我報告，我就當時國統區的環境作了一些分析，說明當時當地的任務要從與民主鬥爭相配合的文化鬥爭的角度去看，不能從文化建設的角度去看，我們應該從「環境與任務的區別」去體會並運用《講話》的精神。在第二次會的討論中，因為我提到過當時的主要任務還不是培養工農作家，但在寫著《辯證唯物論的美學》的蔡儀同志不同意，說應該是培養工農作家。他舉了一個例子證明：文化工作委員會有一個當勤務兵的李平同志已經被提升為少尉副官了。我覺得這樣討論起來很困難，沒有再說什麼。座談會也沒有續開第三次。〔註113〕

胡風與蔡儀此時都在郭沫若主持的「文工委」工作，郭沫若雖未參加，但「文工委」的座談會至少是經他同意的。不過這次學習並未達成一致，胡風看重的是毛澤東關於國統區與解放區的「區別」論。在《講話》中，毛澤東不僅指出邊區的工作對象與國統區不同，而且指出了「根據地的文藝工作者和大後方的文藝工作者的環境和任務的區別」〔註114〕。胡風學習《講話》的態度，以及他與蔡儀等人的分歧，也被他自己和部分學者解釋為其「冤案」的源頭之一，可見如何對待《講話》關係重大。

與《講話》發表相配合的，是延安對《新華日報》《群眾》以及《中原》等報刊的批評。《新華日報》最初是中共長江局的黨報。由王明和周恩來主持的長江局，在抗戰初期一度扮演著第二中央的角色，《新華日報》也發揮著中共黨報的功能。整風運動期間，毛澤東重新整合了延安的媒體資源，創辦了《解放日報》，替代了《新華日報》的黨報地位〔註115〕。毛在掌握了延安的媒

〔註112〕徐遲：《重慶回憶》，載《作家在重慶》，重慶：重慶出版社，1983年，第26頁。
〔註113〕胡風：《胡風全集》，第6卷，武漢：湖北人民出版社，1999年，第311頁。
〔註114〕毛澤東：《在延安文藝座談會上的講話》，《解放日報》，1943年10月19日。
〔註115〕參見高華：《紅太陽是怎樣升起的》。

體資源後，便開始了對國統區的整頓，不僅南方局的領導紛紛返回延安參加整風，國統區的刊物也面臨被整頓的命運。在《講話》發表前後，中共中央便開始了對《新華日報》的整頓。1943 年 11 月 22 日，中宣部下發文件，指出《新華日報》大捧蔣介石及國民政府的政策，「是失掉立場的」〔註 116〕；對喬冠華、陳家康等「才子集團」，以及胡風、舒蕪等人的「主觀論」都提出了批評。這次整風與郭沫若也多少有些關聯，對他不利的是，喬冠華等人的文章，有的就發表在他所主編的《中原》上，因而南方局在檢討時也作了點名批評；有利的一面是，南方局的這次小整風，及時制止了陳家康與胡風等人策劃的對郭沫若的批判〔註 117〕。不過這次整風並不激烈，據時在《新華日報》的夏衍回憶，「受批評的有章漢夫、陳家康、喬冠華」和他自己等人。章漢夫是總編，失誤是國民政府主席林森去世那天，報紙不僅全文登載了中央社的消息和照片，「並圍了一個很大的黑框」，因而被批判為失掉立場。在他看來，「這次小整風批評是坦率、尖銳的，但並沒有什麼『殘酷的鬥爭』」〔註 118〕。作為《講話》傳播的整體背景──整風運動，其開展的狀況，一定程度上決定了《講話》在國統區的傳播力度。而無論是整風，還是《講話》的發表，雖與郭沫若有關，但他其實是受益者，捲入的程度不深。這種狀況，到 1944 年中期有所改觀。

　　為了加強大後方學習《講話》的力度，1944 年 4 月中共派何其芳、劉白羽前往重慶，專門傳達《講話》精神。選此二人的原因大概是，劉白羽率先在《解放日報》發表了學習《講話》的長篇心得〔註 119〕，何其芳則除了學習講話的心得以外，在國統區還有很多舊友。在出發之前，時在延安參加整風運動的周恩來，曾專門召見二人傳達工作指示：「你們兩個人去了，先做的，就是介紹延安文藝座談會講話，介紹延安整風，同時也要聽取多方意見，這也是一次調查研究」〔註 120〕。至於如何展開工作，周恩來也有具體的安排，他建議劉白羽、何其芳到重慶後，要先去找郭沫若。據劉白羽回憶：

〔註 116〕《中共中央宣傳部有關〈新華〉、〈群眾〉雜誌的意見（節錄）》，《南方局領導下的重慶抗戰文藝運動》，重慶：重慶出版社，1989 年，第 55 頁。

〔註 117〕參考第三章第一節：《想像的分歧：郭沫若與左翼墨學論爭》。

〔註 118〕夏衍：《懶尋舊夢錄》，北京：三聯書店，1985 年，第 505、506 頁。

〔註 119〕劉白羽：《讀毛澤東同志〈在延安文藝座談會上的講話〉筆記》，《解放日報》，1943 年 12 月 26 日，第四版。

〔註 120〕劉白羽：《心路的歷程》（中），《劉白羽文集》，第 9 卷，北京：華藝出版社，1995 年，第 403 頁。

周副主席分配任務，從來不是簡單決定，而是仔細叮嚀，他告
訴我：「你們去了，先去看郭老（郭沫若），先把你們的任務向他彙
報，然後聽從他的安排，進行工作，接觸的人面要廣些、要多些……
要善於同不同意見的人交談，思想工作是十分細緻的事情，你們不
能急於求成……」〔註121〕

「先去看郭老」，這既由郭沫若在國統區的地位決定，同時，也與郭沫若當時
在延安的影響力有關。1944 年是延安頻頻向郭沫若示好的一年：該年一月九
日，毛澤東發去電報，感謝郭沫若所贈劇本《虎符》，對他所做的「許多十分
有益的革命的文化工作」「表示慶賀」〔註122〕；同一天，毛澤東在致楊紹萱、
齊燕銘的信中，再次提及「郭沫若在歷史話劇方面做了很好的工作」〔註123〕；
三月郭沫若發表了《甲申三百年祭》，繼而受到國民黨《中央日報》社論的批
判，毛澤東卻在《學習與時局》一文中對郭文予以高度肯定，《解放日報》全
文轉載了郭文，中共隨即將其確定為整風文件；七月二十七日，郭沫若歸國
六週年紀念，林伯渠、王若飛和徐冰三位中共元老親往道賀；八月郭沫若收
到延安印行的《屈原》和《甲申三百年祭》單行本，致信毛澤東等人表示感
謝；十一月二十一日毛澤東覆信，不僅再次肯定了他的研究和創作，而且回
憶了二人共同經歷的國民大革命，結語是「我們大家都想和你見面，不知有
此機會否」〔註124〕，尊重中透著親切。此時，周恩來在延安參加整風運動，
毛澤東開始親自與國統區的文化人建立聯繫。在這種統戰局面下，周恩來指
示劉白羽等先拜訪郭沫若，首先看重的是郭沫若的這種特殊的地位，他既是
延安甚至是毛澤東信任的人物，同時，郭的「黨外人士」身份，也一定程度
上緩和了《講話》的政黨政治色彩。

劉白羽到重慶後，確實如周恩來所示，先去拜訪郭沫若，用了「整個下
午」向郭沫若介紹延安的整風情況。根據陽翰笙日記，可大致還原劉白羽、
何其芳在重慶的活動與郭沫若交叉的軌跡：

〔註121〕劉白羽：《心路的歷程》（中），《劉白羽文集》，第9卷，第403頁。
〔註122〕龔繼民 方仁念：《郭沫若年譜》（中），天津：天津人民出版社，1992年，第
565頁。
〔註123〕毛澤東：《給楊紹萱、齊燕銘的信（一九四四年一月九日）》，《毛澤東文集》，
第3卷，北京：人民出版社，1996年，第88頁。
〔註124〕毛澤東：《給郭沫若的信（一九四四年十一月二十一日）》，《毛澤東文集》，第
3卷，北京：人民出版社，1996年，第227頁。

　　1944 年 5 月 27 日　　文化界的友人們今日歡迎何、劉兩兄於郭老家。何、劉對大家暢談西北文運至久，大家也都聽得很興奮。〔註125〕

　　7 月 11 日　　何、劉兩兄來鄉，至欣慰。〔註126〕

　　7 月 12 日　　與成湘兄請何、劉兩兄晚餐。陪客僅郭老、乃超、澤民，談至夜十時許客人始去。〔註127〕

　　7 月 13 日　　晨，會中同人開一座談會迎何、劉兩兄。由劉、何先後報告他們那兒文化活動狀況後，大家提了許多問題來問他們。彼此都談得很熱烈。〔註128〕

所謂的「鄉」，指「文工委」在重慶郊區賴家橋的辦公地，郭沫若每年暑期都搬到此處避暑。何、劉二人除抵達重慶之初，郭沫若與文工委同仁尚在市內天官府，但不久他們便移到鄉下辦公，何、劉在市區拜會文化名流之後，又特到賴家橋，可見他們對郭沫若的倚重。同時，郭沫若所主持的「文工委」也為他們傳達《講話》提供了便利，如專門召開座談會等。

　　此外，時在文工委的胡風，又以「文協」的名義為他們召開了座談會。在「文協」組織的座談會上，《講話》受到了更多的質疑。據胡風回憶，何其芳以「現身說法」的方式報告了整風運動的情況，但「由於何其芳同志的自信的態度和簡單的理解」，以致「會後印象很不好」：「會後就有人說：好快，他已經改造好了，就跑來改造我們」，「連馮雪峰同志後來都氣憤地說：他媽的！我們革命的時候他在哪裏？」〔註129〕

　　但何其芳與劉白羽的任務，並不僅僅是「傳達」《講話》精神，他們還有兩個任務：一是澄清國統區關於整風運動的「傳說」和「謠言」，這是何其芳要起到的作用。事實上「文工委」諸人的問題，並不是關於《講話》，而是關於丁玲、蕭軍、艾青等人在整風中的處境問題〔註130〕。另一個任務就是收集大後方文化人對《講話》的意見，這由何其芳整理，並帶回延安向毛澤東彙

〔註125〕陽翰笙：《陽翰笙日記選》，成都：四川文藝出版社，1985 年，第 270 頁。

〔註126〕陽翰笙：《陽翰笙日記選》，第 283 頁。

〔註127〕陽翰笙：《陽翰笙日記選》，第 283 頁。

〔註128〕陽翰笙：《陽翰笙日記選》，第 283～284 頁。

〔註129〕胡風：《胡風全集》，第 6 卷，武漢：湖北人民出版社，1999 年，第 312 頁。

〔註130〕劉白羽：《心路的歷程》（中），《劉白羽文集》，第 9 卷，北京：華藝出版社，1995 年，第 423 頁。

報。胡喬木所說的，郭沫若「有經有權」的意見，可能就是此時所作、由何其芳轉達的。但大後方整體上對《講話》的抵制，也給何其芳留下了負面印象，據說，他回去後便建議應在大後方進一步開展整風運動，但周恩來則以時機尚不成熟而勸止〔註131〕；而解放後批判胡風的主將就是何其芳，看來也並非偶然。不過，毛澤東此時收集大後方文化人對《講話》的意見，倒並非那麼「深謀遠慮」，剛開始構建自己話語的他，這樣做更多的是爲了檢驗自己理論的可行性，這也是爲何毛澤東如此看重郭沫若、茅盾等名家意見的原因所在。

二、「有經有權」

　　郭沫若的意見既然被毛澤東引爲「知音」，那麼，郭沫若所謂的「有經有權」又該如何理解，他爲何要從經權的角度來評價毛澤東的文藝思想？因何其芳的報告尚不可考，有關郭沫若的資料中也無此記載，僅從胡喬木的回憶來看，要探討這個問題無疑有一定的難度。不過，胡喬木的說法也不是孤證，郭沫若早在 1940 年就曾以經權思想論述文藝、評價毛澤東的文藝觀。

　　目前學界對毛澤東文藝思想的研究，著眼點主要在《講話》的生成過程，及其對解放區文藝的影響，相對忽略了毛澤東此前對文藝界的影響。從國統區來看，抗戰時期毛澤東對國統區文藝影響最大的，並不是《講話》，而是他 1938 年所提出的「民族形式」問題。1938 年 10 月 12 日至 14 日，在中共六中全會擴大會議上，毛澤東作了以《論新階段》爲主題的報告，全面闡釋了國共合作、建立統一戰線的路線方針，並且分析了「中國共產黨在民族戰爭中的地位」。而對共產黨如何學習馬克思主義理論的方法問題，他批評了馬克思理論的教條化，提出要將理論與中國的現實問題結合起來，除了學習「洋理論」以外，還要「學習我們的歷史遺產」，「用馬克思主義的方法給予批判的總結」，並且認爲「繼承遺產，轉過來就變爲方法，對於指導當前的偉大運動，是有著重要的幫助的。」其方法論含義是：

> 共產黨員是國際主義的馬克思主義者，但馬克思主義必須通過
> 民族形式才能實現。沒有抽象的馬克思主義，只有具體的馬克思主

〔註131〕周恩來：《關於大後方文化人整風問題的意見》，見《周恩來選集》（上卷），北京：人民出版社，1980 年，第 188～189 頁。

義。所謂具體的馬克思主義，就是把馬克思主義應用到中國具體環境的具體鬥爭中去，而不是抽象地應用它。〔註132〕

在馬克思主義中國化、民族化的問題視野下，毛澤東進而提出了「中國作風與中國氣派」的「民族形式」：

洋八股必須廢止，空洞抽象的調頭必須少唱，教條主義必須休息，而代替之以新鮮活潑的、爲中國老百姓所喜聞樂見的中國作風與中國氣派。把國際主義的內容與民族形式分離起來，是一點也不懂國際主義的人們的幹法，我們則要把二者緊密地結合起來。〔註133〕

馬克思主義的中國化這一提法，對於中共黨史的意義在於，它使此前唯共產國際馬首是瞻的中共，開始確立其民族獨立性和主體性。同時，這一說法又超出了政黨領域，而廣泛地輻射到了文藝領域，引起了民族形式討論及民族形式中心源泉問題的論爭，幾乎可以說，在接下來的兩年間，大多數重要作家和批評家都對此問題發表了意見。這首先是延安的文藝工作者，如柯仲平的《談「中國氣派」》、陳伯達的《關於文藝的民族形式問題雜記》、艾思奇的《舊形式運用的基本原則》、蕭三的《論詩歌的民族形式》、何其芳的《論文學上的民族形式》、周揚的《對舊形式利用在文學上的一個看法》等是其中的代表，他們將「民族形式」作爲此前文壇所探討的問題——利用舊形式、接受民族遺產與文藝大眾化等關聯起來，並將其發揮爲此後的文藝方針。如陳伯達就將民族形式具體化爲「抗戰的內容與民族的形式」，認爲這是「今日文藝運動的主流」〔註134〕。

「民族形式」的提法，迎合了抗戰初期的民族主義思潮，因而很快得到了大後方作家的響應。如巴人就撰文指出，「在文藝領域裏，我以爲同樣需要提出中國的氣派與中國作風」〔註135〕，並認爲魯迅的《阿Q正傳》就是民族形式的典型；此外，巴人還以此作爲提倡新啓蒙運動的契機。新啓蒙運動是1936年興起的一種思潮，主要提倡者是張申府和陳伯達〔註136〕，但從巴人的

〔註132〕毛澤東：《論新階段》，《解放》第57期。

〔註133〕毛澤東：《論新階段》。

〔註134〕陳伯達：《關於文藝的民族形式問題雜記》，《文藝戰線》，第3期，1939年4月16日。

〔註135〕巴人：《中國氣派與中國作風》，《文藝陣地》，第3卷第10期，1939年9月1日。

〔註136〕參考施瓦支（舒衡哲）：《中國的啓蒙運動——知識分子與五四運動》第五章「走向新啓蒙」，李國英等譯，太原：山西人民出版社，1989年，第275～283頁。

說法來看，新啓蒙的範圍可能要更廣一些。此後，沙汀、黃藥眠、黃繩、馮雪峰、潘梓年、葛一虹、力揚等國統區的作家和批評家都相繼發表文章，闡釋「民族形式」問題，其出發點都是毛澤東所提出的中國化問題，「中國作風與中國氣派」之類的說法也常見於這些討論文章中。使知識分子對這一問題的爭論，變得更爲激烈的是向林冰所提出的民族形式的「中心源泉」問題。

1940 年 3 月，通俗文藝編刊社的向林冰，在《大公報》發表了《論「民族形式」的中心源泉》。在他看來，「民族形式的提出，是中國社會變革動力的發現在文藝上的反映。由於肯定了變革動力在人民大眾，所以賦予民族形式以『中國老百姓所喜聞樂見的中國作風與中國氣派』的界說。從這更進一步的分析下來，便知民族形式的中心源泉，實在於中國老百姓所習見常聞的自己作風與自己氣派的民間形式之中」〔註 137〕，而「五四」新文學傳統，則只是小布爾喬亞的形式，故在創造民族形式中只能處於次要地位。向林冰對新文學傳統的否定，遭到了後方大多數新文學家的反對，如葛一虹、胡風、黃芝崗、光未然等都撰文予以批判，而向林冰又連續發表了五篇文章，以進一步澄清自己的觀點。這就將民族形式問題，從左翼知識分子對毛澤東話語的理論演繹，轉化爲了具有創新性的理論探討和論爭。

正是在這種論爭局面下，郭沫若撰寫了長文《「民族形式」商兌》，發表了他對民族形式問題的意見。他先追溯了「民族形式」的理論來源，認爲是「由蘇聯方面得到的示唆」，尤其是斯大林「社會主義的內容，民族的形式」這一說法的影響。在郭沫若看來，民族形式問題「不外是『中國化』或『大眾化』的同義語，目的是要反映民族的特殊性以推進內容的普遍性」，毛澤東所提倡的馬克思主義的中國化便是出於這個目的，所謂「中國作風與中國氣派」，便爲「民族形式」「加了很詳細的注腳」〔註 138〕。和毛澤東一樣，他也將「民族形式」作爲一種方法來對待：「無論是思想，學術，文藝或其它，在中國目前固須充分吸收外來的營養，但必須經過自己的良好的消化，使它成爲自己的血、肉、生命，而從新創造出一種新的事物來，就如吃了桑柘的蠶所吐出的絲，雖然同是纖維，而是經過一道創化過程的」〔註 139〕。郭沫若與毛澤東的一致處在於，他們所看到的問題的核心，都在接受者的主體性及其

〔註 137〕 向林冰：《論「民族形式」的中心源泉》，《大公報》，1940 年 3 月 24 日。
〔註 138〕 郭沫若：《「民族形式」商兌》，《大公報》1940 年 6 月 9 日，第二版。
〔註 139〕 郭沫若：《「民族形式」商兌》，《大公報》1940 年 6 月 9 日，第二版。

對外來理論的轉化能力，而非接受對象的選擇問題，這是郭沫若與其它理論家的不同處。

通過對外來影響的肯定，郭沫若批判了向林冰的「民間形式」源泉論，從而捍衛了新文化的傳統。在他看來，「封建的社會經濟產生了各種的民間形式，同時也就注定了各種的民間形式必隨封建制度之消逝而消逝」〔註140〕。從而否定了向林冰以民間形式為民族形式中心源泉的論點。但為了抗戰的需要，他認為民間形式的通俗化是可以借鑒的。但僅限於教育問題：「民間形式的利用，始終是教育問題，宣傳問題，那和文藝創造的本身是另外一回事」〔註141〕。這就將教育、宣傳和動員，與文藝創作之間的關係作了二元的處理。他認為「文藝的本道」「只應該朝著前進的一條路上走」，而「通俗課本、民眾讀物之類，本來是教育家或政治工作人員的業務，不過我們的文藝家在本格的文藝創作之外，要來從事教育宣傳，我們是極端歡迎的」。對這種審美與教育的二元論，郭沫若也並不否認：「有些人嫌這樣的看法是二元論，但他們本來就是二元，何勞你定要去把它們搓成一個！」〔註142〕從政治宣傳與文學創作的二元論，回望他對「文藝如何動員民眾」這一問題的思考，就不難理解他從政治工作者角度出發，其觀點所具有的極端性了。這種審美與教育（政治）的二元論，是理解他評價《講話》「有經有權」的關鍵；也就是說，文學在郭沫若這裡本來就有二途，一為嚴肅的文學創作，一為服務於政治的宣傳。也正是在這篇文章中，郭沫若開始從經與權的角度解釋文學的價值與功能，並回應了毛澤東所提的民族形式問題：

> 凡事有經有權，我們不好雜糅起來，使自己的思路混亂。譬如我們要建軍，經常的大道自然要整備我們的陸海空的立體國防，在陸上，尤其要多多建立些精銳的機械化部隊，但這是有種種條件限制著的，這樣的理想一時不易達到。尤其在目前我們在和強敵作殊死戰，爭國族的生死存亡關頭，我們不能說要等待理想的國防軍建好了，然後才能抗戰。我們在這時就必須通權達變，凡是可以殺敵的武器，無論是舊式的蛇矛，牛角叉，青龍偃月刀，乃至是鐮刀，菜刀，剪刀，都可使用。前年台兒莊之役，菜刀剪刀是發揮過相當的威力的。而且在必要的時候，就是我們的牙齒，手爪，拳頭，腳

〔註140〕郭沫若：《「民族形式」商兌》，《大公報》1940年6月9日，第三版。
〔註141〕郭沫若：《「民族形式」商兌》，《大公報》1940年6月9日，第三版。
〔註142〕郭沫若：《「民族形式」商兌》，《大公報》1940年6月9日，第三版。

頭，都是必要的武器。以量來講，這些原始的，舊式的武器，在目前比我們精銳的武器更多，但我們不能夠說將來的新武器形式是以這些舊武器形式爲中心源泉。

一切生產事業我們在理想上是需要機械化、電力化的，但在目前這樣的理想還不能達到……只要多少能夠供給國民的需要，任何原始的作業都可以搬出來。例如在抗戰前差不多絕跡了的手搖紡線機，自抗戰以來在四處復活了。這也就是權。這種一時的現象，在抗戰勝利以後，是注定仍歸消滅的。我們當然不能說，將來的新紡織工業形式會從這手搖紡織機再出發。

文藝又何嘗不是這樣。中國的新文藝，因爲歷史尚短，又因爲中國的教育根本不普及，更加以國家的文藝政策有時還對於新文藝發揮掣動機的力量，一時未能盡奪舊文藝之席而代之，以貢獻其應有的教育機能。這是事實。在目前我們要動員大眾，教育大眾，爲方便計，我們當然是任何舊有形式都可以利用之。不僅民間形式當利用，就是非民間的士大夫形式也當利用。用鼓詞、彈詞、民歌、章回體小說來寫抗日的內容固好，用五言、七言、長短句、四六體來寫抗日的內容，亦未嘗不可。例如張一麐老先生的許多關於抗戰的絕詩，盧冀野先生的《中興鼓吹集》裏面的好些抗戰詞，我們讀了同樣的發生欽佩而受鼓舞。但爲鼓舞大多數人起見，我們不得不把更多的使用價值，放在民間形式上面。這也是一時的權變，並不是把新文藝的歷史和價值完全抹煞了，也並不是認定民族形式應由民間形式再出發，而以之爲中心源泉——這是不必要，而且也不可能。〔註143〕

按郭沫若的說法，經就是「經常的大道」，權則是「一時的權變」。經與權這兩個概念，主要來自儒家，孔子有「可與立，未可與權」的說法；孟子的說法更爲形象：

淳于髡曰：「男女授受不親，禮歟？」

孟子曰：「禮也。」

曰：「嫂溺，則援之以手乎？」

〔註143〕郭沫若：《「民族形式」商兌》，《大公報》1940年6月9日，第二版。

曰：「嫂溺不援，是豺狼也。男女授受不親，禮也；嫂溺，授之
以手者，權也。」〔註144〕

宋儒對經權有兩種看法，程頤認為權即是經，但朱熹認為經與權不同，他對
孔孟經權的解釋為：

經自經，權自權。但經有不可行處，而至於用權，此權所以合
經也，如湯、武事，伊、周事，嫂溺則援事。常如風和日暖，固好，
變如迅雷烈風。若無迅雷烈風，則都早了，不可以為常。〔註145〕

經者，道之常也；權者，道之變也。〔註146〕

朱熹的經權不同論，是從本體上而言，從倫理的角度看，二者還是一致的，
即權須不悖於道，「權而不離乎經」〔註147〕：

經，是常行道理。權，則是那常理行不得處，不得已而有所通
變底道理。權得其中，固是與經不異，畢竟權則可暫而不可常。
〔註148〕

郭沫若獨好儒家，他很大程度上就是從「經常道理」與「權變通達」的角度
來用這對概念的，他把權看作「一時的現象」，「是注定仍歸消滅的」。從文藝
的角度來看，為了抗戰宣傳和動員需要，文藝要通俗化、大眾化，這都是「一
時的權變」，創造新文藝和文學經典才是經。抗戰時期對文藝價值與功能作這
種二元處理的現象並不鮮見，除郭沫若的經權思想外，還有聞一多的價值與
效率說。聞一多在《詩與批評》一文中指出，詩歌的「價值論者」，是對側重
詩歌的「宣傳效果」，重視詩歌的社會價值的人而言；而「詩的效率論者」，
則「只吟味於詞句的安排，驚喜於韻律的美妙：完全折服於文字與技巧中」〔註
149〕。在聞一多看來，「詩是與時代同其呼吸的，所以，我們時代不單要用效
率論來批評詩，而更重要的是以價值論詩了」，詩歌「要對社會負責」〔註150〕。
郭沫若與聞一多都是從戰時的時代精神出發，強調文學的社會功能。從這個

〔註144〕孟子：《孟子·離婁上》，《四書章句集注》，北京：中華書局，1983 年，第 284
頁。

〔註145〕黎靖德編：《朱子語類》，第 3 卷，北京：中華書局，1986 年，第 987 頁。

〔註146〕黎靖德編：《朱子語類》，第 3 卷第 989 頁。

〔註147〕黎靖德編：《朱子語類》，第 3 卷第 994 頁。

〔註148〕黎靖德編：《朱子語類》，第 3 卷第 990 頁。

〔註149〕聞一多：《詩與批評》，載《火之源》文藝叢刊，第 2、3 輯合刊，1944 年 9
月 1 日。

〔註150〕聞一多：《詩與批評》。

邏輯來看，郭沫若對《講話》有經有權的評價，也是將毛的文藝觀看作一種價值論，屬於他所說的文學的「教育機能」，是爲了戰爭的宣傳、動員、組織等現實需要。但與聞一多注重價值論者不同，郭沫若視之爲一種權宜之計，新文學的歷史價值及文學自身的規律，才是經常的道理。

或許是鑒於「民族形式」問題也引起了左翼知識分子內部的論爭，如黃芝崗與潘梓年之間也就語言問題產生了爭論。因此，在郭沫若的文章出來以後，潘梓年等人有藉此彌合左派內部分歧的意思。後來，《「民族形式」商兌》又被延安的《中國文化》全文轉載，郭沫若「有經有權」的觀點，基本上便被作爲結論確定下來。

三、以權爲經

儘管郭沫若的觀點得到了延安的接納，但他「有經有權」的說法還是遭到了向林冰的批判，並再度引起批評家的連鎖反應。回溯這個問題有助於我們進一步探討郭沫若經權論的理論特點。在看到郭沫若的文章後，向林冰撰長文「敬質郭沫若先生」，尤其批評了他的經與權的思想。在他看來，郭沫若將民間形式直接與封建主義作對接的方式，否認了形式本身轉化的可能，是「不理解『經』與『權』的辯證法關係」，「以致將運用民間形式的通俗文藝運用排斥在文藝領域以外」〔註151〕。在他看來，郭沫若的經權論完全是一種實用主義：「他在『權』的概念之下所許可乃至歡迎的事物，都和『經』是『另外一回事』而且無關聯。例如用青龍偃月刀殺敵和建立立體國防的無關，用手搖紡織機生產和建立新紡織工業的『經常大道』無關，運用民間形式和文藝創造的『經常大道』無關等等。然而這些和『經常大道』無關的『權』，卻在應急利用的觀點上取得了郭先生的『合理的存在』的權力。在這裡，便意味著無原則的順應屈服的實用主義思想。」〔註152〕他還以蘇聯爲例，指出蘇聯的新經濟政策是權，但它並未脫離社會主義革命的經，也就是說，權這種應急方式，應該是在革命的總體原則之內的權變，是「把理想放在了現實的地基上，根據具體的革命環境，在主客

〔註151〕向林冰：《關於民族形式問題敬質郭沫若先生（六）》，《大公報》，1940 年 8 月 20 日，第四版。

〔註152〕向林冰：《關於民族形式問題敬質郭沫若先生（三）》，《大公報》，1940 年 8 月 9 日，第四版。

觀統一的發展形勢下面以爭取理想的實現」〔註153〕。向林冰的批判不無道理，他所針對的正是郭沫若的二元論，這種二元論使郭沫若將「經」與「權」作了分離的處理。而在向林冰看來，經與權在本質上是相關的，「權」應該是「經」的權：「所謂『經』即是必然，而所謂『權』則是偶然；由於必然通過了偶然而實現，所以『經』常常通過了『權』而完成自身的發展」〔註154〕。也就是說，革命的手段不能完全背離革命目的，這正是宋儒所強調的，權而不悖乎道的題中之意。

郭沫若並未直接回應向林冰的批評，但延安的林默涵則主動起而爲郭沫若辯護〔註155〕；此外，胡風、王實味和陳伯達等人對這一問題的回應，也都涉及郭沫若。胡風不僅要捍衛「五四」傳統，同時，他也將「民族形式」理解爲重提「民族革命戰爭的大眾文學」這一口號的時機，因爲「民族形式」既強調「民族」，又與大眾化和戰爭相關。因此，他幾乎對所有參與這一論爭的人都有所批評。如他認爲，郭沫若的民族形式是傳統士大夫形式與民間形式統一這一說法，是「閹割了它底革命的見解」〔註156〕。這與向林冰的指責一樣，都是批評郭沫若的權變，割裂了民族形式與革命理想的內在關聯。胡風主要針對的，還是向林冰的形式辯證法。他引用盧卡契《敘事與描寫》的相關理論，以證實新風格、新方法的發生，除與此前的形式相關以外，更爲重要的是「有社會的歷史的必然性」，「是從生活裏面出來的」〔註157〕。以此作爲反駁向林冰純粹著眼新舊形式演變的觀點。這種社會歷史或生活決定論，其實是唯物辯證法的文學翻版，這也正是郭沫若的理論依據，他在否定了向林冰以民間形式爲「民族形式」的中心源泉之後，提出的觀點，正是以

〔註153〕 向林冰：《關於民族形式問題敬質郭沫若先生（四）》，《大公報》，1940 年 8 月 16 日，第四版。

〔註154〕 向林冰：《關於民族形式問題敬質郭沫若先生（四）》，《大公報》，1940 年 8 月 16 日，第四版。

〔註155〕 默涵：《「習見常聞」與「喜聞樂見」》，《中國文化》，第 2 卷第 3 期，1040 年 10 月 25 日。

〔註156〕 胡風：《論民族形式問題底提出和爭點——對於若干反現實主義傾向的批判提要，並以紀念魯迅先生逝世底四週年》，《中蘇文化》，第 7 卷第 5 期，1940 年 10 月 25 日。

〔註157〕 盧卡契：《敘事與描寫》。見胡風：《論民族形式問題底提出和爭點——對於若干反現實主義傾向的批判提要，並以紀念魯迅先生逝世底四週年》，《中蘇文化》，第 7 卷第 5 期，1940 年 10 月 25 日。

「現實生活」為民族形式的中心源泉，他呼籲的也是「深入現實吧，從這兒吸取出創作的源泉來」〔註158〕。

胡風從唯物辯證法的立場對向林冰的形式辯證法的批評，恰與郭沫若殊途同歸。胡風也認為舊形式正是舊的社會結構在意識形態領域的「惰性和延長」，而「新的文藝要求和先它存在的形式截然異質的突起的『飛躍』，這並不『完全是純主觀性的騰雲駕霧的文藝發展中的空想主義路線』；也要求從社會基礎相類似的其它民族移入形式（以及方法）」〔註159〕。胡風與郭沫若的一致處，表明郭沫若並非如向林冰所說的，不懂經與權的辯證法，而是說他與向林冰有著根本不同的辯證法。如果說向林冰的辯證法，是著眼於文學新舊形式的演變與傳承，郭沫若則跳出了文學的範圍，著眼於文學與現實的辯證關係。這也是郭沫若「有經有權」的特殊處，即，經與權是二元的，「權」的目的指向不是「經」，而是現實需要與時代精神。因此，郭沫若實際上是以權為經，因應時代精神而變才是經。反觀他對「民族形式」的意見，也正是如此。他之所以反對民間形式，其理由是，「萬類是進化的，歷史是不重複的。一個時代有一個時代的形式，凡是過去時代的形式即使是永不磨滅的典型也無法再興。因為產生它的那個時代的一切條件是消失了」〔註160〕。「一個時代有一個時代的形式」，正是以權為經的觀念，它意味著永遠只有「權」，而沒有「經」。以權為經，或許這才是毛澤東引為知音的根源。而國統區左翼知識分子的創作經驗和理論總結，本身也是《講話》的資源〔註161〕。郭與毛的這種內在契合併非無源之水。

不過，胡風與郭沫若的不同在於，他雖然批評了向林冰的形式辯證法，但他的經與權還是一元的。這個一元是革命精神，因此他才會批判郭沫若對革命理想的閹割。胡風對革命的堅持，又被延安的王實味引為知音。王實味在看到胡風的文章後，發現自己的兩篇未刊稿竟「有不少地方意外地與他巧合」，以至於「如照原樣發表，即令不是掠美，也頗有附驥之嫌」，「因而把兩

〔註158〕郭沫若：《「民族形式」商兌》，《大公報》1940 年 6 月 10 日，第三版。

〔註159〕胡風：《論民族形式問題底提出和爭點——對於若干反現實主義傾向的批判提要，並以紀念魯迅先生逝世底四週年》，《中蘇文化》，第 7 卷第 5 期，1940 年 10 月 25 日。

〔註160〕郭沫若：《「民族形式」商兌》，《大公報》1940 年 6 月 9 日，第二版。

〔註161〕參考李楊：《「經」與「權」：〈講話〉的辯證法與「幽靈政治學」》，《中國現代文學研究叢刊》，2013 年第 1 期。

文合併刪節，另加對胡先生新偏向的批評」，寫成新文《文藝民族形式問題上的舊錯誤與新偏向》〔註162〕。所謂「舊錯誤」是指陳伯達、艾思奇二人對民族形式問題的意見。在王實味看來，陳伯達的錯誤在於「脫離社會革命運動孤立地看文藝革命運動」，他所提倡的「舊形式新內容」也「不合科學法則」；艾思奇的錯誤，則是走向了郭沫若的反面，郭沫若的二元論「固不甚正確」，但艾思奇將舊形式作爲民族形式的必經之路「也斷然是錯誤的」；新偏向則是指胡風在實踐意義部分有過左的偏向〔註163〕。王實味與胡風一樣，是將「民族形式」的創造，置於無產階級的革命事業這個大的框架來論述的。因此，在他們看來，民族形式是革命事業的具體化，是形式之權與革命之經的辯證。

陳伯達再次對民族形式問題發言，是1942年7月發表的《寫在實味同志〈文藝的民族形式短論〉之後》。該文起著一石二鳥的作用，一是向林冰在批評郭沫若時，曾經引用他抗戰前對郭沫若的批評文字作爲支持，陳伯達藉此予以撇清；二是中共此時已開始批判王實味，陳氏此文正好借民族形式問題，對王實味展開批評。因而該文先反駁向林冰，將「民族形式」的目的重新確定爲「創造新藝術」，從而與郭沫若等人的觀念保持一致；其次是將「喚起民眾」作爲民族形式的出發點，並藉此批判王實味。在陳伯達看來，「利用舊形式」和「文藝的民族形式」這個問題的提出，是基於抗戰「喚起民眾」的現實需要，如果忽略抗戰的前提，「那就容易歪曲了提出問題的意義，至少使得問題提出變成沒有多大意義」〔註164〕。而「在喚起民眾這個問題上」，他與王實味則有著本質的差別：

> 實味同志說：「無產階級革命，依靠的，是有階級覺悟並接受馬克思主義的無產階級，如果依靠未覺悟的自在的無產階級，那就作了群眾的尾巴。文化之更高度更迅速的發展進步，無疑的也得依靠民眾，但要依靠掌握了文化以後的民眾，不是今天被統治者所壓迫奴役的民眾。統治者如果重視民眾，首先應該給民眾以自由，給民眾以文化。」第一、要注意，今天的革命，並不是什麼「無產階級革命」，而是民族抗日戰爭！第二、任何革命，就使是「無產階級革

〔註162〕王實味：《文藝民族形式問題上的舊錯誤與新偏向》，《中國文化》，第2卷第6期，1941年5月20日。

〔註163〕王實味：《文藝民族形式問題上的舊錯誤與新偏向》。

〔註164〕陳伯達：《寫在實味同志〈文藝的民族形式短論〉之後》，《解放日報》，1942年7月4日。

命」，也決不能只是依靠「有階級覺悟並接受馬克思主義的無產階級」。……第三、所謂「文化更高度更迅速的發展進步，也得依靠民眾，但要依靠掌握了文化以後的民眾，不是今天被統治者所壓迫奴役的民眾」，這也不對。應該把話倒轉過來，這樣說：文化之更高度更迅速的普遍發展進步，要依靠革命民眾掌握了權力以後；而且，今天被統治者所壓迫奴役的民眾，依靠自己的實際鬥爭，必然會不斷創造出自己的文化。〔註165〕

陳伯達的逐條批駁，正好展示了二人之間的分歧。這不僅是關於民族形式的，更是關於革命理想與道路的經權問題。在王實味看來，革命的前提，是先要無產階級具有階級覺悟，而非「依靠未覺悟的自在的無產階級」。這與盧卡奇所強調的「階級意識」是一脈相承的，盧卡奇認為：「革命的命運（以及與此相關聯的是人類的命運）要取決於無產階級在意識形態上的成熟程度，即取決於它的階級意識」〔註166〕。因為無產階級能從總體上把握社會的結構，「自己就構成了推動力量的本質」〔註167〕，而所謂的階級意識，便是該階級對自己所處階級地位與歷史角色的自覺，成為一個「自為」的階級〔註168〕。這種革命道路在二十年代末期的革命文學論爭中，曾經由日本的福本主義，而為創造社的李初梨等人所接受，但在與郭沫若等人的本土經驗交鋒時逐漸被放棄〔註169〕；王實味抗戰時期曾任職於延安中央研究院，翻譯了大量的馬克思主義理論，他很可能是由此直接接觸到了盧卡奇的理論，因為此時盧卡奇在莫斯科的馬恩研究院。正是基於這種理論，在王實味看來，是否具有階級意識，成了革命的前提；但從陳伯達對此的逐條反駁，可以發現他更傾向於依靠革命政黨，通過政黨對民眾的動員，讓民眾以自發的方式參與，這也就是他所說的「起義」的路線，這是一種列寧式的、視無產階級為「革命先鋒隊」的道路。這種分歧，讓我們看到了王實味事件的另一面，也讓我們看到了郭

〔註165〕陳伯達：《寫在實味同志〈文藝的民族形式短論〉之後》。
〔註166〕盧卡奇著，杜章智等譯：《歷史與階級意識》，上海：商務印書館，2012年，第134頁。
〔註167〕盧卡奇著，杜章智等譯：《歷史與階級意識》，第132頁。
〔註168〕盧卡奇著，杜章智等譯：《歷史與階級意識》，第141～142頁。
〔註169〕參考艾曉明：《中國左翼文學思潮探源》，北京：北京大學出版社，2007年，第73～93頁；程凱：《當還是不當「留聲機」？——後期創造社「意識鬥爭」的多重指向與革命路徑之再反思》，《中國現代文學研究叢刊》，2006年第2期。

沫若的革命道路與延安的內在契合處，他的情感政治學正是一種動員式的革命方式；而他的《甲申三百年祭》對農民起義的表彰，也確實是「為匪張目」，因而得到延安接納，成為整風文件。

　　陳伯達與王實味的論爭，顯示了經與權的複雜性。陳伯達一再強調「民族形式」問題的提出是基於「抗戰的現實」，在批判王實味時也主要依據於此，而在抗戰現實的需求下，革命問題卻可以暫時擱置，正如他所說的「今天的革命，並不是什麼『無產階級革命』，而是民族抗日戰爭！」這正是經、權二元的方法，基於抗戰的「權」，「無產階級革命」的經可以暫時擱置一邊。這也正是向林冰和胡風所批判的郭沫若的經權論。也就是說，郭沫若對抗戰文藝的權變思維，正是基於其革命路線的權變觀，即在現實的要求下，革命道路的權變，可以脫離革命目的的經，甚至於以權為經。他與延安之間文藝思想的相通，是他們革命理念一致的外觀。

第三節　有經有權（二）：郭沫若與毛澤東文藝體系的建立

> 以思想改造情感
> 重慶的秧歌
> 「新的通俗文體」
> 從「素材」到「悲劇的解放」
> 國統區的「罪與罰」

四、以思想改造情感

　　雖然郭沫若從通權達變的角度，視《講話》為一種權宜之計；《講話》在大後方的傳播也遭到了文化人一定的抵抗，但這並不意味著它對郭沫若沒有影響。郭沫若除了讓文化工作委員會組織座談會以外，自己也作了表態，作了「自我批判」。但他不是從文學的角度，而是從學術研究的角度展開的，這就是《古代研究的自我批判》一文。該文寫於 1944 年 7 月 3 日，完成於 7 月 18 日。如果參照前文陽翰笙日記所載，這正是何其芳、劉白羽在重慶傳道的時間。5 月 27 日郭沫若在家設宴歡迎何、劉，聽他們作解放區整風運動的彙報。5 月 30 日郭沫若下鄉，據他自己說：「下鄉之後醞釀了一個月，到七月三

日才『開始寫古代研究的自我批判』。」〔註170〕是慎重考慮的結果。對於寫作初衷，郭沫若起筆便說：「關於秦以前的古代社會的研究，我前後費了將近十五年的工夫，現在是達到了能夠作自我批判的時候，也就是說能夠作出比較可以安心的序說的時候。」〔註171〕接著他便對自己的歷史研究作了「清算」：

> 我首先要譴責自己。我在一九三〇年發表了《中國古代社會研究》那一本書，雖然博得了很多的讀者，實在是太草率，太性急了。其中有好些未成熟的或甚至錯誤的判斷，一直到現在還留下相當深刻的影響。有的朋友還沿用著我的錯誤，有的則沿用著我錯誤的徵引而又引到另一個錯誤的判斷，因此關於古代的面貌引起了許多新的混亂。這個責任，現在由我自己來清算，我想是最適當的，也是頗合時宜的。〔註172〕

該文的「頗合時宜」處，是它被延安當作了大後方「自我批判」的代表，不久便為《解放日報》全文轉載，並配合刊發了尹達的文章《郭沫若先生與中國古代社會研究》。不過，郭文雖然名曰「自我批判」，實際上仍是一篇嚴肅的學術文章，郭沫若只是借「自我批判」之名，展示自己學術觀點的變化。在文中，郭沫若修正了《中國古代社會研究》中的西周封建說，而將西周斷為奴隸社會；肯定了井田制的存在；重新考訂了鐵出現的時代。除了結尾對「士」的批判以外，與《講話》並無內在關聯，因此，該文只是以題名作了表面的應景文章，說不上真正的「自我批判」，更不必說知識分子的自我改造。既然《講話》是毛澤東的文藝政策，郭沫若的文藝觀的變化是否也只是如此一番應景呢？雖然毛澤東語錄當時已頻頻出現於《新華日報》，但郭沫若一直未作文學方面的表態。鑒於此，有論者將他 1945 年所寫的文章——《向人民大眾學習》和《人民的文藝》，作為他接受《講話》的證據。從前文對「詩人節」的分析可以發現，左翼作家確實從這一年開始詢喚、塑造「人民詩人」，但如果回到郭沫若這兩篇文章的內容及其發表的語境，則很難說這是對《講話》的回應。

〔註170〕郭沫若：《我怎樣寫〈青銅時代〉和〈十批判書〉》，《民主與科學》，第 1 卷第 5、6 期，1945 年 5 月。

〔註171〕郭沫若：《古代研究的自我批判》，《群眾》，第 9 卷第 20 期，1944 年 10 月 31 日。

〔註172〕郭沫若：《古代研究的自我批判》，《群眾》，第 9 卷第 20 期，1944 年 10 月 31 日。

郭沫若之所以提倡「向人民大眾學習」，是基於「在目前民主運動的大潮流當中，『人民的世紀』把它自己的面貌更加顯豁起來了」，「人民大眾是一切的主體，一切都要享於人民，屬於人民，作於人民。文藝斷不能例外」〔註173〕。而之所以提倡「人民的文藝」，也是因為「今天是人民的世紀，我們所需要的文藝也當然是人民的文藝」〔註174〕。這其中有兩個關鍵詞，一是「民主運動」，二是「人民的世紀」。民主運動是 1944 年由民主人士掀起，旨在推動中國民主化的憲政運動；而「人民的世紀」是當時常出現於報刊的標題，但它並非中共所創，而是美國副總統華萊士（H. Wallace）的說法。「人民的世紀」（The Century of the Common Man），是華萊士於 1942 年 3 月所作的一次演講。珍珠港事件之後，美國正式參戰。作為副總統的華萊士，作了題為「人民的世紀」的演說。在演講中，他認為，與二十世紀是「美國的世紀」這一說法相比，「人民的世紀」更為恰當，他將「人民」的範圍從歐美擴展到蘇聯和中國等地，肯定了蘇聯與中國在二十世紀為自由所做的努力。並且提出，在去除軍事和經濟帝國主義的前提下，發達國家應為後發展民族提供工業化的幫助〔註175〕。華萊士的這種言論，在 1944 年他訪華期間，受到左翼知識分子的關注。華萊士到達重慶的時間是 6 月，與何其芳、劉白羽在重慶傳達《講話》的時間幾乎相同。據《中央日報》報導，他在機場發表的書面講話中，就提到「余並相信將有許多溝通文化商務之巨大潛在力，藉謀亞洲及北太平洋盆地人民之一般福利」〔註176〕。蔣介石在歡迎辭中也稱，「我們渴望增進我們人民的社會福利和經濟福利」，因為華萊士主管農業領域，故蔣介石還強調「我們政府將特別注重於增進農民的生活」〔註177〕。而中共方面也利用華萊士所強調的民主秩序等，在人民、民主問題上大做文章，如《新華日報》的社論就稱華萊士的言論為「偉論」：「這是『人民的世紀』，這是人民的戰爭，看到並信任人民的人們，都會得出同一的結論」〔註178〕。此後，華萊士的相關說法——「二

〔註173〕 郭沫若：《向人民大眾學習》，《文哨》創刊號，1945 年 5 月。

〔註174〕 郭沫若：《人民的文藝》，《大公報》，1945 年 4 月 29 日。

〔註175〕 Henry. Wallace. *The Century of the Common Man*, see *Prefaces to Peace*. P369.

〔註176〕 《華萊士副總統發表書面談話》，《中央日報》，1944 年 6 月 21 日，第二版。

〔註177〕 《蔣主席暨夫人歡宴華萊士副總統　主席致辭表示衷誠歡迎　說明中美國民共同任務》，《中央日報》，1944 年 6 月 22 日，第二版。

〔註178〕 《華萊士先生的偉論》，《新華日報》社論，1944 年 6 月 24 日，第二版。

十世紀是人民的世紀」或「人民的世紀」，一時成爲知識分子的常用語，郭沫若、張申府、聞一多等莫不如此。此外報紙上也出現了「人民的世紀」專欄、以及題爲《人民世紀》的刊物。抗戰結束後，一度較爲溫和的葉聖陶，還將「人民的世紀」寫入了《開明新編國文讀本》〔註 179〕。「人民的世紀」爲 1944 年開始的民主運動提供了話語支持，它不僅被用來反對蔣介石的獨裁，也被知識分子用來責難毛澤東《沁園春·雪》中的帝王思想。因此，左翼知識分子在使用「人民的世紀」一語時，雖夾帶了不少私貨——如將中性的 Common man 置換爲有政治傾向的 People，但總體上是服務於當時的民主運動的。而郭沫若所說的「人民的文藝」，其實並無多少新意，如他所說：「人民的文藝是以人民爲本位的文藝，是人民所喜聞樂見的文藝，因而它必須是大眾化的，現實主義的，民族的，同時又是國際主義的文藝」〔註 180〕。從這種無所不包的描述可以發現，「人民的文藝」對於郭沫若來說，僅僅是一種話語的轉換，具體內容是極爲龐雜不清的，與毛澤東具體所指的「工農兵」並無多大關聯，而更像之前「民族形式」問題的重複。

　　從「影響——接受」的角度，郭沫若對毛澤東文藝的直接回應似乎較爲有限，但如果調整這種方法，從郭沫若抗戰時期文藝觀的歷時對比中，我們可以發現他此時的文藝思想確有內在的轉變。1944 年底，《文學》雜誌發表了郭沫若的一篇舊演講稿。在這次演講中，與之前多強調情感不同，他轉而強調思想的重要：「思想是生活的舵輪，沒有思想的生活是盲目的，由那種生活所發泄出來的感情每每會流而爲狂妄。我們要有正確的感情，必須有正確的生活，要有正確的生活，必須有正確的思想」〔註 181〕。他所謂的正確的思想，是「順應人類進化的潮流」的一種集體主義思想：「以人民大眾的生活爲生活，人民大眾的感情爲感情」〔註 182〕。這種觀念，與他一直堅持的「詩——詩人」的一元論、以及動員文藝觀內在一致，但「正確的感情」這種說法是第一次出現。感情的正確與否，是《講話》對改造知識分子的要求和標準，即知識

〔註 179〕編者：《人民的世紀》，《開明少年》，1945 年第 5 期；後收入葉聖陶 郭紹虞　　　　　等編：《開明新編國文讀本》，甲種本（上）。
〔註 180〕郭沫若：《人民的文藝》，《大公報》，1945 年 4 月 29 日。
〔註 181〕郭沫若：《詩歌的創作（續）》，《文學》，第 2 卷第 4 期，1944 年 11 月。
〔註 182〕郭沫若：《詩歌的創作（續）》。

分子不僅要從思想上認同無產階級革命，還要從感情上與小資情調決裂。按毛澤東的說法就是：「我們知識分子出身的文藝工作者，要使自己的作品為群眾所歡迎，就得把自己的思想感情來一個變化，來一番改造」〔註183〕。郭沫若對「正確的思想」與「正確的感情」的強調，也見於該年他發表於《新華日報》上的《如何研究詩歌與文藝》：「思想應該指導一切，這利他的集體的思想應該指導一切，要做一個詩人或文藝工作者必須徹底地活在這種思想裏面。以這種思想為信念，為自己的靈魂，發而為文章，然後才能夠成為真正的詩歌與文藝。在一個時代裏面，對於最大多數的人有最大益處的東西，才能是最善的東西，最真的東西，最美的東西。無正確的思想便無正確的生活，無正確的感情，無正確的方法，因而也就無正確的詩歌與文藝了」〔註184〕。其文藝觀念的變化在於，感情本身從自發轉化為了具備倫理內涵的情感，經由思想的作用，情感本身便應該是正確的。這種思路不能不說是《講話》的影響。

五、重慶的秧歌

對《講話》的詮釋，不僅在於如何閱讀、解釋《講話》這個文本，更在於如何對待《講話》的衍生品，或者說邊區實踐《講話》精神的成果——文藝作品。《講話》發表之後，延安文藝工作者開始在文藝創作中實踐這種文藝方針，較有代表性的成果是秧歌和小說。秧歌本來就是陝北的民間文藝，是較有地方色彩的文化形態。郭沫若對此早有瞭解，如抗戰初期，于立群曾打算去陝北，郭沫若便寫了一組《陝北謠》給她，其中有這樣的句子：「陝北陝北朋友多，請君代問近如何？華南也想扭秧歌。」〔註185〕《講話》發表之後，以「魯藝」為中心的文藝工作者，一改此前「演大戲」的傳統，開始改造民間的秧歌劇。在周揚等人的努力下，延安文藝工作者組織了1944年新年秧歌舞大匯演。正如周揚所說，經由改造，「新的秧歌從形式上看是舊的秧歌的繼續和發展，但在實質上已是和舊的秧歌完全不同的東西了」，它是一種「鬥爭秧歌」，「取消了丑角的臉譜，除去了調情的舞姿，全場化為一群工農兵，打傘改用為鐮刀斧頭，創造了五角星的舞形」，表現的是「群眾的時代」，是「集

〔註183〕毛澤東：《在延安文藝座談會上的講話》。
〔註184〕郭沫若：《如何研究詩歌與文藝》，《新華日報》，1944年4月16日。
〔註185〕郭沫若：《陝北謠》，《潮汐集》，北京：作家出版社，1959，第462頁。

體力量」〔註 186〕。從而將秧歌從民間文化轉化爲了政治文化，是「實踐了毛主席文藝方針的初步成果」〔註 187〕。

這個成果被及時輸送到了重慶。在劉白羽、何其芳完成《講話》的初步傳達之後，延安隨後又派林默涵、周而復、陳波兒、韋明、汪琦等前往重慶〔註 188〕，從而將秧歌也帶到了重慶。據《新華日報》的工作人員熊瑾玎回憶，他們曾多次在重慶組織秧歌演出：

> 《新華日報》每逢創刊紀念日，便邀集延安出來的工作同志，組織秧歌隊伍，在報館演唱起來，當然邀請各黨各派、各民主進步人士和讀者來此觀看。因爲報社遊藝場狹小，不能容納多的觀眾，每每把會場擠得滿滿的。有許多人不能進入會場時，則站在對面山坡上翹首遠望。演出的秧歌劇，有《兄妹開荒》、《一朵紅花》。《牛永貴受傷》等節目。最後則全體演員按次出場，分爲兩列左右轉，跳廻旋式的大秧歌舞。觀眾也可以自由參加，共同舞蹈，眞是興致淋漓，皆大歡喜！〔註 189〕

「每逢創刊紀念日」的說法還有待確證，現有據可查的是 1945 年春節期間（2 月 18 日），《新華日報》曾組織演出《兄妹開荒》《一朵紅花》等三個秧歌劇。也確實邀請了各方友好前往觀賞，之後還有不少人寫了詩文。如許幸之的《秧歌舞與廣場演劇》、凡僧的《化龍新村聽秧歌六絕》及趙鐵松的《秧歌舞觀後》，這都集中發表於《新華日報》上〔註 190〕。就觀者的反應來看，連曹禺、陽翰笙和黃芝崗這三位專業的戲劇家「都覺得非常新鮮有力」〔註 191〕。

作爲實踐《講話》的重要文藝形式，秧歌劇較爲典型地反映了延安的政治文化。國統區的知識分子，在觀看秧歌之後，從形式到政治，也都體會到

〔註 186〕周揚：《表現新的群眾的時代——看了春節秧歌以後》，《解放日報》，1944 年 3 月 21 日。

〔註 187〕周揚：《表現新的群眾的時代——看了春節秧歌以後》。

〔註 188〕周而復：《往事回首錄》（上部），第 161 頁，北京：文化藝術出版社，2004 年。

〔註 189〕熊瑾玎：《驚人的生產展覽和秧歌演出》，《〈新華日報〉的回憶》，成都：四川人民出版社，1979 年，第 79 頁。

〔註 190〕許幸之：《秧歌舞與廣場演劇》；凡僧：《化龍新村聽秧歌六絕》；趙鐵松：《秧歌舞觀後》，均載《新華日報》，1945 年 2 月 26 日，第四版。

〔註 191〕陽翰笙 1945 年 2 月 18 日日記，《陽翰笙日記選》，成都：四川文藝出版社，1985 年，第 315 頁。

了秧歌劇的獨特性。在觀看此次表演之後，許幸之較爲深入地體味到了秧歌舞的文化政治功能。與曹禺等人一樣，他看完表演之後，「從心的深處激起了一種新鮮，活潑，而又親切的共鳴」，這種共鳴不僅來自秧歌劇的歌舞，更來自其「廣場演劇」的形式：「坐在廣場上，使我想起了希臘時代的民主精神，以及那些開展在『人類底黃金時代』的燦爛的文化。殘酷的戰爭與宗教的黑暗，使人類底文化倒退了幾千年，直到現在，我們還在默默地追求並希望著希臘時代的遠景」〔註192〕。

　　戲劇從劇場向廣場的傾斜，在抗戰時期具有一定的普遍性。在抗戰動員的需求下，戲劇工作者進行了大膽的形式創新。正如論者所指出的，「強調戲劇及時反映現實與現場鼓動、煽動的作用與功能；在戲劇形式上也進行了大膽改革與實驗，獨幕劇得到普遍的發展，還創造了活報劇、街頭劇、茶館劇、朗誦劇、化裝遊行、傀儡戲等新形式」〔註193〕。秧歌劇的形式首先也應置於這個總體背景下加以考量。作爲廣場戲劇的秧歌，所具有的戲劇學意義在於，它突破了劇場的空間和布景的限制，「它拆卸了演員和觀眾相隔離的面幕，它突破了被固定舞臺所限制的可恨的空間，它拆除了在舞臺上永遠構置著三垛牆的布景」〔註194〕，從而擴展了演員的演技和表演範圍，創造了一種「立體的表演」。

　　雖然如此，秧歌劇還是不同於國統區的廣場戲劇，這在於它與民間、與生產勞動之間的直接關係，雖然它經過了知識分子的改造，但其形態與國統區純粹由知識分子創作的廣場劇不同。正如許幸之所指出的，「我確信這種『秧歌舞』是眞正來自民間的藝術。而且從《兄妹開荒》那齣戲裏，他們舉起鋤頭墾荒的動作上，我發現了『秧歌舞』的基本舞法，是直接來自『生活』與『生產方式』的東西，是眞正從所謂『勞動過程』中產生出來的舞姿」〔註195〕。形式的生產性不僅在於戲劇形式，更在於社會實踐和政治鬥爭之中。「它可以組織人民的情感，訓練人民的集體勞動與集體生活，並且破除封建思想和禮教的束縛，而促進男女之間正當友愛的最好的愉樂。」不僅如此，它還可促進勞動力的再生產，「當人們在『剩餘勞動』的餘暇，來舉行這種跳舞時，不

〔註192〕許幸之：《秧歌舞與廣場演劇》，《新華日報》，1945年2月26日，第四版。
〔註193〕錢理群：《大小舞臺之間——曹禺戲劇新論》，北京：北京大學出版社，2007年，第115～116頁。
〔註194〕許幸之：《秧歌舞與廣場演劇》，《新華日報》，1945年2月26日，第四版。
〔註195〕許幸之：《秧歌舞與廣場演劇》，《新華日報》，1945年2月26日，第四版。

但不妨害生產，並且可以作爲『再生產』的一種集體訓練」〔註196〕。這爲知識分子開創了一種集社會生產與文學生產於一體的文學形式。

秧歌舞作爲一種政治文化，也就具有識別文化政治身份的功能。因此，抗戰後期左翼青年在去延安之前，一般都有在重慶中共辦事處學習扭秧歌的經歷，而曾家岩八路軍辦事處的工作人員也都要學跳舞，「跳交誼舞，還要學扭秧歌」〔註197〕；徐遲也「曾在化龍橋的《新華日報》社裏，學習扭秧歌」〔註198〕。扭不扭秧歌、會不會扭秧歌不再是娛樂問題，而是逐漸成爲一種政治態度。

較之其它人對秧歌的欣賞，郭沫若倒是充分地發揮了秧歌廣場劇的功能，他早就在自己家裏跳秧歌舞。1944 年 11 月 11 日，郭沫若設宴爲從桂林來渝的柳亞子洗塵，沈鈞儒、黃齊生、王若飛等人作陪。這天恰好周恩來從延安返回重慶，也參加了宴會。沈鈞儒事後有詩記其事：

> 經年不放酒杯寬，霧壓江城夜正寒。
> 有客喜從天上至，感時驚向域中看。
> 新陽共舉葡萄盞，觸角長憝獅豸冠。
> 痛哭匡煌俱未足，河山雜沓試憑欄。〔註199〕

郭沫若曾爲此詩作詳細的注解：

> 這詩的頭二句把當年的時局和大家的心境含蘊得非常穩切，大家愁眉不展甚至焦頭爛額地熬了多年，誰還有心情舉酒呢？何況冷酷的環境還那麼重壓著！但那晚上大家實在是盡了興，又「痛哭」，又「狂歡」，而且還跳了秧歌舞。秧歌舞之到重慶，就是隨著周恩來飛來的。這詩在年青的朋友讀起來，或許不大能夠領會，有些句子是須得加注解的。像「感時驚向域中看」那是由駱賓王《討武則天檄》的最後一句「請看今日之域中畢竟誰家之天下」脫化出來的，當時的「域中」自然還是敵僞的「天下」呵。「新陽」衡老說是指我，

〔註196〕許幸之：《秧歌舞與廣場演劇》。
〔註197〕楊潔：《楊潔自述：我的九九八十一難》，北京：中國人民大學出版社，2014 年，第 36 頁。
〔註198〕徐遲：《重慶回憶》，載《作家在重慶》，重慶：重慶出版社，1983 年，第 27 頁。
〔註199〕郭沫若：《民主運動中的二三事》，《天地玄黃》，大連：大眾書店，1948 年，第 185 頁。

　　因爲我的《女神之再生》裏面有迎接新鮮的太陽那樣的句子,「獬豸冠」是衡老自己說他在做律師。〔註200〕

柳亞子、黃齊生、郭沫若等都有和詩。郭沫若的和詩爲:

　　頓覺蝸廬海樣寬,松蒼柏翠傲冬寒。

　　詩盟南社珠盤在,瀾挽橫流砥柱看。

　　秉炬人歸從北地,投簪我欲溺儒冠。

　　光明今夕天官府,聽罷秧歌醉拍欄。〔註201〕

抗戰後期,郭沫若在天官府的寓所,是中共邀約民主人士商討時局的主要場所。不過,抗戰結束前後的時局,倒並不一定是如郭沫若所追述的那麼壓抑,當時大家對聯合政府還是抱著極大的期待。從指點「域中」的情懷,也可見知識分子躍躍欲試的狀態。沈鈞儒、柳亞子都是中間偏左而同情於中共,在郭沫若家與周恩來一起跳秧歌舞也不足爲奇。不過,這事發生在重慶,還是多少具有象徵意味,這除了人心背向以外,也可見秧歌這種集體舞所發揮的統戰作用。

　　不過對於秧歌這種文藝形式,郭沫若初期並未著太多筆墨,似乎只是將其當作一種政治文化來接受,他看重的是秧歌背後的意識形態,以及廣場劇的娛樂、交際功能。因而,他也未對《兄妹開荒》《一朵紅花》這些作品的藝術形式作出品評。雖然如此,「秧歌」後來還是一再受到郭沫若的關注,尤其是抗戰結束之後,他就曾多次撰文介紹《白毛女》;而秧歌也一再見於郭沫若的詩文中,如《北上紀行》中便有「凱唱爭全面,秧歌扭滿堂」句〔註202〕。

六、「新的通俗文體」

　　雖然郭沫若對秧歌的藝術形式未置可否,但對解放區的小說,他給予了較高的評價。郭沫若較多地閱讀解放區文學,是在抗戰結束後的1946年,這包括《白毛女》《呂梁英雄傳》《李有材板話》《解放區短篇創作選》《李家莊的變遷》等。《白毛女》和《呂梁英雄傳》是陸定一參加完國共和談回到延安後,寄給郭沫若的。趙樹理的小說和《解放區短篇創作選》則可能是周揚帶

〔註200〕郭沫若:《民主運動中的二三事》,《天地玄黃》,大連:大眾書店,1948年,第185～186頁。

〔註201〕郭沫若:《民主運動中的二三事》,《天地玄黃》,第186頁。

〔註202〕郭沫若:《北上紀行》,《華北文藝》,第4期,1949年5月1日。

給他的，1946 年周揚、丁玲等華北聯合大學四位作家、學者應馬歇爾之邀赴美進修，周揚在上海辦理護照時，曾與郭沫若等人有密切的交往。而《解放區短篇創作選》正是周揚所編，趙樹理的小說也是他極爲推崇的。因赴美未果，周揚在北歸時還曾讓郭沫若寫下他對解放區小說的意見。而郭沫若和茅盾撰寫介紹趙樹理的文章，也都是在周揚北上後不久。

郭沫若幾乎在同一時間得到這些小說，但他的評介是有選擇的。在回陸定一的信中，郭沫若對陸定一極爲肯定的《白毛女》評價並不高，對《呂梁英雄傳》則稱「還沒有開始讀」。但他卻表示，對趙樹理的《李有才板話》和《解放區短篇創作選》「非常滿意」〔註203〕。實際上郭沫若並不是沒讀《呂梁英雄傳》，而是對這類章回體的革命傳奇並不感興趣。他在此後不久所寫的《讀了〈李家莊的變遷〉》一文中，對此有委婉的批評：「好些寫通俗故事的朋友，愛襲用章回體的形式，這是值得考慮的。『卻說』一起和『且聽下回分解』一收，那種平話式的口調已經完全失掉意義固不用說，章回的節目要用兩句對仗的文句，更完全是舊式文人的搔首弄姿，那和老百姓的嗜好是白不相干的。我自己小時候讀章回小說，根本就不看節目，一遇著正文裏面有什麼『有詩爲證』式四六體的文贊之類，便把它跳過了。今天還要來襲用這種體裁，我感覺著等於再在我們頭上拖一條辮子或再叫女同胞們來纏腳」〔註204〕。對章回體的批評是較爲激烈的，而從前文也可以發現，章回小說、民歌等都被他劃歸在「權」的行列〔註205〕。如果對照陸定一來信中對《呂梁英雄傳》的推崇，可以發現二人美學趣味的差異；也可見郭沫若所持審美尺度與毛文藝尚有較大的出入。

陸定一的來信學界較少提及，實際上這封信當時以「L」爲名發表在《文匯報》上。陸定一在信中，先說《白毛女》與《呂梁英雄傳》是整風之後的「產品」，對於《呂梁英雄傳》，陸定一說：「小說方面，一直沒有什麼大作品。這次看了呂梁英雄傳（只有上冊），你就會改變這個結論的」〔註206〕。郭沫若確實改變了這個結論，不過不是因爲《呂梁英雄傳》，而是因爲趙樹理的小說。趙樹理在文學史上的地位，與周揚、郭沫若與茅盾三人 1946 年的積極評價分

〔註203〕郭沫若：《致陸定一信》，載《談解放區文藝創作》，《群眾》第 12 卷第 4、5 期，1946 年 8 月 24 日。

〔註204〕郭沫若：《讀了〈李家莊的變遷〉》，《北方雜誌》，第 1、2 期，1946 年 9 月。

〔註205〕郭沫若：《「民族形式」商兌》，《大公報》1940 年 6 月 9 日，第二版。

〔註206〕L：《遠塞來鴻》，《文匯報》，1946 年 8 月 16 日，第七版。

不開。周揚在《論趙樹理的創作》中，將趙樹理樹立爲《講話》以來的「新人」，是「一位具有新穎獨創的大眾風格的人民藝術家」，這不僅在於他作品的語言、人物形象等方面，更在於他在處理人物關繫時，「沒有站在鬥爭之外，而是站在鬥爭之中，站在鬥爭的一方面，農民的方面，他是他們中間的一個」，因而，趙樹理的作品「是毛澤東文藝思想在創作上實踐的一個勝利」〔註 207〕。茅盾基本上也是從政治的人民性與形式的大眾化，這兩個角度來評價的〔註 208〕。相對而言，郭沫若的評價較爲個人化。他先描述了他的閱讀感受：「我是完全被陶醉了，被那新穎、健康、樸素的內容與手法。這兒有新的天地，新的人物，新的感情，新的作風，新的文化，誰讀了，我相信都會感著興趣的」〔註 209〕。而且郭沫若從形式上看到了「板話」的創格意義：「『板話』兩個字已經夠有趣了。原來民間形式的順口調，北方叫著快板，李有才是出口成章的快板詩人。準詩有『詩話』之例，於是作者趙樹理便創造了『板話』這一個新名詞。今天我們有了這個先例，似乎也可以寫出『馬凡陀板話』、『陶行知板話』、『馮玉祥板話』了。馬陶馮諸位，是當今頂出色的偉大板人」〔註 210〕。郭沫若對「板話」體裁和「板人」身份的強調，一定程度上貼合了趙樹理「不想上文壇」，「只想上『文攤』」，做「一個文攤文學家」的旨趣〔註 211〕。

　　郭沫若對趙樹理確實興趣甚濃，不久他又寫文章介紹《李家莊的變遷》。在這篇文章中，郭沫若將趙樹理的小說作爲一種新環境中產生的新美學形式來對待，認爲它「是一株在原野裏成長起來的大樹子」：「大，也還並不敢說就怎樣偉大，而這樹子也並不是豪華高貴的珍奇種屬，而是很常見的杉樹檜樹乃至可以劈來當柴燒的青槓樹之類，但它不受拘束地成長了起來，確是一點也不矜持，一點也不衒異，大大方方地，十足地，表現了『實事求是』的精神」〔註 212〕。「原野裏的大樹子」這個形象的說法，與「文攤文學家」有相通處，都試圖在既有的美學範疇之外，探索別樣美學形式存在的可能。在郭沫若看來，趙樹理作品的意義在於，首先它是通俗的，「寫的是老百姓自己翻

〔註 207〕周揚：《論趙樹理的創作》，《解放日報》，1946 年 8 月 26 日。
〔註 208〕茅盾：《關於〈李有材板話〉》，《群眾》，第 12 卷第 10 期，1946 年 9 月。
〔註 209〕郭沫若：《〈板話〉及其它》，《文匯報》，1946 年 8 月 16 日，第七版。
〔註 210〕郭沫若：《〈板話〉及其它》。
〔註 211〕趙樹理語，參見李普：《趙樹理印象記》，載黃修己編：《趙樹理研究資料》，太原：北嶽文藝出版社，1985 年，第 19 頁。
〔註 212〕郭沫若：《讀了〈李家莊的變遷〉》，《北方雜誌》，第 1、2 期，1946 年 9 月。

身的故事，人物呢連名字也就不雅馴」，但卻並不俗氣：既脫盡了歐化的新文言腔，與《呂梁英雄傳》重拾章回體俗套又不同，而脫卻了舊式文人的矯揉造作，通俗中反而呈現了新象。這是郭沫若在趙樹理身上看到的形式創新，而且「這不單純是文藝的問題，也不單純是意識的問題，這要關涉到民族解放鬥爭的整個發展」〔註213〕。也就是說趙樹理的形式背後，是新的群體力量和歷史主體的創生。

　　郭沫若對趙樹理的積極肯定，可以看作是他對毛澤東文藝思想的評價。然而，值得留意的是，這種評價並不是單向的影響。從毛澤東對郭沫若「有經有權」的評價中，得到的是「知音」之感。陸定一、周揚與趙樹理等人，對郭沫若的反應也極為重視。如周揚北歸時，就要求郭沫若寫下他對解放區小說的印象，郭沫若雖給予較高評價，但也認為這離經典尚遠，因而他鼓勵解放區作家「盡力把它們記錄下來」，「即使是素材，已經就是傑作。將來採結成鉅製時，便是劃時代的偉大作品」〔註214〕。郭沫若的函件，很快被晉冀魯豫地區發行的《人民日報》刊載。而同時期他在上海發表的關於趙樹理和解放區文學的批評文章，《解放日報》也及時地予以報導或轉述。《李有材板話》在東北出版時，也附載了郭沫若的評論，認為這「可以幫助讀者瞭解這本小說在今天中國文學上應得的地位」〔註215〕。

　　趙樹理等人在讀到周揚帶回的郭沫若「致北方朋友」函時，也「異常興奮」，「特覆電郭沫若先生表示感謝」。電文稱：「謬承鼓勵，信心倍增」，雖然「解放區數年來可歌可泣的事蹟隨處都有」，但他們因「缺乏寫作素養」，「難以寫出完整的作品」，即便「記錄素材」也難免掛一漏萬，故希望郭沫若動員大後方作家去解放區云云〔註216〕。從解放區對郭沫若等人評價的重視可見，無論是毛澤東，還是延安的文藝工作者，雖然有別創新格的抱負，但他們還是需要郭沫若、茅盾等「現代作家」的品鑒，以獲得某種現代美學的「合法性」。這也表明，解放區文藝或者說毛澤東文藝體系，在建構的過程之中，也需要郭沫若等國統區作家的理論支持；在將解放區經驗推廣到全國的過程中，更是需要他們的有效介入。最起碼在建國前還是如此。而無論是郭沫若，

〔註213〕郭沫若：《讀了〈李家莊的變遷〉》，《北方雜誌》，第1、2期，1946年9月。
〔註214〕《人民日報》（晉冀魯豫版），1946年8月27日。此處引自張志強輯：《郭沫若在滬期間的一組史料》，《郭沫若學刊》，1991年第2期。
〔註215〕《東北日報》，1946年12月3日。
〔註216〕《人民日報》（晉冀魯豫版），1946年9月8日。

還是趙樹理自己，他們也都是從「通俗」這一現代審美格局出發賦予其作品意義的。二人不同處在於，趙樹理視「通俗」爲經，而郭沫若則視之爲權。

七、從「素材」到「悲劇的解放」

　　如果說戰前郭沫若尚未認識到秧歌劇的形式意義，而只將其當作一種政治符碼或娛樂方式的話，這種情況在戰後則有所改觀。他開始積極關注、評價解放區的秧歌劇，尤其是歌劇《白毛女》。從 1946 到 1948 年，郭沫若幾乎每年都發表一篇關於《白毛女》的文章。這也爲我們進一步考察戰後他對毛澤東文藝的態度，以及他在毛文藝體系確立過程中所發揮的作用，提供了可能。《白毛女》是陸定一作爲毛澤東文藝的成果寄給郭沫若的，他信中對該作品的介紹也成爲郭沫若的「前理解」：

　　　　「整風」以來，解放區藝術方面，第一個表現有成績的是戲劇，戲劇中先是比較簡單的形式──秧歌，然後是京劇（逼上梁山，三打祝家莊等）。這本白毛女，用的全是民歌調子，演的是抗戰中極其動人的故事，寫的是人民的大翻身，與翻譯了搬上舞臺的外國歌劇，及「毛毛雨」式的歌劇一比，你就會看見，這門藝術在面向群衆之後猛晉到了怎樣一個新階級。這是眞正的中國人民的歌劇了，儘管它有很多的缺點。你說過：流淚是最大的快樂，看白毛女歌劇，延安沒有人不流淚的，僅僅楊白勞買回幾寸紅絨繩，做女兒過年的唯一裝飾品，這件事就夠叫我流淚，雖然我看見過戰場上那麼多死屍。這本歌劇現在在各解放區風行一時，在上海的大概會變成禁書的。
　　　　〔註 217〕

在陸定一看來，《白毛女》雖然採取了秧歌的形式，但卻是「整風」的高級產品──歌劇。郭沫若在回信中坦誠了自己的感受，《白毛女》「故事很動人」，「但作爲一個讀物來讀，卻並沒如所期待的那麼大的力量」〔註 218〕。他進而發揮了他對解放區作品的「素材」觀，認爲「這固然是目前不可多得的新型作品，單是故事記錄下來已經是很有價值的，解放區裏面所產生的許多可歌可泣的新故事、新人物實在是應該獎勵使用筆桿的人用各種各式的形式把它

〔註 217〕L：《塞外來鴻》，《文匯報》，1946 年 8 月 16 日，第七版。
〔註 218〕郭沫若：《致陸定一》，載《談解放區文藝創作》，《群衆》第 12 卷第 4、5 期，1946 年 8 月 24 日。

們記錄下來，這是民族的至寶，新世紀的新神話，一時或許還不會產生永垂百代的著作，但把材料蓄積在那兒，在若干年後一定會有那樣的作品出現的」〔註219〕。較之陸定一視其爲「眞正的中國人民的歌劇」，郭沫若僅從「材料蓄積」的角度予以肯定，可見二人的評價相差之大，郭沫若理想中的作品還是「永垂百代」的經典，因此，他也不自覺地流露出了一種居高臨下的點評姿態。無論是解放區趙樹理、孔厥等人的小說，還是歌劇《白毛女》，都是以備「將來結成巨製」的「素材」，是尚難納入「經」典序列的「權」。

次年郭沫若爲《白毛女》寫了序言，在序言中他再次感慨因無現場觀賞經驗，故無法領略其歌舞魅力的遺憾，不過，僅從劇本的角度，它「已經是一件富於教育意義的力作了」〔註220〕。他再次回到「民族形式」的視野，認爲「這是在戲劇方面的新的民族形式的嘗試，嘗試得確是相當成功」〔註221〕。與之前參與民族形式論爭時，爲新文學傳統的辯護不同，郭沫若此時看重的，正是《白毛女》對新文學傳統的突破，「把五四以來的那種知識分子的孤芳自賞的作風完全洗刷乾淨了」，並將其與「民間形式」作了區分。與他對趙樹理小說的評價一樣，強調的都是作品本身的形式創新：「雖然和舊有的民間形式更有血肉的關係，但也沒有固步自封，而是從新的種子——人民的情緒——中自由地迸發出來的新的成長」〔註222〕。對《白毛女》的形式創新與政治寓意有了「瞭解之同情」。

當郭沫若離開上海到達香港後，他無法觀看《白毛女》演出的缺憾得到彌補。香港1948年曾一度掀起解放區文學熱，該年5月，《白毛女》在九龍普慶戲院演出，引起了當時文化人觀看、評述《白毛女》的熱潮。郭沫若也爲此寫了《悲劇的解放——爲〈白毛女〉演出而作》。在郭沫若看來，該劇從形式上是一齣「典型悲劇」，但它的意義在於，這齣「封建社會裏的典型悲劇」，結局轉化爲了喜劇，但它的轉化並不是如舊劇中的孟麗君，或「女扮男妝中狀元名揚天下，得到一個虛構的滿足」，「而是封建社會本身遭了揚棄」，由這種社會制度產生的悲劇也就得到了解放〔註223〕。也就是說，《白毛女》從悲劇

〔註219〕郭沫若：《致陸定一》，載《談解放區文藝創作》，《群眾》第12卷第4、5期，1946年8月24日。

〔註220〕郭沫若：《序白毛女》，《文萃》周刊，第2年第21期，1947年2月。

〔註221〕郭沫若：《序白毛女》。

〔註222〕郭沫若：《序白毛女》。

〔註223〕郭沫若：《悲劇的解放——爲〈白毛女〉演出而作》，《華商報》，1948年5月23日，第三版。

轉化爲喜劇，不僅僅是文學形式，而是說這種形式上的變化與社會形態的變化，有著內在的同構性。這裡我們可以回到郭沫若對戰國時代的基本判斷，在他看來，戰國時代是一個「悲劇時代」，因爲戰國處於變革時代，但它是從奴隸社會變爲封建社會，是從一個枷鎖轉到了另一個枷鎖。郭沫若也將他所處的時代，視爲一個「過渡」時代〔註224〕。但四十年代的「過渡」與戰國不同，它不再是悲劇性的，而是面向社會主義歷史遠景的「悲劇的解放」。正是從「解放」的形式入手，郭沫若發掘了《白毛女》的意義，從而眞正理解了陸定一「人民的大翻身」這一說法。

郭沫若對《白毛女》的評價，是一個逐漸拔高的過程。如果對照這個時段的政治事件，可以發現，夾雜在這些不同評價之間的，是中共軍事逐漸往南推進的過程。當「天地玄黃」逐漸轉化爲純粹的紅色，郭沫若原有的美學觀念，也逐漸讓位於毛澤東文藝體系。而他對《白毛女》的評價，又可看作他四十年代對毛文藝態度的歷史縮影。他早期以「權」評價毛澤東的文藝觀，此時則以「權」爲「經」。雖然從個人的角度來看，郭沫若的文藝觀在面對以《講話》爲代表的毛澤東文藝體系時，是處於一個節節敗退的過程；但從毛澤東文藝體系的建構、推廣的過程來看，郭沫若又發揮著極爲關鍵的作用，這不僅在於他對延安文藝政策的品鑒，適時地賦予毛文藝體系以現代的審美品格，還在於他自覺承擔了介紹、傳播解放區文藝的職責，並自覺應用毛澤東文藝思想對國統區的文藝進行清算。如1948年他不僅給予《白毛女》以高度肯定，而且還寫了《斥反動文藝》，對朱光潛、沈從文等不同色彩的文藝作了嚴厲批判〔註225〕，通過對意識形態領域的清剿，有效配合了中共在軍事與政治領域的推進。因而，郭沫若對於「建國」，便不僅是作爲新「政協」的成員參與了這一進程，還從意識形態批判的角度，參與了中共政權的建立。

餘論 國統區的「罪與罰」

1949年的歷史之變確立了文壇新的格局，雖然郭沫若、茅盾這些國統區的左翼名作家身居高位，但文藝的指導思想卻是解放區的毛澤東文藝。在第一屆文代會上，郭沫若將「五四以來的新文藝」，根據毛澤東的「新民主主義

〔註224〕郭沫若：《當前文藝的諸問題》，《文藝生活》（海外版），第1期，1948年2月。此處引自《郭沫若佚文集》下，第211頁。

〔註225〕郭沫若：《斥反動文藝》，載《文藝的新方向》（《大眾文藝叢刊》第一輯），1948年3月1日。

論」，解釋爲「無產階級領導的人民大眾反帝反封建的新民主主義的文藝」〔註226〕。毛文藝的統一口徑，也就對國統區的作家提出了進一步調適、乃至自我批判和改造的要求。茅盾在第一屆文代會上，做了「十年來國統區革命文藝運動報告」，這個經由小組討論的報告，既是對大後方文學的全面梳理，也可說是國統區作家的一次自我檢討。他們雖然強調了國統區與解放區環境的不同，但批判標準實際上還是毛澤東文藝。在他們看來，「一九四三年公佈的毛澤東的《文藝講話》，本來也該是國統區的文藝理論思想上的指導原則」，這不僅是因爲《講話》所針對的問題，「在國民黨統治區內的文學藝術界中也是一直存在著」〔註227〕，更主要的是「國統區的進步作家們大多數是小資產階級知識分子」，「屬於壓迫階級」〔註228〕。但問題是國統區學習《講話》並不深入，「尤其缺乏根據《文藝講話》中的精神進行具體的反省與檢討」〔註229〕。對國統區作家的偏頗，他們重點批判了文藝中的「主觀」問題，這實際上針對的是提倡「主觀戰鬥精神」的胡風，以及強調「生命力」的陳家康、喬冠華等黨內「才子」集團。茅盾報告中的這種批判姿態，是建國後國統區知識分子所必然面對的歷史困境。在以解放區的文藝路線爲標準的時代，他們天然地帶有某種「原罪」，要在日後的運動中一次次接受批判以贖罪〔註230〕。郭沫若也不例外，他雖不再參與具體的文藝工作，但「評儒批法」運動，所針對的正是他抗戰時期所持的儒法觀。

在這種大一統的文藝政策下，作家有的轉向，有的停筆。還值得一提的是，郭沫若對毛澤東文藝的學習，似乎始終只得其意，而無具體實踐。轉變的困難，在抗戰結束之際，他就已經體察到了。在《讀了〈李家莊的變遷〉》

〔註226〕郭沫若：《爲建設新中國的人民文藝而奮鬥——在中華全國文學藝術工作者代表大會上的總報告》，《人民日報》，1949年7月4日。

〔註227〕茅盾：《在反動派壓迫下鬥爭和發展的革命文藝——十年來國統區革命文藝運動報告提綱》，《中華全國文學藝術工作者代表大會紀念文集》，新華書店，1950年，第57頁。

〔註228〕茅盾：《在反動派壓迫下鬥爭和發展的革命文藝——十年來國統區革命文藝運動報告提綱》，《中華全國文學藝術工作者代表大會紀念文集》，第54頁。

〔註229〕茅盾：《在反動派壓迫下鬥爭和發展的革命文藝——十年來國統區革命文藝運動報告提綱》，《中華全國文學藝術工作者代表大會紀念文集》，第57～58頁。

〔註230〕國統區知識分子的原罪，從整風運動就開始了，當時川籍黨員是受整風影響最大的（參考韋君宜：《思痛錄》，北京：北京十月文藝出版社，1998年）；另外，國統區知識分子建國後的遭遇，也不僅是地域問題這麼簡單，如胡風問題很大程度就是因爲革命思想和革命道路的分歧（參考解志熙：《文學史的「詩與真」》，北京：北京大學出版社，2013年）。

中，他發現了自己的某種「文人習氣」或「積習」：「我自己痛感著文人的習氣實在不容易化除，知行確實不容易合一」〔註231〕。抗戰結束前後，人民話語逐漸成爲郭沫若等左翼作家筆下的常見詞彙，但他在給《老百姓》所寫的一篇文章中，不僅語言晦澀，而且充滿了專業詞彙，編輯在委婉提示「『老百姓』未必都看得懂」之後，不得不用三倍的篇幅予以解釋〔註232〕，這實在是件頗富諷刺意味的事。可見郭沫若對毛文藝的接受，很大程度上只是話語的轉換。他對此也有自覺：「一切爲了人民。這個觀點雖然比較容易獲得，但要使這觀點形象化，把自己的認識移諸實踐，實在不是一件容易的事。就拿我自己來說，雖然很知道文藝應該爲人民服務，我們早就呼喊著人民文藝的創造，但積習難除，一拿起筆來，總是要忸怩作態的」〔註233〕。雖然彼時身處上海的他，還能將原因歸於環境，但建國後他的文士氣卻只增不減。不過有一點他與毛澤東從一開始就是一致的，這就是文藝要爲政治服務，或許，這才是《講話》的「權」，也是《講話》的「經」。

〔註231〕郭沫若：《讀了〈李家莊的變遷〉》，《北方雜誌》，第1、2期，1946年9月。
〔註232〕郭沫若：《合力作用》，《老百姓》創刊號，1946年6月。
〔註233〕郭沫若：《序白毛女》，《文萃》周刊，第2年第21期，1947年2月。

餘 論

　　因為郭沫若與政黨政治的密切關係，如何評價其抗戰期間的作為，直到現在依舊顯得有些尷尬。從共產黨或左翼知識分子的視角，他隸屬於國統區，這就從戰略格局上決定了他鬥爭的對象是蔣介石政府；而從國民黨或臺灣的視角來看，郭沫若的「叛變」也讓他的功過都不值一提，因而有很長一段時間，臺灣學界對郭沫若的評價都未能擺脫冷戰思維的格局〔註1〕。不過，郭沫若任第三廳廳長期間的機要秘書孫陵，對郭沫若的評價卻顯得較為獨特。郭沫若主持的第三廳，主任秘書陽翰笙是周恩來所安排，而機要秘書則是他自己挑選的。孫陵是東北人，曾參與反偽滿活動。逃離東北之後，在上海開辦北雁出版社，因沈起予的介紹曾出版過郭沫若的《北伐途次》。據孫陵回憶，當郭沫若得知孫陵等人「是從東北逃出來的『反滿』青年」時，尚在日本的他，「很激動地寫信給沈起予」，要他多多幫助這些年青人。因為這個機緣，郭沫若逃歸上海後，與孫陵也有所來往。孫陵曾發起「投筆從軍」運動，郭沫若便是第一個簽名的，他不僅簽名，還主動跟軍界故舊如張發奎等人聯繫，而非如一般文化人那樣只是表態而已。政治部的成立，使投筆從軍從設想變成現實，郭沫若便邀請孫陵任他的機要秘書。

　　抗戰後期，孫陵轉向了國民黨，之後也去了臺灣，成了一個堅定的反共主義者。因此，他對左翼作家均無好感，尤其是郭沫若「可憎與可恥」的「背叛」，在他看來更是無法原諒的行為。不過，即便如此，作為一個親歷者，他

〔註 1〕 關於臺灣的郭沫若研究詳情，可參考李怡：《隔岸的觀看——臺灣郭沫若研究一瞥》，載《中國社會科學論壇文集‧郭沫若與文化中國》，北京：中國社會科學出版社，2013 年，第 66～76 頁。

也不得不對郭沫若抗戰初期的熱情持肯定態度。「郭沫若後來固然是背叛了！但他抗戰之後的這一種慷慨激昂的民族精神，無需抹煞」〔註2〕。在他看來：

> 郭沫若這時底抗日精神確實是慷慨激昂的，這從他別婦拋雛的事實，已充分表現出來。我當時對他這種精神，眞是佩服。因爲我見到有些口談抗日的先生，做起事來總是文縐縐的，不考慮好了個人底利益，他們是很少行動的。至於要他們貢獻犧牲，甚至犧牲一切，那就更不要談了。〔註3〕

> 郭沫若極有才氣，感性豐富，讀書很多，絕不是一位生性兇惡的人物，也不是一位陰險的人物。在新文藝運動的初期，自有開創風氣的功績；抗戰初期，他的慷慨激昂的戰鬥精神，對於抗敵情緒當然也有所鼓舞。武漢時代的第三廳，對抗戰宣傳做得轟轟烈烈，直到今天，還常爲當時的過來人所樂道。〔註4〕

就當事人對郭沫若的回憶來說，這種超越國共黨派視野者並不多見。這也表明，如果沒有後來的國共之爭，「抗戰時期的郭沫若」，歷史敘述可能比現有的要豐富和精彩得多。或者說，國統區左翼知識分子抗戰建國的歷史面貌，應該更爲清晰一些。

在抗戰開始之前，左翼知識分子就面臨著「民族」與「世界」的矛盾，也就是抗戰的民族主義，與無產階級革命的世界主義之間選擇，「國防文學」論爭是這一矛盾的直接體現。郭沫若選擇了「國防文學」，但這不是無條件的，他並沒有放棄革命的信念。他在強調救亡的同時，也聲稱「我們也並沒有放棄我們更高級的意識和更遠大的目標」。「我們在強調救亡，強調愛國的軍號中，同時是要吹奏我們的意識和目標的。我們要使人知道：凡是在反帝的人才是眞正愛國的人，凡是眞正愛國的人只有走上反帝的道路。這反帝的路是救中國的路，而同時也就是救世界的路」〔註5〕。在他的邏輯中，民族獨立與自決本來就是世界革命的題中之意，並不必如胡風等人那樣要在革命與救亡之間強分軒輕。郭沫若的民族激情，也確實應了霍布斯鮑姆的話，「史實證明，

〔註2〕 孫陵：《我熟識的三十年代作家》，臺北：成文出版社有限公司，1980 年，第89 頁。
〔註3〕 孫陵：《我熟識的三十年代作家》，第 99 頁。
〔註4〕 孫陵：《我熟識的三十年代作家》，第 121 頁。
〔註5〕 郭沫若：《我的自述》，載郭沫若輯《國防文學集談》，《質文》第 2 卷第 1 期，1936 年 10 月。

以社會革命爲訴求的運動，最後反而成爲帶領民衆投入民族運動的急先鋒」〔註
6〕。但聯繫到二十年代中期他與國家主義者的論爭，他此時的「國防文學」
立場還是頗有意味的。

　　國家主義與民族主義，只是 Nationalism 的不同翻譯而已。二十年代中期，
郭沫若因轉向馬克思主義，而與信奉國家主義的青年黨展開過一次論爭。同
時批判青年黨的還有共青團，也正是因爲這次論戰，郭沫若才爲瞿秋白等共
產黨人注意，並由瞿引薦到廣州革命政府，繼而參與此後的革命活動。而在
抗戰時期的民族主義思潮下，郭沫若卻轉而支持「國防文學」，這個帶有明顯
國家主義或民族主義的口號。雖然他將救亡納入到了革命的議題之內，並自
覺地與國家主義作了區分，但實質上是民族主義思想佔了上風。可以說，這
是其權變思想的先聲，革命之經要從救亡之權。可見，郭沫若等左翼知識分
子轉向救亡，也有其內在的思想矛盾。而從更廣闊的視野著眼，「二戰」不僅
終結了紅色三十年代的革命理想，而且改變了革命的走向。羅曼・羅蘭之所
以訪蘇，原因之一便是蘇聯與法國的結盟，引起了西方左翼知識分子的幻滅。
而他訪蘇歸途，還發現了一個細節，足以說明這個轉變的必然：

　　　　在邊界處，我看見了那座木製拱門，上面書寫的標語已改過三
　　次了。最早寫的是：「蘇維埃政權（或共產主義）是沒有國界的。」
　　後來改爲：「全世界無產者聯合起來！」現在則只寫著：「向西方的
　　工人們致敬！」這眞是共產主義「辯證法」的最佳實例。但誠實的
　　卡申路過這裡時還會禁不住熱淚盈眶，以爲他看到的總是第二條標
　　語，其實它早已不存在了。〔註7〕

當知識分子還在爲世界革命的歷史前景激動不已時，蘇聯已給工人分了國
界，革命輸出也成了國家的戰略。1943 年共產國際的最終解散，是革命從經
到權轉化的完成，而不是開始。這種轉變，對於中國的革命與左翼知識分子
來說，是具有歷史意義的。

　　如果從經權的角度著眼，郭沫若戰時的言行很大部分都只能歸入「權」
的行列。如舊體詩詞的寫作、學術研究、話劇創作等莫不如此。他將毛澤東
所提出的「民族形式」歸於權宜之計，舊體詩詞這一民族形式也理應屬於權
的範圍；對於學術研究，他也認爲「事實上是聊勝於無的事」，「假如有更多

────────────

〔註 6〕霍布斯鮑姆：《民族與民族主義》，李金梅譯，上海：上海人民出版社，2000
　　　　年，第 147 頁。
〔註 7〕羅曼・羅蘭：《莫斯科日記》，第 149～150 頁。

的實際工作給我做，我倒也不甘心做一箇舊書本子裏面的蠹魚」〔註8〕。然而，正是這些看似與革命無關的經歷，讓郭沫若有機會與其它陣營的知識分子交流，或回到傳統去尋找文化、政治資源，這使他對中國問題的思考，開始切中現實利弊。如他對儒家所作的人道主義解讀，既是爲建國問題建言獻策，但對於抗戰時期的社會現狀也不無針對性。雖然這也是「文藝復興」的方式，但與「五四」時期略有不同，抗戰時期他談問題的方式更切近現實，是從傳統尋找解決時代問題的方法。也就是說，抗戰激活了現代知識分子的民族主體性。對於左翼知識分子來說尤其如此，救亡爲革命賦予了主體內涵。隨著民族主義的興起，使此前共產國際主導下的世界各國的革命，轉變爲各國內部各階層廣泛參與的救亡運動，從而使知識分子思考問題的出發點，落在了本土的現實基礎之上。而毛澤東之所以提倡具有「中國作風與中國氣派」的「民族形式」，所要處理的正是世界與民族的內在關係問題。正如他所強調的，「馬克思主義必須通過民族形式才能實現」〔註9〕。而左翼知識分子對「民族形式」廣泛回應，尤其是郭沫若對它的評價，態度從權到經的轉變，顯示了知識分子本土化的歷史過程，或者是對中國化的認同。從這個角度來看，抗戰時期的郭沫若，雖然一度轉向民族主義，但仍不失爲一個革命者。

郭沫若的革命思想，其核心是黑格爾、馬克思的發展史觀。黑格爾在《歷史哲學》中，提出了「世界精神」與「世界歷史」等概念，他認爲較之自然界周而復始的循環變化，人類歷史則是發展的精神世界，有其自身的使命和目的，是一個由理性所決定的發展過程〔註10〕。從而賦予了歷史以理性向度和目的意義。對此，阿倫特從西方革命史的角度，指出了黑格爾的源流及其影響：「法國大革命意義最爲深遠的後果，就是黑格爾哲學中的現代歷史概念的誕生」，其結果是「必然性取代自由成爲政治和革命思想的中心範疇」〔註11〕。阿倫特雖對此持批判態度，但她對「革命」演變的勾勒還是頗有啓發性。郭沫若對黑格爾並不陌生，德國古典哲學著作是他留學期間學習德語的讀本，而他在與宗白華等人通信中也多次提及此人。而對他影響更大的，是馬

〔註8〕 郭沫若：《我怎樣寫〈青銅時代〉和〈十批判書〉》，《民主與科學》，第1卷第5、6期合刊。

〔註9〕 毛澤東：《論新階段》，《解放》第57期。

〔註10〕 黑格爾：《歷史哲學》，王造時譯，上海：上海書店出版社，2006年，第49～50頁。

〔註11〕 阿倫特：《論革命》，陳周旺譯，南京：譯林出版社，2011年，第40、41頁。

克思的唯物史觀。尤其是馬克思基於社會性質所作的歷史分期，是他歷史研究的主要框架。更爲關鍵的是，郭沫若是從浪漫主義文學轉向革命的，浪漫主義的有機體觀念、宇宙的目的論等，都從精神和觀念的層面強化了黑格爾與馬克思主義的歷史精神。郭沫若自稱是一個有「歷史癖」的人，無論是他的歷史劇、歷史研究，還是考古研究等，都不脫離黑格爾──馬克思式的歷史精神。如他的史學與史劇觀都與歷史精神相關：「史學家是發掘歷史的精神，史劇家是發展歷史的精神」〔註12〕。

　　與其它新文化人不同，除了西方的傳統，郭沫若也借鑒了傳統的儒家革命思想。因爲郭沫若自始至終都認可孔子，他的革命思想也帶有湯、武革命「順乎天應乎人」的一面。但他將馬克思的革命論與孔子思想作了調和。正如《馬克斯進文廟》這篇小說所顯示的，他尋找到了二者間的諸多共性，將共產主義與大同理想、無產階級與民本思想等作了對接，並以馬克思主義的歷史精神，改造傳統革命「易姓」循環史觀。他的這種做法當時遭到了不少批評，但也顯示了他革命思想的特殊性。抗戰時期，隨著他對諸子學的重新梳理，這種融合變得更爲深化。如他將孔子的思想重新詮釋爲人道主義，便是基於馬克思主義式的革命史觀，將春秋戰國時代定性爲從奴隸社會到封建社會的轉折時代，「仁」的概念的提出，正是因應著人民從奴隸到人地位的變化，因而是「進步」的；但儒家人道主義的說法，也對馬克思式的革命觀進行了改造，畢竟「人道主義」所涵括的範圍，要比階級革命廣泛得多。

　　從他的歷史觀來看，抗戰時期郭沫若雖有著各種不同的文化或政治身份，但對革命卻未曾背離。究其實際也是如此。抗戰將興，他急遽地轉向國防文學，從早期馬克思主義與國家主義的論爭來看，這無疑是背離革命，但對於郭沫若來說，這不僅是革命在民族形式上的具體化，而反帝本身也是革命的題中之意。「七七」事變之後，戰爭激發了他早期的革命浪漫情懷，不僅將戰爭視爲民族新生的契機，而且將浪漫主義帶入了具體的歷史現場，作爲動員民眾的方法，從而使浪漫從文學場域的情感消費，轉化爲了社會動員的力量，成爲左翼革命的主要方法之一。戰爭進入相持階段，郭沫若再次轉向文學創作與學術研究，但對他來說，歷史研究固然是爲革命尋找方法與經驗，話劇創作也成爲對歷史精神的發掘與張揚。詩詞唱和這種傳統文人的交遊方式，雖不必勉強將其與革命扭結在一起，但對於郭沫若來說，廣泛參與革命

〔註12〕郭沫若：《歷史・史劇・現實》，《戲劇月刊》，第 1 卷第 4 期，1943 年 4 月。

耆舊的唱和、與第三勢力的交往等行為，既是日常社交行為，也是他參與民主運動的方式。傳統士大夫式的文化政治，也為我們理解郭沫若的詩人革命家身份，提供了另一重視野。而實際上，自抗戰進入相持階段，隨著國共之爭的漸趨激化，革命問題便再度超越民族主義而浮出水面，只是在國統區以「統戰」、「民主運動」、「文化運動」等具體形式出現而已。而較之部分知識分子的明哲保身或動搖不定，郭沫若在抗戰後期的雜文，多直陳利弊，對當局有激烈的批評，不失知識分子的批判精神，較之革命口號，這種批判或許才是革命精神的體現。因此，無論是寫詩、從政、詩詞唱和、戲劇創作還是學術研究，郭沫若在充分發揮他的各項能力時，並未外在於革命之經。

　　這種獨特的經與權，是他與其它文化人或革命者的不同處。如果借用狐狸與刺蝟這兩種知識分子類型來看郭沫若，我們可以說，他看起來像狐狸，但實際上卻是刺蝟。也就是說，他看起來在「追逐許多目的」，「而諸目的往往互無關連，甚至經常彼此矛盾，縱使有所關聯，亦屬於由某心理原因而做的『事實』層面的聯繫，非關道德或美學原則」；但實際卻並非如此，而是需要「將一切歸納於某個單一、普遍、具有統攝組織作用的原則」，「必惟本此原則」，他的人、言論和行動「才有意義」〔註13〕。對於郭沫若來說，浪漫主義的詩化人格，是他多變的一面，而革命或歷史精神則是他的統攝原則。也就是說，他身份上的改變，正是為了因應時代問題而作出的自我調整，是為了更為有效地介入現實所採取的鬥爭策略。如皖南事變之後，國民政府一度收縮輿論口徑，郭沫若則轉而從事諸子學研究，以古典新詮的方式，支持新的民主活動與革命運動。因此，詩人革命家的身份，為郭沫若提供了切入現實問題的方式，他的詩人、學者、劇作家等不同身份，均可視為詩人革命家在回應時代問題時的具體形態，從而使他能與社會、文化、政治等取得有機關聯。這種個人與社會的有機性，深化了他「五四」以來的浪漫主體。正如他在《浮士德》第二部譯後記中所說的，「正如像在第一部中對於當時德國的『暴颮突擊運動』得到共鳴的一樣，我在第二部中又在這蛻變艱難上得到共感了」〔註14〕。著眼點從浪漫主義的「狂飆運動」到社會變革問題，郭沫若共感的不同點，表明了他從社會表面進入深層的變化。

〔註13〕以賽亞・伯林：《俄國思想家》，彭淮棟譯，南京：譯林出版社，2011 年，第 25 頁。

〔註14〕郭沫若：《中國的浮士德不會死——〈浮士德〉第二部譯後記》，《文叢》，1947 年第 2 卷第 29 期。

　　但這種變化對於郭沫若自身來說，並不意味著身份的斷裂，而是一種完成。正如他對《浮士德》的總體評價是「一個靈魂的發展史，或一個時代精神的發展史」〔註15〕，浮士德的各種身份，並不是分散的，而是人格發展的途徑，是內在相關的。因而，在他看來，社會功業是人格發展的完成，而不是新增了一種形態。抗戰後他曾明白指出這一點：

　　　　本來我的生活相當複雜，我有時是幹文藝，有時是搞研究，有時也在過問政治。有些生活好像是分裂的，但也有它們的關聯，它們事實上是一個有機體的各種官能。〔註16〕

這種自我不斷完善的進取精神，與浮士德精神內在一致。同時也深合士大夫「修齊治平」的人格理想。而就他的經歷和成就來看，也與傳統士大夫並無二致。他專業為醫學，反以文學成名，轉而與身革命，後對甲骨、金石的研究又使他躋身學人之林，並於1947年底入選國民政府首屆中央研究院院士，建國後則步入政界。在政治與學術方面均有所成，而他抗戰後期的歷史研究，也是在重新塑造革命的道統。因而，郭沫若也可說是一個現代的革命士大夫。較之辛亥一代的革命士大夫不同，他的革命重心不是種族革命，而是有著共產主義遠景的無產階級革命，這也是他與柳亞子等人的區別。不過，士大夫的治平理想往往需要借助於君王之勢才能實現，而現代則只能依託於政黨，這也是郭沫若積極參與政黨政治的原因。而他與中共之間，也不是單方面的利用或投靠問題，而是一種相互為用的關係。中共要借助於他的資歷和人望，並試圖將他塑造為革命政權的道統，而郭沫若也需要借助於政黨之「勢」，實現他的功業抱負或革命理想。從這個角度，或許我們可以更為清晰地認識到他與毛澤東之間的關係。抗戰時期，郭沫若等知識分子的言議，尚具有維繫道統的能力，因而他與毛澤東的交往也處於師友之間；但現代是一個傳統崩壞的時代，隨著中共自身道統的確立，功業之念難泯的郭沫若，便只能事之以「妾婦之道」（孟子語）了。

　　雖然郭沫若在解讀《浮士德》時，將重點從浪漫主義轉向了社會變革，而士大夫身份的復歸，似乎意味著他背離了早期新文化的傳統。事實卻並非如此，毋寧說這是抗戰時期與「五四」新文化傳統的對話。作為一個文化人，

〔註15〕郭沫若：《〈浮士德〉簡論》，《中國作家》創刊號，1947年10月1日。
〔註16〕郭沫若：《我怎樣開始了文藝生活》，《文藝生活》海外版，第6期。此處引自
　　　　《迎接新中國──郭沫若在香港戰鬥時期的佚文》，復旦學報（社會科學版）
　　　　編輯部出版，第139頁。

表達方式始終是需要關注的重點。郭沫若抗戰時期身份的轉變，幾乎也都伴隨著表達方式的變化。如他在動員民眾時的演說，既與他此時主持宣傳工作的公眾形象有關，繼承的也是新文化人啓蒙、動員的傳統。但值得留意的是，演說所包含的啓蒙姿態、訓喻口吻等特性，也爲政治所收編，成爲現代國家統治和民眾動員的方式。而對於郭沫若來說，主要問題更在於應抗戰而興的戰爭浪漫主義。從文學與革命的關係來看，「五四」新青年便發現了文學尤其是浪漫主義所內涵的革命性，如情感的力量、主體的自我擴張，以及生理學視角的神經質等，都爲文學青年轉化爲政治青年提供了可能。郭沫若也正是借助於浪漫主義的這種情感和身份機制，轉向了革命實踐。從某種意義上說，郭沫若雖然經歷了逃亡時期的沉潛，但他轉向抗戰實踐及其後的文化政治運動，依舊是這種機制的延續。無論是對戰爭的浪漫想像、對「抗戰建國」的烏托邦設想，還是「抗戰加戀愛」的表達模式，等等，都表明了浪漫主義觀念的運作方式。而郭沫若所要面對的問題在於，如何將這種浪漫主義的熱情，轉化爲具體的抗戰實踐。大革命後期，他在提倡革命文學時，曾一度否認早期的浪漫主義，但實際上正如他後來承認的，唯有浪漫才去革命。也就是說，浪漫主義的情感模式，不僅可以爲社會動員提供支持，更爲重要的是，浪漫的情感結構也是革命主體再生產的方式。但浪漫主義影響於郭沫若抗戰生涯的，還不止於這些。浪漫主義以情感動員爲主的革命方法，也內在地制約了他的革命道路。雖然革命文學論爭期間，後期創造社便針對這種社會動員的不足，提出了意識形態批判的方法。郭沫若雖受其影響，但從他抗戰時期的動員方式來看，他依舊堅持的是情感動員的方法。浪漫主義對他革命道路的內在影響，不僅表明他詩人與革命家的內在關聯，一定程度上也決定了他在話劇創作、學術研究乃至民主運動的方法與立場。當然，情感政治學的視野並非郭沫若所特有，但在他身上無疑體現得最爲明顯。雖然從某種程度上說，魯迅和毛澤東也可說是詩人革命家，但魯迅思想上的複雜性，讓他對情感的破壞作用充滿疑慮；毛澤東的方式，或許稱爲政治情感學更爲恰當，情感的運作對他來說，更多地是政治家的鬥爭方式，而不是本源性的。而郭沫若的政治主體不僅來源於浪漫主義的文學機制，抗戰時期他也發揮了情感政治的創造性，如「由情以達意」的動員機制，以及「情感教育劇」的文化政治實踐的新形式。然而，情感政治雖是郭沫若革命道路的獨特性，但這也使他相對忽略了思想啓蒙的意義，而他對浪漫英雄主義的積極認同，也使他對群體暴力和集權主義缺乏必要的警惕，這是值得我們省思的。

　　除了人物自身歷史的內在對話以外，抗戰時期郭沫若的文學創作與社會實踐，也讓我們突破了新文學的研究視野和問題框架。戰時新文人的舊體詩詞寫作，已成爲一種文化現象，此外，歷史劇創作也是如此。這些現象除了要求一種更爲開闊的文學史觀外，更爲重要的是讓我們思考新舊文學之間，在四十年代所展開的新的對話。四十年代獨特的歷史語境，爲新舊形式的融合提供了歷史契機。除了這種學術性的反思與對話外，抗戰時期的郭沫若，也帶給我們一些現實的啓示。身處消費時代，如何打開郭沫若這個革命者的歷史遺產，本來就是一個問題。尤其是在缺乏新的歷史遠景與敘事動力的當代，在整體性視野缺失、「一切都煙消雲散」的時代，郭沫若這樣的人物，及其與歷史的密切關係，首先帶給我們的是理解上的難度，其次才是如何對話的問題。

　　然而，我們之所以重新回到抗戰時期的郭沫若，將他彼時各種身份、表達與時代問題加以考察，並非是要爲這個時代增加一個分裂的歷史主體，或一堆難以拾掇的歷史碎片，相反，我們試圖將郭沫若的每一種身份，他的每一種表達，都視爲一種切入社會與時代問題的方式，或歷史內部的一枚楔子，從整體上呈現一個與社會、歷史有著密切關聯的、有機的主體。這是本文的整體視野，也是我們回顧郭沫若的初衷，即爲了打撈這種歷史經驗——儘管它往往呈現出一種未完成的狀態，但他所開啓的可能性，如主體與歷史、文學與社會之間的互動關聯，都值得我們再度回顧。這也是處於「後革命」語境中的我們，重拾郭沫若的某種不得已的途徑。

參考文獻

（僅列正文直接引用者，按拼音字母排序）

基礎文獻

1. 《新華日報》《中央日報》《大公報》《申報》（滬版、漢口、重慶）《救亡日報》《解放日報》《掃蕩報》《益世報》《新民報》《新蜀報》《華商報》

2. 《大晚報》（1937 年 4 月～7 月）

3. 《時事新報》（1942 年 2 月 22 日）

4. 《星洲日報》（1940 年 4 月 19 日、20 日）

5. 《人民日報》（晉冀魯豫版），（1946 年 8 月 27 日、9 月 8 日）

6. 《人民日報》（1949 年 7 月 4 日）

7. 《文匯報》（1946 年 6 月 28、8 月 16 日）

8. 《和平日報・和平副刊》（1945 年 12 月 4 日、10 日、13 日、15 日）

9. 《群眾》《中原》《七月》《抗戰文藝》《民族詩壇》《民主與科學》《中國文化》《解放》《洪水》《質文》《綢繆》《東方雜誌》《中蘇文化》《說文月刊》《戲劇春秋》《創造周報》《創造月刊》《創造》「文藝季刊」

10. 《民主周刊》（第 38 期，1946 年 7 月）

11. 《獨立評論》（第 101～175 號）

12. 《宇宙風》（1936 年 7～1937 年 2 月）

13. 《思想與時代》（第 14 期，1942 年 9 月 1 日）

14. 《改進》（第 6 卷第 11 期，1943 年 1 月 1 日）

15. 《學藝》（第 2 卷第 10 號，1921 年 4 月 1 日；第 3 卷第 1 號，1921 年 5 月 30 日）

16. 《第三廳工作報告》，《郭沫若研究》第 4 輯，1988 年。

17. 《卷起狂濤的〈從蘇聯歸來〉》，《文摘》，1937 年第 1 卷第 4 期。

18. 《軍事委員會政治部第三廳二十七年九、十月份工作概況》，《郭沫若學刊》，2011 年第 3 期。

19. 《論赫爾的名言》，《商務日報》社論，1944 年 4 月 1 日。

20. 《羅曼‧羅蘭論紀德的蘇聯觀》，《華美晚報》，1937 年 3 月 17 日。

21. 《毛澤東詩詞》，北京：中央文獻出版社，1996 年。

22. 《全國精神總動員綱領》。

23. 《人民文學》編輯部 人民文學出版社編：《懷念敬愛的周總理》，北京：人民文學出版社，1977 年。

24. 《詩人節中談今日屈原》，《中立》，1946 年第 1 期。

25. 《中國國民黨抗戰建國綱領及臨時全國代表大會宣言》，上海：上海印書館，1938 年。

26. 《莊子集釋》，北京：中華書局，1961 年。

27. Andre Gide：《從蘇俄歸來》，袁承斌節譯，載《新北辰》第 3 卷第 3 期，1937 年。

28. 阿英：《李闖王》，無錫：蘇南新華書店，1949 年。

29. 安德烈‧紀德：《從蘇聯歸來》，林伊文譯，亞東圖書館，1937 年。

30. 巴人：《中國氣派與中國作風》，《文藝陣地》第 3 卷第 10 期，1939 年 9 月 1 日。

31. 抱樸：《赤俄遊記》，上海：北新書局，1926 年。

32. 編者：《人民的世紀》，《開明少年》，1945 年第 5 期；收入葉聖陶 郭紹虞等編：《開明新編國文讀本》，甲種本（上）。

33. 蔡儀主編：《中國抗日戰爭時期大後方文學書系‧第二編 理論‧論爭》第一集，重慶：重慶出版社，1989 年。

34. 曹谷冰：《蘇俄視察記》，天津大公報館出版社，1931 年。

35. 曹晉傑 朱步樓 陰署吾：《〈甲申三百年祭〉在鹽阜等老解放區的影響》，《郭沫若研究學會會刊》，第 2 集，1983 年 11 月。

36. 常任俠：《永念考古學家郭沫若先生》，《考古》，1982 年第 6 期。

37. 陳伯達：《腐敗哲學的沒落》（下），《讀書生活》第 4 卷第 2 期，1936 年 5 月 25 日。

38. 陳伯達：《腐敗哲學的沒落》，《讀書生活》第 4 卷第 1 期，1936 年 5 月 10 日。

39. 陳伯達：《關於文藝的民族形式問題雜記》，《文藝戰線》第 3 期，1939 年 4 月 16 日。

40. 陳伯達：《墨子的哲學思想》，《解放》週刊第 82 期，延安：延安解放社，1939 年 8 月。

41. 陳伯達：《墨子新論（一個偉大的原始唯物論者和原始辯證家）》，作者出版社，1943 年。

42. 陳伯達：《哲學的國防動員——新哲學者的自己批判和關於新啓蒙運動的建議》，《讀書生活》第 4 卷第 9 期，1946 年 9 月 10 日。

43. 陳禪心：《抗倭集》，福州：海峽文藝出版社，1986 年。

44. 陳誠：《陳誠先生書信集——與蔣中正先生來往函電》，臺北：國史館，2006 年。

45. 陳辭修：《第二期抗戰關於政訓工作之指示》，國民政府軍事委員會政治部編印。

46. 陳辭修部長：《關於政治部今後工作之討論與決議》，《戰時文化》第 2 卷第 1 期，1939 年 1 月 10 日。

47. 陳獨秀：《論戲劇》，《新小說》第 2 卷第 2 期，1905 年。

48. 陳獨秀：《文學革命論》，《新青年》第 2 卷第 6 號，1917 年 2 月 1 日。

49. 陳去病：《論戲劇之有益》，《二十世紀大舞臺》第 1 期，1904 年。

50. 陳寅恪作，陳美延 陳流求編：《陳寅恪詩集》，北京：清華大學出版社，1993 年。

51. 陳子谷：《中國「左聯」在東京的部分活動》，載《革命回憶錄》第 13 期，北京：人民出版社，1984 年。

52. 陳子鵠：《宇宙之歌》，東京：東流文藝社，文藝刊行社，1935 年。

53. 程千帆：《汪辟疆文集·後記》，《汪辟疆文集》，上海：上海古籍出版社，1988 年。

54. 程潛：《養復園詩集》，長沙：嶽麓書社，2012 年。

55. 丁三編：《抗戰中的郭沫若》，廣州：戰時出版社，1938 年。

56. 鼎堂：《甲申三百年祭》，《文史》復刊第 3 期，1945 年 7 月 28 日。

57. 馮友蘭：《三松堂自序》，北京：人民出版社，2008 年。

58. 傅抱石編：《明末民族藝人傳》，商務印書館，1938 年。

59. 傅斯年：《論編製劇本》，載胡適編《新文學大系·建設理論集》，上海：良友圖書印刷公司，1935 年。

60. 傅斯年：《夷夏東西說》，《國立中央研究院歷史語言研究所集刊外編》，1933 年。

61. 傅斯年：《中國歷史分期研究》，《新潮》第 1 卷第 2 號，1919 年 2 月 1 日。

62. 高爾基：《給青年作家》，綺雨譯，《譯文》第 2 卷第 1 期，1935 年。按，該文摘自《我的文學修業》。

63. 高爾基：《論文學》，戈寶權譯，北京，人民文學出版社，1978 年。

64. 高蘭：《回憶第一屆詩人節》，《新文學史料》，1983 年第 3 期。

65. 郭鼎堂：《先秦天道觀之進展》，上海：商務印書館，1936 年。

66. 郭沫若 蒲風：《與蒲風談作詩》，《現世界》創刊號，1936 年 8 月 16 日。

67. 郭沫若：《「無條件反射」解》，《文學月報》第 2 卷第 1、2 期合刊，1940 年 9 月 15 日。

68. 郭沫若：《〈浮士德〉簡論》，《中國作家》創刊號，1947 年 10 月 1 日。

69. 郭沫若：《〈高爾基〉序》，載《高爾基》，北門出版社，1945 年。

70. 郭沫若：《北上紀行》，《華北文藝》第 4 期，1949 年 5 月 1 日。

71. 郭沫若：《兵不管秀才》，《民主時代》，1946 年第 1 期。

72. 郭沫若：《潮汐集》，北京：作家出版社，1959 年。

73. 郭沫若：《斥反動文藝》，載《文藝的新方向》（《大眾文藝叢刊》第一輯），1948 年 3 月 1 日。

74. 郭沫若：《創造十年》，上海：現代書局，1932 年。

75. 郭沫若：《當前文藝的諸問題》，《文藝生活》（海外版）第 1 期，1948 年 2 月。

76. 郭沫若：《反正前後》，上海：現代書局，1929 年。

77. 郭沫若：《沸羹集》，大學出版社，1947 年。

78. 郭沫若：《告四川青年》，《四川月報》第 13 卷第 12 期，1938 年 7、8 月合刊。

79. 郭沫若：《關於李岩》，《清明》創刊號，1946 年。

80. 郭沫若：《歸去來》，上海：北新書局，1946 年。

81. 郭沫若：《郭沫若全集》文學編第 14 卷，北京：人民文學出版社，1992 年。

82. 郭沫若：《郭沫若全集》考古編第 10 卷，北京：科學出版社，2002 年。

83. 郭沫若：《郭沫若書法集》，成都：四川辭書出版社，1999 年。

84. 郭沫若：《郭沫若書簡九封》，《中國現代文學研究叢刊》，1986 年第 1 期。

85. 郭沫若：《國防·污池·煉獄》，《文學界》第 1 卷第 2 號，1936 年 7 月。

86. 郭沫若：《合力作用》，《老百姓》創刊號，1946 年 6 月。

87. 郭沫若：《轟炸中來去》，上海：上海文藝研究社，1937 年。

88. 郭沫若：《甲申三百年祭》，北平：野草出版社，1946 年。

89. 郭沫若：《借問胡適——由當前的文化動態說到儒家》，《中華公論》創刊號，1937 年 7 月 20 日。

90. 郭沫若：《今天創作的道路》，《創作月刊》第 1 卷第 1 期，1942 年 3 月。

91. 郭沫若：《今昔集》，重慶：東方書社，1943 年。

92. 郭沫若：《抗戰與文化》，《自由中國》第 1 卷第 3 期，1938 年 6 月。

93. 郭沫若：《孔雀膽》，群益出版社，1946 年。

94. 郭沫若：《浪漫主義和現實主義》，《紅旗》，1958 年第 3 期。

95. 郭沫若：《歷史‧史劇‧現實》，《戲劇月報》第 1 卷第 4 期，1943 年 4 月。

96. 郭沫若：《歷史人物》，上海：海燕出版社，1947 年。

97. 郭沫若：《論古代文學》，《學習生活》，1942 年第 4 期。

98. 郭沫若：《摩登堂吉珂德的一種手法》，《周報》第 46 期，1946 年 7 月。

99. 郭沫若：《沫若抗戰文存》，上海：明明書局，1938 年。

100. 郭沫若：《沫若文集》第十一卷，北京：人民文學出版社，1959 年。

101. 郭沫若：《女神》，上海：泰東圖書局，1921 年。

102. 郭沫若：《沁園春》，《客觀》周刊，1945 年第 8 期（1945 年 12 月 29 日）。

103. 郭沫若：《沁園春》，《新民報晚刊》，1945 年 12 月 11 日。

104. 郭沫若：《屈原》，上海：開明書店，1935 年。

105. 郭沫若：《屈原研究》，重慶：群益出版社，1943 年。

106. 郭沫若：《全面抗戰的再認識》，《抗戰半月刊》第 3 期，1937 年 11 月。

107. 郭沫若：《人民詩人屈原》，《人物雜誌》第 5、6 期合刊，1950 年。

108. 郭沫若：《人做詩與詩做人》，《半月文萃》第 1 卷第 11、12 期，1943 年 5 月 11 日。

109. 郭沫若：《詩歌的創作（續）》，《文學》第 2 卷第 4 期，1944 年 11 月。

110. 郭沫若：《十批判書》，上海：群藝出版社，1950 年。

111. 郭沫若：《豕蹄》，上海：不二書店，1936 年。

112. 郭沫若：《雙簧》，《東方文藝》（創作專號）第 1 卷第 3 期，1936 年 6 月 25 日。

113. 郭沫若：《蒐苗的檢閱》，《文學界》第 1 卷第 4 號，1936 年 9 月。

114. 郭沫若：《蘇聯紀行》，中外出版社，1946 年。

115. 郭沫若：《棠棣之花》，《時事新報‧學燈增刊》，1920 年 10 月 10 日。

116. 郭沫若：《天地玄黃》，大連：大眾書店，1948 年。

117. 郭沫若：《文藝論集》，上海：光華書局，1929 年。

118. 郭沫若：《我的歷史研究——序〈歷史人物〉》，《大學》第 6 卷第 3、4 期合刊，1947 年 8 月 20 日。

119. 郭沫若：《我的幼年》，上海：光華書局，1929 年。

120. 郭沫若：《向人民大眾學習》，《文哨》創刊號，1945 年 5 月。

121. 郭沫若：《序白毛女》，《文萃》周刊第 2 年第 21 期，1947 年 2 月。

122. 郭沫若：《序我的詩》，《中外春秋》，1944 年第 3、4 期。

123. 郭沫若：《迎接新中國——郭沫若在香港戰鬥時期的佚文》，復旦學報（社會科學版）編輯部出版。

124. 郭沫若：《由〈虎符〉說到悲劇精神》，《福建日報》，1951 年 8 月 4 日，第四版。

125. 郭沫若：《羽書集》，香港：孟夏書店，1941 年。

126. 郭沫若：《戰聲》，廣州：戰時出版社，1938 年。

127. 郭沫若：《戰時宣傳工作》，武漢：青年書店，1938 年。

128. 郭沫若：《戰士如何學習與創作》，《戰士月刊》創刊號，1943 年 3 月。

129. 郭沫若：《中國的浮士德不會死——〈浮士德〉第二部譯後記》，《文叢》，1947 年第 2 卷第 29 期。

130. 郭沫若：《中國古代社會研究》，上海：現代書局，1929 年。

131. 郭沫若：《中蘇文化之交流》，北京：三聯書店，1949 年。

132. 郭沫若等著：《抗戰將領訪問記》，戰時出版社，出版時間不詳（約為 1938 年）。

133. 郭沫若紀念館等編：《〈甲申三百年祭〉風雨六十年》，北京：人民出版社，2005 年。

134. 郭沫若講，高原記：《王安石》，《青年知識》第 1 卷第 3 起，1945 年。

135. 郭沫若先生講：《蘇聯工業現狀及其成功之關鍵》，《西南實業通訊》，第 12 卷第 1～2 期。

136. 何廉：《何廉回憶錄》，朱祐慈等譯，北京：中國文史出版社，1988 年。

137. 賀麟：《德國三大哲人處國難時之態度》，北平：大學出版社，1934 年。

138. 賀麟：《楊墨的新評價》，《建國導報》第 1 卷第 14 期，1944 年 12 月。

139. 侯外廬：《韌的追求》，北京：三聯書店，1985 年。

140. 侯外廬：《中國古典社會史論》，重慶：五十年代出版社，1943 年。

141. 胡風：《胡風全集》第 6、7、9 卷，武漢：湖北人民出版社，1999 年。

142. 胡風：《要普及也要提高》，《國民公論》第 1 卷第 3 號，1938 年 10 月 1 日。

143. 胡風：《再返重慶（之四）——抗戰回憶錄之十八》,《新文學史料》, 1989年第 3 期。

144. 胡喬木：《胡喬木回憶毛澤東》, 北京：人民出版社, 1994年。

145. 胡適：《胡適文集》第 1 集, 北京：北京大學出版社, 1998年。

146. 胡適：《說儒》,《歷史語言研究集刊》第四本第三分冊, 1934年。

147. 胡適：《談新詩——八年來一件大事》,《星期評論》「雙十節紀念專號」, 1919年 10 月 10 日。

148. 胡適：《文學改良芻議》,《新青年》第 2 卷第 5 號, 1917年 1 月 1 日。

149. 胡適：《吳虞文錄·序》, 載《吳虞文錄》, 上海：亞東圖書館, 1921年。

150. 胡愈之：《莫斯科印象記》, 上海：新生命書局, 1931年。

151. 黃慕蘭：《黃慕蘭回憶錄》, 北京：中國大百科全書出版社, 2012年。

152. 黃修己編：《趙樹理研究資料》, 太原：北嶽文藝出版社, 1985年。

153. 黃炎培：《黃炎培日記》第 5、7 卷, 北京：華文出版社, 2008年。

154. 黃炎培：《黃炎培詩集》, 北京：人民出版社, 2014年。

155. 黃炎培：《延安歸來》, 華中新華書店印, 1945年。

156. 黃忠模：《雷電的光輝》,《紅岩》, 1979年第 1 期。

157. 擊檝詞人：《九宮山》, 無錫：蘇南新華書店, 1949年。

158. 紀德：《紀德文集·遊記卷》, 由權 朱靜譯, 廣州：花城出版社, 2001年。

159. 賈誼：《弔屈原文一首並序》, 載《文選》, 北京：中華書局, 1977年。

160. 翦伯贊：《歷史哲學教程》, 生活書店, 1938年。

161. 江庸：《江庸詩選》, 北京：中央文獻出版社, 2001年。

162. 蔣光慈編：《俄羅斯文學》（上卷）, 上海：創造社出版部, 1927年。

163. 蔣驥：《山帶閣注楚辭·楚辭餘論卷（下）》。

164. 蔣中正：《中國之命運》, 重慶：正中書局, 1943年。

165. 教育部編：《戰後新中國》, 上海：中華書局, 1946年。

166. 金靜庵：《靜晤室日記》第 6、8 卷, 遼瀋書店, 1993年。

167. 孔另鏡編：《現代作家書簡》, 上海：生活書店, 1936年。

168. 老酸丁：《沁園春》其二,《合川日報》, 1945年 12 月 6 日。

169. 黎靖德編：《朱子語類》第 3 卷, 北京：中華書局, 1986年。

170. 黎澤濟：《桑榆剩墨》, 南昌：百花洲文藝出版社, 1999年。

171. 李初梨：《怎樣地建設革命文學》,《文化批判》, 1928年 2 月 15 日。

172. 李初梨：《自然生長性與目的意識性》,《思想》, 1928年第 2 期。

173. 李一氓：《模糊的熒屏：李一氓回憶錄》，北京：人民出版社，1992 年。

174. 梁啓超：《墨子學案》，《飲冰室專集》之三十九，上海：中華書局，1936 年。

175. 梁啓超：《飲冰室自由書・傳播文明三利器》，《飲冰室合集》第 1 冊，上海：中華書局，1936 年。

176. 梁啓超：《中國歷史研究法》，北京：中華書局，2009 年。

177. 梁實秋：《浪漫的與古典的》，上海：新月書店，1927 年。

178. 梁實秋：《文學與革命》，《新月》第 1 卷第 4 期，1928 年 6 月 10 日。

179. 梁漱溟：《我努力的是什麼——抗戰以來自述》，《梁漱溟全集》第 6 卷，濟南：山東人民出版社，1993 年。

180. 梁宗岱：《屈原（爲第一屆詩人節作）》，華胥出版社，1941 年。

181. 廖輔叔：《柳亞子先生言行小記》，《文史資料選輯》，第 69 輯，1980 年 5 月。

182. 林林：《文學論》，上海：光明書局，1936 年。

183. 凌鶴：《〈棠棣之花〉導演的自白》，《棠棣之花》「附錄」，重慶：作家書屋，1942 年。

184. 劉白羽：《心路的歷程》（中），《劉白羽文集》第 9 卷，北京：華藝出版社，1995 年。

185. 劉義慶：《世說新語・任誕》，北京：中華書局，2011 年。

186. 劉毅庵著，雪生輯錄：《脈望齋殘稿》，《國粹學報》第 64 期。

187. 柳亞子：《關於毛主席詠雪詞的考證》，周永林編：《〈沁園春・雪〉論叢》，重慶：重慶出版社，2003 年。

188. 柳亞子：《懷舊集》，上海：耕耘出版社，1946 年。

189. 柳亞子：《柳亞子文集：書信輯錄》，上海：上海人民出版社，1985 年。

190. 柳亞子：《磨劍室詩詞集》，上海：上海人民出版社，1985 年。

191. 柳亞子：《磨劍室文錄》，上海：上海人民出版社，1993 年。

192. 柳亞子：《南明史綱、史料》，上海：上海人民出版社，1994 年。

193. 柳亞子：《自傳・年譜・日記》，上海：上海人民出版社，1986 年。

194. 魯迅：《魯迅全集》第 3、9 卷，北京：人民文學出版社，2005 年。

195. 魯迅：《吶喊・自序》，《晨報・文學旬刊》，1928 年 8 月 21 日。

196. 魯迅：《蘇聯聞見錄序》，載林克多《蘇聯聞見錄》，上海大光書局，1936 年。

197. 魯迅：《爲了忘卻的紀念》，《現代》第 2 卷第 6 期，1933 年 4 月 1 日。

198. 陸侃如：《屈原》，上海：亞東圖書館，1923 年。

199. 羅曼‧羅蘭:《莫斯科日記》,袁俊生譯,桂林:廣西師範大學出版社,2003 年。

200. 羅蓀:《關於調整當前刊物的諸問題》,《戰鬥》旬刊,第 1 卷第 12 期,1938 年。

201. 馬克思 恩格斯:《馬克思恩格斯選集》第 1 卷,北京:人民出版社,1972 年。

202. 馬克斯 恩格斯:《德意志意識形態》,郭沫若譯,言行出版社,1938 年。

203. 馬榕:《〈甲申三百年祭〉:一篇史學長文的政治意義》,《中華讀書報‧文化周刊》,2012 年 7 月 4 日)。

204. 曼昭 胡樸安:《南社詩話兩種》,北京:中國人民大學出版社,1997 年。

205. 毛澤東:《建國以來毛澤東文稿》第 13 卷,北京:中共文獻出版社,1998 年。

206. 毛澤東:《毛澤東書信選集》,北京:人民出版社,1983 年。

207. 毛澤東:《毛澤東文集》第 3 卷,北京:人民出版社,1996 年。

208. 茅盾:《廣『差不多』說》,《戰鬥》旬刊第 2 卷第 4 期,1938 年 2 月 18 日。

209. 茅盾:《抗戰與文藝》,《現代評壇》第 4 卷第 11 期,1939 年 2 月 5 日。

210. 茅盾:《蘇聯見聞錄》,上海:開明書店,1948 年。

211. 茅盾:《在反動派壓迫下鬥爭和發展的革命文藝——十年來國統區革命文藝運動報告提綱》,載《中華全國文學藝術工作者代表大會紀念文集》,新華書店,1950 年。

212. 南方局黨史資料編輯小組編:《南方局黨史資料‧文化工作》,重慶:重慶出版社,1990 年。

213. 南伊:《中國詩人節的誕生》,《物調旬刊》第 49 期,1948 年 6 月 15 日。

214. 轟紺弩:《胡風的水準》,載《早醒記》,桂林:遠方書店,1942 年。

215. 潘孑農:《〈屈原〉的演出及其它》,《四川大學學報叢刊》,第 13 輯。

216. 潘孑農:《〈屈原〉讀後》,《時事新報》,1942 年 4 月 3 日,第四版。

217. 錢穆:《駁胡適之〈說儒〉》,香港大學《東方文化》卷 1 期。

218. 錢穆:《國史大綱》,上海:商務印書館,1947 年。

219. 錢玄同:《〈嘗試集〉序》,《新青年》第 4 卷第 2 號,1918 年 2 月 15 日。

220. 瞿秋白:《多餘的話》,南昌:江西教育出版社,2009 年。

221. 瞿秋白:《瞿秋白文集》(文學編)第 2 卷,北京:人民文學出版社,1986 年。

222. 瞿秋白:《瞿秋白遊記》,北京:東方出版社,2007 年。

223. 上田進：《蘇聯文學底近況》，《國際每日文選》，1933 年第 31 期。

224. 上田進：《蘇聯文學的展望》，《文學雜誌》第 1 卷第 3、4 期，1933 年 8 月 15 日。

225. 沈尹默：《石鼓文研究·沈序》，載郭沫若著《石鼓文研究 祖楚文考釋》，北京：科學出版社，1982 年。

226. 舒蕪：《舒蕪口述自傳》，北京：中國社會科學出版社，2002 年。

227. 斯諾：《西行漫記》，王厂青等譯，復社印行，1938 年。

228. 宋春舫：《宋春舫論劇》第一集，中華書局，1923 年。

229. 宋叢：《郭沫若題富貴磚拓墨詩》，《社會科學輯刊》，1979 年第 3 期。

230. 孫本文：《現代中國社會問題》（第二冊），重慶：商務印書館，1943 年。

231. 孫陵：《我熟識的三十年代作家》，臺北：成文出版社有限公司，1980 年。

232. 韜奮：《關於政治工作的重要決議》，《全民抗戰》（五日刊）第 43 號，1938 年 12 月 20 日。

233. 韜奮：《萍蹤寄語 三集》，生活書店，1935 年。

234. 陶亢德編：《蘇聯見聞》，宇宙風社，1938 年。

235. 陶希聖：《潮流與點滴》，臺北：傳記文學出版社，1979 年。

236. 田漢：《AB 對話——壽沫若先生五十生辰》，《文藝生活》，第 1 卷第 3 期。

237. 田壽昌 宗白華 郭沫若：《三葉集》，上海：亞東圖書館，1920 年。

238. 屠建業：《郭沫若的摯友柳倩》，《縱橫》，2007 年第 11 期。

239. 危連漪：《毛澤東「紅裝素裏」》，《新聞天地》第 10 期，1946 年 2 月 20 日。

240. 聞一多：《人民詩人屈原》，《詩與散文》「詩人節特刊」，1945 年 6 月。

241. 聞一多：《什麼是儒家——中國士大夫研究之一》，《民主周刊》第 1 卷第 5 期，1945 年 1 月 13 日。

242. 聞一多：《詩與批評》，載《火之源》文藝叢刊第 2、3 輯合刊，1944 年 9 月 1 日。

243. 聞一多：《聞一多全集》，開明書店，1948 年。

244. 聞一多：《西南采風錄·聞序》，商務印書館，1946 年。

245. （翁）植耘：《郭沫若與陳布雷》，《戰地》，1980 年第 4 期。

246. 翁植耘：《文化堡壘——回憶郭老領導的文化工作委員會》，翁植耘 屈楚等編著：《在反動堡壘裏的鬥爭——憶解放前重慶的文化生活》，重慶：重慶出版社，1982 年。

247. 吳宓著，吳學昭整理：《吳宓詩集·南渡集》，北京：商務印書館，2004

年。

248. 吳天石　夏微農　西蒙：《甲申記》，上海：新華書店：1950 年。

249. 吳奚如：《郭沫若同志與黨的關係》，《新文學史料》，1980 年第 2 期。

250. 吳耀輝　盧之章主編：《尹默二十年祭》，北京：北京燕山出版社，1991 年。

251. 吳祖光：《話說〈沁園春‧雪〉》，《新文學史料》，1978 年第 1 期。

252. 西諦：《文學與革命》，《文學旬刊》，1921 年第 9 期。

253. 夏衍：《懶尋舊夢錄》，北京：三聯書店，1985 年。

254. 謝冰瑩：《于立忱之死——是郭沫若害死她的》，《傳記文學》（臺灣）第 65 卷第 6 期，1990 年。

255. 辛人：《論浪漫主義》，《芒種》第 1 卷第 3 期，1935 年 4 月 5 日。

256. 辛如：《新浪漫主義》，《實報半月刊》第 2 年第 4 期，1936 年 12 月 1 日。

257. 新華月報資料室編：《悼念郭老》，北京：三聯書店，1979 年。

258. 熊瑾玎：《驚人的生產展覽和秧歌演出》，載《〈新華日報〉的回憶》，成都：四川人民出版社，1979 年。

259. 徐遲：《重慶回憶》，載《作家在重慶》，重慶：重慶出版社，1983 年。

260. 徐貢眞：《建國曆詳解‧陰曆五月初五日　詩人節》，《文化先鋒》第 2 卷第 8 期，1943 年 6 月 1 日。

261. 徐中玉：《郭沫若到重慶中央大學演講》，載華道一編《海上春秋》，上海：上海書店出版社，1992 年。

262. 許滌新：《對南方局統戰工作的回憶》，《重慶文史資料》第 18 輯，中國人民政治協商會議四川省重慶市委員會文史資料研究委員會編，1983 年。

263. 玄珠（茅盾）：《楚辭與中國神話》，《文學周報》第 6 卷第 8 期，1928 年 3 月。

264. 玄珠（茅盾）：《中國神話的保存》，《文學周報》第 6 卷第 15、16 期合刊，1928 年 5 月。

265. 陽翰笙：《第三廳——國統區抗日民族統一戰線的一個戰鬥堡壘〔一〕》，《新文學史料》，1980 年第 4 期。

266. 陽翰笙：《第三廳——國統區抗日民族統一戰線的一個戰鬥堡壘〔二〕》，《新文學史料》，1981 年第 1 期。

267. 陽翰笙：《第三廳——國統區抗日民族統一戰線的一個戰鬥堡壘〔三〕》，《新文學史料》，1981 年第 2 期。

268. 陽翰笙：《第三廳——國統區抗日民族統一戰線的一個戰鬥堡壘〔四〕》，《新文學史料》，1981 年第 3 期。

269. 陽翰笙：《第三廳——國統區抗日民族統一戰線的一個戰鬥堡壘〔五〕》，
《新文學史料》，1981 年第 4 期。

270. 陽翰笙：《陽翰笙日記選》，成都：四川文藝出版社，1985 年。

271. 陽翰笙：《戰鬥在霧重慶——回憶文化工作委員會的鬥爭》，《新文學史
料》，1984 年第 1 期。

272. 楊潔：《楊潔自述：我的九九八十一難》，北京：中國人民大學出版社，
2014 年。

273. 姚雪垠：《關於長篇歷史小說〈李自成〉》，上海：上海文藝出版社，1979
年。

274. 葉青：《關於〈甲申三百年祭〉及其它》，重慶：獨立出版社，1944 年 8
月。

275. 葉聖陶：《詩人節致辭》，《華西晚報》，1945 年 6 月 13 日。

276. 易嘉（瞿秋白）：《革命的浪漫諦克——〈地泉〉序》，載《地泉》，上海：
湖風書局，1932 年。

277. 殷塵（金同祖）：《郭沫若歸國秘記》，言行社，1945 年。

278. 殷筱芷：《中國哲學史研究中實驗主義的歪曲》，載《理論與現實》第 2
卷第 3 期，1941 年 1 月 15 日。

279. 于右任著，楊博文輯錄：《于右任詩詞集》，長沙：湖南人民出版社，1984
年。

280. 俞仲文：《關於〈屈原〉及其在重慶的演出》，《重慶文史資料選輯》，第
6 輯。

281. 郁達夫：《郁達夫全集》第 6、9 卷，杭州：浙江文藝出版社，1992 年。

282. 袁枚：《隨園詩話》，北京：人民文學出版社，1982 年。

283. 雲彬：《屈原與儒家精神》，《青年文藝》第 1 卷第 1 期，1942 年 10 月 10
日。

284. 臧克家：《新詩舊詩我都愛》，《文藝報》，1962 年第 5～6 期。

285. 臧克家：《中國抗日戰爭時期大後方文學書系・第六編・詩歌・序》，重
慶：重慶出版社，1989 年。

286. 臧雲遠：《霧城詩話》，《南京藝術學院學報（美術與設計版)》，1983 年
第 4 期。

287. 張東蓀主編：《唯物辯證法論戰》（上），北平：民友書局，1934 年。

288. 張厚墉：《毛澤東先生的詞》，《平論》，1945 年第 9 期。

289. 張季鸞：《蘇俄視察記・序四》，載《蘇俄視察記》，天津大公報館出版社，
1931 年。

290. 張肩重：《在郭老周圍的日子裏》,《四川大學學報叢刊》,第 8 輯,1980
年。

291. 張元濟：《張元濟全集》第 4 卷,北京：商務印書館,2008 年。

292. 張志強輯：《郭沫若在滬期間的一組史料》,《郭沫若學刊》,1991 年第 2
期。

293. 張資平：《由自然主義至新浪漫主義轉換期之德國文學》,《青年與戰爭》
第 4 卷第 6 期「革新號」,1934 年 5 月 13 日。

294. 章士釗：《近詩癈疾》,《文史雜誌》第 5 期,1941 年 6 月 11 日。

295. 章士釗：《章士釗詩詞集》,長沙：湖南人民出版社,2009 年。

296. 章太炎：《國故論衡》,上海：商務印書館,2010 年。

297. 趙銘彝 白苧：《重慶抗戰劇運第五年演出總批判》,《戲劇月報》,第 1 卷
第 1 期。

298. 趙園：《明清之際士大夫研究》,北京：北京大學出版社,1999 年。

299. 鄭超麟：《鄭超麟回憶錄》（上）,北京：東方出版社,2004 年。

300. 鄭大華：《「九‧一八」事變後費希特民族主義思想的系統傳入與影響》,
《近代史研究》,2009 年第 6 期。

301. 鄭之東：《回憶〈新華副刊〉》,《新華日報的回憶》,成都：四川人民出版
社,1979 年。

302. 知堂：《甲申懷古》,《古今》「兩週年紀念號」,1944 年 4 月 1 日。

303. 中共中央黨史研究室編：《中共黨史資料》第 42 輯,北京：中共黨史出
版社,1992 年。

304. 中共中央文獻研究室編：《周恩來年譜》,北京：中央文獻出版社,1998
年。

305. 中共重慶市委黨史工作委員會編：《南方局領導下的重慶抗戰文藝運
動》,重慶：重慶出版社,1989 年。

306. 中國第二歷史檔案館編：《中國國民黨中央執行委員會常務委員會會議
錄》第 23 冊,桂林：廣西師範大學出版社,2000 年。

307. 中國人民政治協商會議江蘇省吳江縣委員會文史資料研究委員會編：《柳
亞子先生誕辰一百週年紀念專輯》,1987 年。

308. 中國社會科學院新聞研究所編：《中國共產黨新聞工作文件彙編》（上）,
北京：新華出版社,1980 年。

309. 中華書局上海編輯所編：《清詩話》,北京：中華書局,1963 年。

310. 中央檔案館編：《中共中央文件選集》第 13 冊,北京：中共中央黨校出
版社,1991 年。

311. 周恩來：《周恩來書信選集》,北京：中央文獻出版社,1988 年。

312. 周而復：《往事回首錄》（上部），北京：文化藝術出版社，2004 年。

313. 周鋼鳴：《詩人與人民之間》，《中國詩壇》，1946 年第 1 期。

314. 周起應（揚）：《關於「社會主義的現實主義與革命的浪漫主義」》，《現代》第 4 卷第 1 期，1933 年 11 月 1 日。

315. 周文：《周文文集》第 4 卷，北京：作家出版社，2010 年。

316. 周作人：《揚鞭集序》，《語絲》，1926 年總第 82 期。

317. 朱光潛：《剛性美與柔性美》，《文學季刊》第 3 期，1934 年 7 月 1 日。

318. 朱希祖：《朱希祖日記》（中），北京：中華書局，2012 年。

319. 朱熹注：《四書章句集注》，北京：中華書局，1983 年。

320. 朱自清：《詩言志辨》，開明書店，1947 年。

321. 鄒韜奮：《經歷》，出版社不詳，1937 年 4 月。

研究論著

1. W.J.T.米切爾：《帝國的風景》，載米切爾編：《風景與權力》，南京：譯林出版社，2014 年。

2. 阿多諾：《美學理論》，王柯平譯，成都：四川人民出版社，1998 年。

3. 阿倫特：《論革命》，陳周旺譯，南京：譯林出版社，2011 年。

4. 艾曉明：《中國左翼文學思潮探源》，北京：北京大學出版社，2007 年。

5. 巴赫金：《巴赫金全集》第 6 卷，夏忠憲譯，石家莊：河北教育出版社，2009 年。

6. 柏拉圖：《柏拉圖全集》（第二卷），王曉朝譯，北京：人民出版社，2003 年。

7. 保羅・德曼：《解構之圖》，李自修譯，北京：中國社會科學出版社，1998 年。

8. 本雅明：《德意志悲苦劇的起源》，李雙志 蘇偉譯，北京：北京師範大學出版社，2013 年。

9. 本雅明：《發達資本主義時代的抒情詩人》，張旭東 魏文生譯，北京：三聯書店，2007 年。

10. 本雅明：《作為生產者的作者》，王秉鈞等譯，鄭州：河南大學出版社，2014 年。

11. 本雅明著，阿倫特編：《啟迪：本雅明文選》，張旭東 王斑譯，北京：三聯書店，2008 年。

12. 布萊希特：《布萊希特論戲劇》，丁揚忠等譯，北京：中國戲劇出版社，1990 年。

13. 蔡震 高遠東 劉納 馮奇:《關於郭沫若研究的漫談》,《中國現代文學研究叢刊》,1992 年第 2 期。

14. 蔡震:《郭沫若用寺字韻詩作考》,《郭沫若學刊》,2011 年第 3 期。

15. 蔡震:《關於郭沫若的〈芽生の二葉〉一文》,《郭沫若學刊》,2008 年第 3 期。

16. 蔡震:《從文獻史料看郭沫若主政三廳始末》,《新文學史料》,2012 年第 3 期。

17. 蔡震:《郭沫若流亡日本期間若干舊體佚詩考》,《新文學史料》,2011 年第 3 期。

18. 蔡震:《郭沫若生平文獻史料考辨》,北京:社會科學文獻出版社,2014 年。

19. 陳俐:《論郭沫若在四十年代民族文化建設中的話語轉型——兼析「黨喇叭」說》,《郭沫若學刊》,2003 年第 2 期。

20. 陳平原:《觸摸歷史與進入五四》,北京:北京大學出版社,2010 年。

21. 陳平原:《有聲的中國——「演說」與中國現代文章的變革》,《文學評論》,2007 年第 3 期。

22. 陳曉蘭編:《想像異國:現代中國海外旅行與寫作研究》,合肥:安徽人民出版社,2012 年。

23. 陳寅恪:《元白詩箋證稿》,上海:上海古籍出版社,1978 年。

24. 程光煒:《文化的轉軌——「魯郭茅巴老曹」在中國》,北京:光明日報出版社,2004 年。

25. 程凱:《當還是不當「留聲機」?——後期創造社「意識鬥爭」的多重指向與革命路徑之再反思》,《中國現代文學研究叢刊》,2006 年第 2 期。

26. 程凱:《國民革命與「左翼文學思潮」發生的歷史考察(1925～1929)》,北京大學博士學位論文,2004 年。

27. 鄧野:《聯合政府與一黨訓政:1944～1946 年間國共政爭》(修訂本),北京:社會科學文獻出版社,2011 年。

28. 丁東編:《反思郭沫若》,北京:作家出版社,1998 年。

29. 丁茂遠編著:《〈郭沫若全集〉集外散佚詩詞考釋》,杭州:浙江大學出版社,2014 年。

30. 杜維明:《道學政:論儒家知識分子》,上海:上海人民出版社,2000 年。

31. 段從學:《「文協」與抗戰時期文藝運動》,北京:北京大學出版社,2012 年。

32. 段從學:《郭沫若史實二題》,《郭沫若學刊》,2006 年第 3 期。

33. 恩斯特・卡西爾：《國家的神話》，范進等譯，北京：華夏出版社，1990年。

34. 方授楚：《墨學源流》，上海：中華書局，1934年。

35. 方錫德：《老舍、吳組緗與「抗戰人名詩」》，《現代中文學刊》，2010年第2期。

36. 馮友蘭：《新原道》，重慶：商務印書館，1945年。

37. 馮友蘭：《中國哲學簡史》，涂又光譯，北京：北京大學出版社，2010年。

38. 菲利普・拉庫－拉巴爾特 讓－呂克・南希：《文學的絕對：德國浪漫派文學理論》，張小魯等譯，南京：譯林出版社，2012年。

39. 高華：《革命年代》，廣州：廣東人民出版社，2010年。

40. 高華：《紅太陽是怎樣升起的：延安整風運動的來龍去脈》，香港：香港中文大學出版社，2000年。

41. 高辛勇：《修辭學與文學閱讀》，北京：北京大學出版社，1997年。

42. 葛蘭西：《獄中札記》，葆煦譯，北京：人民出版社，1983年。

43. 葛蘭西著，李鵬程編：《葛蘭西文選》，北京：人民出版社，2008年。

44. 龔濟民 方仁念：《郭沫若年譜》（上、中、下），天津：天津人民出版社，1992年。

45. 龔明德：《舊日箋》，北京：中華書局，2013年。

46. 溝口雄三：《李卓吾・兩種陽明學》，李曉東譯，北京：三聯書店，2014年。

47. 郭輝：《民國國家儀式研究》，華中師範大學博士學位論文，2012年。

48. 韓非子：《顯學篇》，《韓非子集解》，北京：中華書局，1998年。

49. 何剛：《郭沫若〈駁《說儒》〉撰寫緣起初論》，《新文學史料》，2014年第4期。

50. 黑格爾：《歷史哲學》，王造時譯，上海：上海書店出版社，2006年。

51. 黃曉武：《馬克思主義與主體性：抗戰時期胡風的「主觀論」研究》，北京：中央編譯出版社，2012年。

52. 黃忠模編：《郭沫若歷史劇〈屈原〉詩話》，成都：四川人民出版社，1981年。

53. 霍布斯鮑姆：《極端的年代》，馬凡等譯，南京：江蘇人民出版社，2011年。

54. 霍布斯鮑姆：《民族與民族主義》，李金梅譯，上海：上海人民出版社，2000年。

55. 霍布斯鮑姆等著：《傳統的發明》，顧杭 龐冠群譯，南京：譯林出版社，2008年。

56. 姜濤：《解剖室中的人格想像：對郭沫若早期詩人形象的擴展性考察（初稿）》，《新詩與浪漫主義學術研討會論文集》，北京：2011 年。

57. 卡爾・曼海姆：《文化社會學論集》，艾彥 鄭也夫 馮克利譯，瀋陽：遼寧教育出版社，2003 年。

58. 卡爾・曼海姆：《意識形態與烏托邦》，黎鳴譯，上海：商務印書館，2000 年。

59. 卡爾・施密特：《政治的概念》，劉宗坤等譯，上海：上海人民出版社，2004 年。

60. 卡爾・施密特：《政治的浪漫派》，馮克利 劉峰譯，上海：上海人民出版社，2004 年。

61. 克勞塞維慈：《戰爭論》，柳若水譯，上海：辛墾書店，1934 年。

62. 曠新年：《1928：革命文學》，濟南：山東教育出版社，1998 年。

63. 藍劍虹：《回到史坦尼斯拉夫斯基》，臺北：唐山出版社，2002 年。

64. 老舍作，張桂興編注：《老捨舊體詩輯注》，北京：中國國際廣播出版社，2000 年。

65. 李斌：《〈靜晤室日記〉中的郭沫若》，《郭沫若學刊》，2014 年第 2 期。

66. 李書磊：《1942：走向民間》，濟南：山東教育出版社，1998 年。

67. 李孝悌：《清末的下層社會啓蒙運動 1901～1911》，臺北：中央研究院近代史研究所專刊，1992 年。

68. 李楊：《「經」與「權」：〈講話〉的辯證法與「幽靈政治學」》，《中國現代文學研究叢刊》，2013 年第 1 期。

69. 李怡：《隔岸的觀看——臺灣郭沫若研究一瞥》，載《中國社會科學論壇文集・郭沫若與文化中國》，北京：中國社會科學出版社，2013 年。

70. 李怡《開拓中國「革命文學」研究的新空間——建構現代大文學史觀》，《探索與爭鳴》，2015 年第 2 期。

71. 李怡：《戰時複雜生態與中國現代文學的成熟——現代大文學史觀之一》，《北京師範大學學報（社會科學版）》2014 年第 3 期。

72. 李澤厚：《中國古代思想史論》，北京：人民出版社，1985 年。

73. 李長之：《〈棠棣之花〉》，《文藝先鋒》第 1 卷第 25 期，1942 年 11 月 25 日。

74. 力平 方銘主編：《周恩來年譜：1898～1949》（修訂本），北京：中央文獻出版社，1998 年。

75. 廖久明：《郭沫若歸國與郁達夫所起作用考》，《新文學史料》，2010 年第 3 期；《郭沫若歸國與王芃生所起作用考》，《新文學史料》，2011 年第 3 期；《郭沫若歸國與共產黨所起作用考》，《郭沫若與中國文化——紀念郭沫若誕辰 120 週年國際學術研討會論文集》（下），樂山，2012 年。

76. 劉納：《舊形式的誘惑——郭沫若抗戰時期的舊體詩》，《中國現代文學研究叢刊》，1991 年第 3 期。

77. 盧卡奇：《歷史與階級意識》，杜章智等譯，上海：商務印書館，2012 年。

78. 羅蘭‧巴特：《羅蘭‧巴特文集‧文藝批評文集》，懷宇譯，北京：中國人民大學出版社，2010 年。

79. 麥克盧漢（McLuhan）：《理解媒介：論人的延伸》，何道寬譯，南京：譯林出版社，2011 年。

80. 蒙雨：《胡風與舒蕪的「反郭文」考論》，《中國現代文學研究叢刊》，2013 年第 8 期。

81. 孟華主編：《比較文學形象學》，北京：北京大學出版社，2001 年。

82. 孟文博：《郭沫若前期文藝論著校勘與發現》，山東師範大學博士論文，2014 年。

83. 繆鉞：《評郭沫若著〈屈原研究〉》，《思想與時代》，第 29 期，1943 年 12 月 1 日。

84. 木山英雄著，趙京華譯：《〈沁園春‧雪〉的故事——詩之毛澤東現象》，《中國現代文學研究叢刊》，2003 年第 4 期。

85. 尼采：《古修辭學問題》，屠友祥譯，上海：上海人民出版社，2001 年。

86. 潘光哲：《郭沫若與〈甲申三百年祭〉》，《中央研究院近代史研究所集刊》，第 30 期，1998 年 12 月。

87. 裴宜理：《重訪中國革命：以情感的模式》，《中國學術》（劉東編）第 8 輯，2001 年 4 月。

88. 普實克：《抒情與史詩》，郭建玲譯，上海三聯書店，2010 年。

89. 齊思和：《評〈十批判書〉》，《燕京學報》，第 30 期，1946 年 6 月。

90. 錢理群：《大小舞臺之間——曹禺戲劇新論》，北京：北京大學出版社，2007 年。

91. 錢理群：《關於 20 世紀 40 年代大文學史研究的斷想》，《中國現代文學研究叢刊》，2005 年第 1 期。

92. 錢理群：《漫話四十年代小說思潮》，載《對話與漫遊》，上海：上海文藝出版社，1999 年。

93. 錢穆：《陽明學述要》，北京：九州出版社，2010 年。

94. 薩義德：《東方學》，王宇根譯，北京：三聯書店，2007 年。

95. 桑兵：《晚清學堂學生與社會變遷》，桂林：廣西師範大學出版社，2007 年。

96. 上海圖書館編：《郭沫若專集》（2），成都：四川人民出版社，1984 年。

97. 施瓦支（舒衡哲）：《中國的啟蒙運動——知識分子與五四運動》，李國英等譯，太原：山西人民出版社，1989 年。

98. 石玉昆　張樹德：《詩詞爲媒：毛澤東與柳亞子》，北京：中共中央黨校出版社，1999 年。

99. 孫黨伯：《論郭沫若的浪漫主義文學主張》，《武漢大學學報（社會科學版）》，1992 年第 6 期。

100. 孫玉石：《郭沫若浪漫主義新詩本體觀探論》，《北京大學學報（哲學社會科學版）》，1993 年第 4 期。

101. 孫詒讓：《墨子閒詁》，北京：中華書局，2001 年。

102. 田本相　楊景輝：《〈棠棣之花〉——走向成熟的標誌》，《遼寧師院學報（社會科學版）》，1982 年第 4 期。

103. 汪宏倫編：《戰爭與社會：理論、歷史、主體經驗》，臺北：聯經，2014 年。

104. 汪辟疆：《近代詩派與地域》，載《汪辟疆文集》，上海：上海古籍出版社，1988 年。

105. 王船山：《楚辭通釋》，北京：中華書局，1975 年。

106. 王德威：《國家不幸書家幸——臺靜農的書法與文學》，載吳盛青　高嘉謙編《抒情傳統與維新時代》，上海：上海文藝出版社，2012 年。

107. 王德威：《抒情傳統與中國現代性：在北大的八堂課》，北京：三聯書店，2010 年。

108. 王德威：《現代中國小說十講》，上海：復旦大學出版社，2003 年。

109. 王冬冬：《1940 年代的詩歌與民主》，北京大學博士論文，2014 年。

110. 王汎森：《傅斯年：中國近代歷史與政治的個體生命》，北京：三聯書店，2012 年。

111. 王富仁：《當前中國現代文學研究中的若干問題》，《中國現代文學研究叢刊》，1996 年 02 期。

112. 王國維：《屈子文學之精神》，《王國維文集》（一），北京：中國文史出版社，1997 年。

113. 王國維：《殷周制度論》，《觀堂集林》，北京：中華書局，1959 年。

114. 王繼權　姚國華　徐培均：《郭沫若舊體詩詞繫年注釋》（下），哈爾濱：黑龍江人民出版社，1984 年。

115. 王家康：《〈孔雀膽〉創作過程中的民族因素》，《聚散離合的文學時代（1937～1952）》會議論文集，2013 年。

116. 王家康：《抗戰時期思想文化背景中的歷史劇寫作》，北京大學博士論文，2003 年。

117. 王錦厚 伍加倫 肖斌如編：《郭沫若佚文集》，成都：四川大學出版社，1988 年。

118. 王錦厚：《抗戰戲劇史話》，《抗戰文藝研究》，1987 年第 2 期。

119. 王奇生：《黨員、黨權與黨爭：1924～1949 年中國國民黨的組織形態》，上海：上海書店出版社，2009 年。

120. 王瑤：《郭沫若的浪漫主義歷史劇創作理論》，《文學評論》，1983 年第 3 期。

121. 威廉斯：《鄉村與城市》，韓子滿等譯，上海：商務印書館，2013 年。

122. 韋君宜：《思痛錄》，北京：北京十月文藝出版社，1998 年。

123. 魏斐德：《歷史與意志：毛澤東思想的哲學透視》，李君如等譯，北京：中國人民大學出版社，2005 年。

124. 魏建：《郭沫若「兩極評價」的再思考》，《山東師範大學學報（人文社會科學版）》，2012 年第 6 期）。

125. 溫儒敏：《淺議有關郭沫若的兩極閱讀現象》，《中國文化研究》，2001 年第 1 期。

126. 閻黎明：《第三種力量與抗戰時期的中國政治》，上海：上海書店出版社，2004 年。

127. 聞一：《封存日記五十年的神話》，《讀書》，1999 年第 4 期。

128. 吳曉東：《建立多元化的文學史觀》，《中國現代文學研究叢刊》，1996 年 01 期。

129. 吳曉東：《文學性的命運》，廣州：廣東人民出版社，2014 年。

130. 吳曉東：《現代小說的詩學視域》，載《記憶的神話》，北京：新世界出版社，2001 年。

131. 肖斌如 孫繼林：《郭沫若與柳亞子交誼瑣記》，《郭沫若學刊》，1987 年第 1 期。

132. 小谷一郎：《東京「左聯」重建後留日學生文藝活動》，王建華譯，上海：上海社會科學院出版社，2012 年。

133. 小谷一郎：《論東京左聯重建後旅日中國留學生的文藝活動》，《中國現代文學研究叢刊》，2006 年第 2 期。

134. 謝寶成：《還其本來面目——重讀〈甲申三百年祭〉》，《郭沫若研究》第 12 輯，文化藝術出版社，1998 年。

135. 謝无量：《楚詞新論》，上海：商務印書館，1923 年。

136. 解志熙：《文學史的「詩與真」》，北京：北京大學出版社，2013 年。

137. 亞里士多德：《詩學》，陳中梅譯，北京：商務印書館，1996 年。

138. 亞里士多德：《詩學》，羅念生譯，上海：上海人民出版社，2005 年。

139. 亞里士多德：《修辭學》，羅念生譯，北京：三聯書店，1991 年。

140. 閻布克：《士大夫政治演生史稿》，北京：北京大學出版社，1995 年。

141. 楊伯峻編著：《春秋左傳注》，第 2 冊，北京：中華書局，2009 年。

142. 楊念群：《何處是江南：清朝正統觀的確立與士林精神世界的變異》，北京：三聯書店，2010 年。

143. 楊天石：《尋找真實的蔣介石》，太原：山西人民出版社，2008 年。

144. 伊格爾頓：《沃爾特‧本雅明或走向革命批判》，郭國良 陸漢臻譯，南京：譯林出版社，2005 年。

145. 伊藤虎丸：《魯迅、創造社與日本文學——中日近現代比較文學初探》，孫猛 徐江 李冬木譯，北京：北京大學出版社，2005 年。

146. 以賽亞‧伯林：《俄國思想家》，彭淮棟譯，南京：譯林出版社，2011 年。

147. 以賽亞‧伯林：《浪漫主義的根源》，呂梁等譯，南京：譯林出版社，2011 年。

148. 游國恩：《楚辭概論》，北京：述學社，1926 年。

149. 余英時：《士與中國文化》，上海：上海人民出版社，2003 年。

150. 余英時：《中國近代思想史上的胡適》，載《重尋胡適歷程：胡適生平與思想再認識》，桂林：廣西師範大學出版社，2004 年。

151. 余英時：《朱熹的歷史世界：宋代士大夫政治文化的研究》，北京：三聯書店，2004 年。

152. 袁一丹：《詩可以群——康白情與「少年中國」的離合》，《新詩評論》，2011 年第 2 輯。

153. 詹姆遜：《布萊希特與方法》，陳永國譯，北京：中國社會科學出版社，1998 年。

154. 詹姆遜：《政治無意識》，王逢振 陳永國譯，北京：中國社會科學出版社，1999 年。

155. 張暉《帝國的流亡》，北京：中國社會科學出版社，2014 年。

156. 張恬：《張友鶯早期文學活動——兼及一些珍貴的文學史料》，《新文學史料》，1990 年第 3 期。

157. 張旭春：《「時間性的修辭」——英國浪漫主義的解構閱讀》，《四川外語學院學報》，2003 年第 1 期。

158. 張旭春：《政治的審美化與審美的政治化——現代性視野中的中英浪漫主義思潮》，北京：人民出版社，2004 年。

159. 竹內好：《近代的超克》，孫歌編，李冬木 趙京華 孫歌譯，北京：三聯書店，2005 年。

160. 竹内實：《毛澤東的詩與人生》，張會才譯，北京：中國文藝出版社，2002年。

161. 曾健戎 王大明編：《〈屈原〉研究》，重慶地方史資料叢刊，1985年。

162. 曾健戎編：《郭沫若在重慶》，西寧：青海人民出版社，1982年。

163. 曾履川：《頌橘廬叢稿》第4冊，香港：新華印刷股份公司，1961年。

164. 子安宣邦：《國家與祭祀》，董炳月譯，北京：三聯書店，2007年。

165. Alan Radley, Artefacts: *Memory and a Sense of the Past*, Middleton & Edwards ed. *Collective Remembering*, London: Sage, 1990.

166. David Der-wei Wang: *the Monster that is History: History, Violence, and Fictional Writing in Twentieth-century China*, Berkeley and Los Angeles: University of California Press, 2004.

167. Ernst Bloch: *Heritage of Our Times*, Translated by Neville and Stephen Plaice, Polity Press, 1991.

168. Frederick C. Beiser: *Enlightenment, Revolution, and Romanticism*, Cambridge: Harvard University Press, 1992.

169. G. H. Hartman: *Romanticism and "Anti-self-consciousness"*, Harold Blood, ed., *Romanticism and Consciousness: Essays in Criticism*, New York: W. W. Norton & Co., 1970.

170. Haiyan Lee: *Revolution of the Heart: A Genealogy of Love in China, 1900～1950*, Stanford: Stanford University Press, 2007.

171. Henry. Wallace: *The Century of the Common Man*, see *Prefaces to Peace*.

172. Kristin Stapleton: *Civizing Chengdu: Chinese Urban Reform, 1895～1937*, Cambridge: Harvard University Press, 2000.

173. M. H. Abrams: *English Romanticism: The Spirit Of The Age*, Northrop Frye ed., *Romanticism Reconsidered*, New York & London: Columbia University Press, 1963.

174. Pu Wang: *The Phenomenology of "Zeitgeist": Guo Moruo and the Chinese Revolution*, A dissertation of New York University, 2012.

175. Rose Jui Chang Chen: *Human Hero and Exiled God: Chinese Thought in Kuo Mo-jo's Chu Yuan*, A dissertation of University of Detroit, 1977.

後　記

　　在動筆寫論文之前，最想寫的就是後記，在論文的緊張寫作中，它更是時時引誘著我。不過，在落筆之後，我卻一拖再拖，總提不起興致。大概想表達的在文中已經說得差不多了，再說也只是換種形式而已。

　　四年前，承蒙吳曉東老師不棄，讓我得以從珞珈山到燕園，開始讀博生涯。復試之後，吳老師曾跟我談及暑期的打算。對我這樣有些不學無術的學生，最佳選擇自然是提前進入博士階段的學習。然而，我心裏似乎有件事沒有完成，於是向老師坦承，說暑期希望到報社去實習。這聽起來有點讓人莫名其妙，實習一般是爲了將來就業。既然決定讀博，難道還未入學就在考慮將來的飯碗問題麼，更何況還是報社。或許，那一刻老師對我也是相當無語吧。

　　從本科開始，較之身邊很多學生，我都顯得有些「胸無大志」。當別人問及我的理想時，我總是茫然。追問得緊了，也只好說想做學問，或者說當個記者。在彼時的我看來，這兩個職業尙有一定的創造性，允許我做自己想做的事，有一定的自由。現在看看，這近於癡人說夢，但我依舊還是這麼相信著，就如都市裏的堂・吉訶德一樣。正因爲有這個心結，當我確認以後要從事研究工作時，便拋下一切，趕緊到南方去體驗一下另一種生活。或許，只有這樣，我才能安心讀書。

　　記者的癮是過足了，進入燕園之後，學術的院牆卻始終未得一見，就更不必說治學門徑了。似乎陡然踏空了一步，在雲霧中行走一樣。在這種狀態下，唯一的選擇也只有安心讀書了，生活狀態也隨之轉入古典頻道。有意思的是，我最終的研究對象卻是一個浪漫主義者；而碩士階段生活很灑脫，卻

又偏偏想關注現代寫作中的古典風格。看來，我們關心的往往是自己生活中匱乏的部分。

話雖如此，博士畢業論文最終定題爲抗戰時期的郭沫若，還是讓我不無顧慮。除了學力的問題外，更讓我擔憂的是，作爲改革的一代，或者說八〇後，我們眞的還能理解那一代人麼？我們又能站在哪個位置與他們對話？他們的歷史經驗對於當代眞的還有意義麼？更何況郭沫若又有些特殊，「文革」期間他的政治表態，使他往往容易遭致物議。以至於在跟別人談及郭沫若時，任何人似乎都有資格指責他一通，而不需要閱讀他的任何著作。在我看來，與其做一個歷史虛無主義者，倒不如嘗試著去瞭解，即便不同情，最起碼也可做到歷史地去看待他們。

對於我個人來說，這也有另一層意義。對革命人物的回顧，可以讓我重新思考我爺爺奶奶那一輩人的歷史遭遇。當然，這是從另一個角度而言。反右擴大化期間，因爲歷史原因，爺爺被迫自殺，奶奶作爲曾經的地主家的小姐，在失去住屋和田產之後，只有帶著年幼的孩子改嫁。我父親的姓氏也由周改爲劉姓，我至今仍背負著這個歷史印痕，直到下一代才能徹底贖清。記得小時候，趴在奶奶膝頭，聽奶奶講述那些往事，似乎並無大奸大惡的鬥爭，地主也要受到鄉間鄰里的諸多限制；語調總是那麼平緩，苦難好像都被老人消化了一樣。即便如此，我依舊無法確信，假如生在當時，我是否會做一個不肖子。從這個角度而言，重新探訪四十時代，給了我重新回到革命前夜的歷史契機，由此可以讓我看到這些問題的源與流。

既然選擇的是抗戰時期，更爲直接的問題是戰爭。今年恰逢抗日戰爭勝利七十週年，不巧趕上了一個學術熱點。一個事件，如果只在紀念日受到關注，這提示我們的是它的逝去。然而，戰爭又從未遠離我們而去。世界各地依舊戰火不斷，軍演也未嘗終止，新聞中每天都不乏類似報導。即便是早已結束的抗日戰爭，隱隱中也一直困擾著我們，中日間的仇恨也未嘗消泯。戰爭已經讓人付出了如此大的代價，而人們卻依舊未汲取教訓，就像頑劣的孩童，對剛癒合的傷疤似乎毫無記憶一樣，這實在是一件讓人痛心的事。

這些情緒伴隨著我的寫作過程，它們或多或少也是我思考和寫作的動力。正如開頭所說，這裡再度提及，只是換一種表達形式而已，是可有可無的。但我終於提起筆來，主要是因爲一些讓我感念的人。

　　考博之後，當吳老師得知我暑假要去報社實習時，還是非常寬容地說，去體驗一下也好。而在我文不對題地表達自己的想法時，吳老師則提醒我要注意培養問題意識和口頭表達能力。回頭想想，儒雅的吳曉東老師，原來也不乏冒險精神，不然，我可能就與燕園無緣了。既忝列門牆，對於我這樣一個不爭氣的學生，吳老師倒似乎並不著急，總是循循善誘，讓我慢慢有所進步。因而，我首先要感謝導師的寬容與信任。在論文寫作期間，吳老師除了及時回覆我的學術問題外，也時時叮囑不要熬夜，要注意勞逸結合。老師的教誨與關懷，是我會永遠銘記的。在幾次聚會中，陳曉蘭老師也讓我們感受到了她慈母般的關懷。

　　在論文選題的過程中，陳平原老師讓我將郭沫若的學術研究也納入討論範圍，從而確定了論文的基本格局；而我除了偶以瑣事煩擾陳老師外，更從他那裡體會到了讀書人的精神世界和人間情懷。高遠東老師的魯迅研究，是我剛入學便選修的課程。高老師為人灑脫，頗有魏晉風骨，為學為人都讓人感佩。孔慶東老師在我的論文開題和預答辯期間，均給予了較多的鼓勵，並提出了很多寶貴意見。早在資格考期間，王風老師就善意地提醒我，要注意保持與研究者的距離，在我此後的論文寫作中，這始終是懸在頭頂的達摩克利斯之劍；後來我想考察日本研究郭沫若的材料，王風老師也熱情地為我介紹白井重范先生，也感謝白井重范先生也為我解答相關的疑難。姜濤老師的課我修得既多，論文寫作也多承他的指點，而在私下交流中，他更是一位樂於分享治學經驗的良師益友。

　　處身燕園，除了從上述各位老師的課堂和教誨中受益，我們還不自覺地置身於一個學術傳統之中，這讓我直接或間接地領受到了老一輩學者的言傳身教。在讀博前就曾拜識孫玉石老師，因偶然機緣，後來又與孫老師一起參加過幾次學術會議。讓人印象深刻的是，年屆八十高齡的孫老師，每次提交的都是正式學術論文。我曾委婉問及，孫老師說不寫文章就不好意思參加會議。還有一次，在陪孫老師來系裏開會的路上，孫老師拿著論文集笑著對我說，你最近開會很多嘛。讓我感覺如芒刺在背，再也不敢隨便到處開會。我想這會讓我終身受益。作為青年人永遠的朋友，錢理群老師所到的地方，總能讓人感受到他的睿智與熱情。對於身處學院的我們，很慶幸有這樣的前輩。也感謝錢老師所贈的書籍。讀溫儒敏老師的著作，總感覺溫老師是一個極嚴厲的人，但在交流中發現，溫老師原來很和藹。感謝溫老師在論文預答辯中

所提的建議，以及對我的鼓勵。溫老師讓我多注重知人論世的一面，這類懇切之語，讓我的寫作少走了不少彎路。

我也要感謝王德威老師。在我訪問學習期間，他給予了極大的幫助。除具體指導寫作外，王老師還特意提醒我，回來後要向錢理群老師等人請教，因為在他看來，可能只有錢老師那一代人才能夠理解郭沫若的複雜性。在我查找日本學界的郭沫若研究時，小谷一郎先生的研究是最大的收穫。小谷一郎先生在來北京時，也特意帶來了他研究郭沫若的論著，因當時我不在國內，未及向小谷先生表達謝意，這是極為抱歉的。此外，我還要感謝李今老師，她細緻地指出了我論文中的錯謬。張潔宇老師的關懷與鼓勵，也是我所難忘的。蔣洪生老師得知我研究郭沫若時，很大方地跟我分享了他的資料。王璞也把他剛完成的博士論文供我參考。

除了師長的關懷與指導，同窗師誼也讓我在燕園內外的生活變得充實。師門的讀書會，大家相晤一室，讀書論學，除學術上的啓迪外，那種氛圍也讓人懷想。李國華師兄為我的論文提出了很多中肯的建議，或許郭沫若早已料到這一點，因而留下了這樣的詩句——「只餘耿耿精誠在，一瓣心香敬國華」。李雅娟師姐除指點論文外，還校對了文中的錯別字，她總是那麼細緻。孫堯天則為我的答辯事宜奔忙。李松睿、王東東、黃銳傑、許莎莎、李妍、路楊、王飛、趙楠、張玉瑤、秦雅萌、桂春雷、趙雅嬌、李琬、李想等已畢業或在讀師兄妹，常帶給我以學術上的磨礪與生活中的笑語。胡根法曾為我潤色英文摘要。還有在北京或不在北京的舊朋新知，你們的關心讓我的生活變得豐富。

這都是我所感激的。

我的父母，他們可能永遠不會明白我寫的是什麼，但他們總是以我為傲，從來如此。姐姐周敏，直到現在還會給我零用錢，而堂姐周英除了常為我烹製故鄉風味外，也為我的事業操心。在他們眼中，我似乎是個永遠長不大的孩子。只有在我的女友黃培蘭面前，這種狀態才有所改觀。雖然這四年她都遠在「海之湄」，但也給我留出了寶貴的空間，讓我一個人研究浪漫主義。好在這也得出了成果，她現在已成為我的妻子。

記得考博復試那天，我還站在中文系的院子裏，看著遙遠的藍天，以及藍天下的飛絮，想像著今後的生活。窗外柳絮又起，一切恍如昨日。

2015 年 4 月 25 日　答辯前夕於暢春新園